एक लड़की की ज़िन्दगी

क़ुर्रतुल ऐन हैदर

राजकमल पेपरबैक्स

लिप्यंतरण : मुईन एजाज़
पुनरीक्षण : नरेश नदीम

राजकमल पेपरबैक्स में
पहला संस्करण : 1996
तीसरा संस्करण : 2023

राजकमल पेपरबैक्स : उत्कृष्ट साहित्य के जनसुलभ संस्करण

राजकमल प्रकाशन प्रा.लि.
1-बी, नेताजी सुभाष मार्ग, दरियागंज
नई दिल्ली-110 002
द्वारा प्रकाशित

शाखाएँ : अशोक राजपथ, साइंस कॉलेज के सामने, पटना-800 006
पहली मंजिल, दरबारी बिल्डिंग, महात्मा गांधी मार्ग, प्रयागराज-211 001
1, अनमोल सोराबजी संतुक लेन, धोबी तलाव, मरीन लाइंस, मुम्बई-400 002

वेबसाइट : www.rajkamalprakashan.com
ई-मेल : info@rajkamalprakashan.com

बी.के. ऑफसेट
नवीन शाहदरा, दिल्ली-110 032
द्वारा मुद्रित

मूल्य : ₹199

EK LADKI KI ZINDAGI
Novel by Qurratul Ain Haider

ISBN : 978-81-267-0053-0

1

वह दोपहर भी हमेशा की तरह बड़ी आम-सी दोपहर थी जब डाक्टर सीता मीरचंदानी को मालूम हुआ कि जमील ने दूसरी शादी कर ली। घड़ी उसी तरह टिक-टिक कर रही थी। नवंबर के आसमान पर परिंदे उसी तरह चक्कर काट रहे थे। एशियन थिएटर इंस्टीट्यूट में लड़कियाँ और लड़के "बच्चों के थिएटर" की क्लास में उसी तरह कठपुतलियाँ बनाना सीख रहे थे। वह ललिता से मिलने यहाँ आई थी। तीन बजे उसे हिमा के यहाँ पहुँचकर शहज़ाद के हमराह[1] 'मुद्राराक्षस' के रिहर्सल में जाना था। रात को मॉडर्न थिएटर के अराकीन[2] ने मिसेज़ डोलीसेन के यहाँ खाना खाने के लिए मदऊ[3] किया था। ज़िंदगी कितनी मसरूफ़ थी! (और कितनी ख़ाली थी!) ढाई बजे वह मथुरा रोड से बस में बैठकर अलीपुर लेन की तरफ़ रवाना हुई थी। कमिश्नर लेन में आकर "पीली कोठी" की सुर्ख़ बजरीवाली तवील[4] सड़क पर पहुँची थी। "पीली कोठी" के चबूतरे पर बैठी हुई लड़कियों को हलो-हलो करती "नीली कोठी" के गार्डन हाउस की गैलरी से दाख़िल हुई थी। दरवाज़े के बराबर शहज़ाद का कमरा था। उसने झाँककर कमरे में से देखा था कि शहज़ाद अभी तक मज़े से सन्ना रहा था। वह हिमा के कमरे की तरफ़ जा रही थी जब गैलरी के दूसरे फ़ोन की घंटी थर्राना शुरू हो गई। फ़ोन बहुत देर से बज रहा था और बीच में चंद लम्हों के लिए रुक गया था। उसने लपककर रिसीवर उठाया था। उस वक़्त तीन बजा था। दूसरे सिरे पर बिलक़ीस ज़ोर-ज़ोर से कह रही थी, "हिमा, क्या सीता तुम्हारे यहाँ पहुँच गई है?" "हाए ··· बिलक़ीस ··· मैं सीता बोल

---

1. साथ; 2. सदस्यगण; 3. आमंत्रित; 4. लंबी।

रही हूँ। कोई ख़ास बात है ?"

"अरे, तुम बड़ी जल्दी पहुँच गईं। ख़ास बात ? ... ओह ... अरे ... हा हा हा ... आज बडा मज़ा आया ... प्रदीप ने कामरान से कहा ..."

"बिलक़ीस तुमने इस वक़्त मुझे फ़ोन क्यों किया है ?"

"कुछ नहीं ... ऐसे ही, ... " बिलक़ीस की आवाज़ मामूल[1] से ज़्यादा पुरसुकून[2] थी। "हि हि हि ! मैंने सोचा, ज़रा मालूम कर लूँ, आज की ख़बरें क्या हैं ? तुमने ललिता को हमीदा का पैग़ाम पहुँचा दिया या नहीं ?" उसके बाद कोई बीस मिनट तक बिलक़ीस ने शह्र की थिएटर गासिप की थी !

अब साढ़े तीन बजा था। सीता ने आजिज़ आकर कहा था, "बिली डियर ... क्या तुमने यही सब बतलाने के लिए फ़ोन किया है ?"

"अरे भई वह ... "

"न्यूयार्क से कोई ख़त आया है ?"

"हाँ," बिलक़ीस की आवाज़ का मसनूई[3] जोश यकलख़्त[4] मद्धम पड़ गया।

"क्या बात है बिलक़ीस ?"

"जमील भैया ने ... जमील भैया ने शादी कर ली।"

घड़ी की टिक-टिक ... शहज़ाद ने ज़ोर से करवट बदली और उसकी पलंग के स्प्रिंग बज उठे। बाहर उन्नाबी गुलाब की क्यारियों के पास हिमा का बच्चा टीहूँ-टीहूँ करके रोया। खाने के कमरे में बिशनसिंह ने खटाक से अलमारी बंद की।

"किससे ?" सीता ने इस तरह पूछा गोया अंधे कुएँ में से बोल रही है।

"कोई कांटिनेंटल लड़की है ...।" मीलों दूर चाणक्यपुरी में बिलक़ीस के घर की ज़िंदगी भी मामूल के मुताबिक़ जारी थी। बच्चे शोर मचा रहे थे। चाय के बरतन खड़खड़ाते थे। छोटी ख़ाला[5] रामअवतार पर बिगड़ रही थीं। ड्राइंगरूम में बिलक़ीस की बड़ी भांजी फ़र्श पर उकड़ूँ बैठी टेपरिकार्ड

---

1. सामान्य; 2. शांतिपूर्ण; 3. बनावटी; 4. एकाएक; 5. मौसी।

चला रही थी – तमाम उम्र रहा ग़म्ज़-ओ-अदा[1] का शिकार ... "दरवाज़ा भेड़ दो ... ख़ामोश! अरे, बोले मत चले जाओ भई ... वाह वाह, बहुत ख़ूब, क्या बात है ... कि ग़म्ज़-ओ-अदा क्या है ... अरे भई दोबारा पढ़िएगा ... तमाम उम्र रहा ... यह ग़ज़ल बिलक़ीस के यहाँ चंद रोज़ हुए, किसी शायर ने तरन्नुम से पढ़ी थी और सीता को बहुत पसंद थी। उन सब आवाज़ों में मिलकर बिलक़ीस की आवाज़ साफ़ सुनाई नहीं दी।

"ज़रा ज़ोर से बोलो भई ... तुम्हारे यहाँ बहुत रोला मच रहा है," सीता ने तक़रीबन चिल्लाकर कहा था।

"एक कांटिनेंटल लड़की है, तफ़सील मालूम नहीं। सिर्फ़ इतना ही लिखा है, यू.एन. में उनके दफ़्तर में काम करती है ... कोई होगी ... अरे मुज़फ़्फ़र भैया, मेरे सर पर क्यों झूल रहे हो? बाहर जाकर कूदो। अरे हाँ, कोई होगी वेट्रेस या टाइपिस्ट कमबख़्त।"

"वो मेरी तरफ़ से एलिज़ाबेथ टेलर से ब्याह कर लें मुझसे मतलब ... " सीता ने बड़ी मतानत[2] से जवाब दिया। वह फ़ोन के क़रीब रखी हुई आरामकुर्सी से टिक चुकी थी। गैलरी बहुत तारीक[3] थी और ग़ैरमामूली तौर पर सर्द!

"इसमें सिर्फ़ एक क़बाहत[4] है सीता डियर ... एलिज़ाबेथ टेलर तो ब्याह रचा चुकी है और सुना है प्रिंसेस मार्गरेट के भी आजकल में हाथ पीले होनेवाले हैं। सारी दुनिया में यही दो लड़कियाँ उन्हें पसंद थीं और तीसरी नरगिस, तो वह भी हाल ही में अपने घरबार की हो चुकी।"

बिलक़ीस अनवर अली मुल्क की चोटी की स्टेज-एक्ट्रेस होने के नाते अब फिर बड़ी नार्मल आवाज़ में बात कर रही थी। इस साल उसे देहली नाट्य संघ की तरफ़ से बेहतरीन एक्ट्रेस होने का एवार्ड मिला था। मॉडर्न थिएटर की अगली पेशकश में वह ग़ज़ब की अलमिया[5] अदाकारी[6] करनेवाली थी। फिर वह अपनी आवाज़ से किस तरह ज़ाहिर होने देती कि दरअस्ल क्या सोच रही है।

"बिलक़ीस ... "

---

1. नाज़-नख़रे; 2. विनम्रता, नर्मी; 3. अँधेरी; 4. झंझट; 5. त्रासद; 6. अभिनय।

"हाँ भई सीता ..."

"अच्छा मैं ज़रा हिमा से मिल लूँ। शाम को मुलाक़ात होगी ... बाई ..."

"बाई ... सीता ... "

2

बिलक़ीस ने रिसीवर रख दिया और लांज में से गुज़रकर अपने कमरे की तरफ़ चली गई। दरमियानवाले कमरे में छोटी ख़ाला फ़ालसई शाल में सर से पाँव तक लिपटी तुलसीपुर से आए हुए किसी रिश्तेदार से बातों में मसरूफ़ थीं। पिछले लान पर बच्चे क्रिकेट खेल रहे थे। अवाख़िर ख़िज़ाँ का[1] सूरज बहुत धुँधला-धुँधला, लांज के शीशों में से झाँक रहा था। अपने कमरे में जाकर बिलक़ीस ने सिंगारमेज़ से ख़त उठाया जो क्लीनिक्स के डिब्बे पर आधा खुला पड़ा था। स्टूल पर टिककर उसने दोबारा पढ़ना शुरू किया। उसके चहेते ख़ालाज़ाद भाई ने इधर-उधर की बातों के बाद आख़िर में सिर्फ़ एक पैरा और लिखा था :

" ... मैंने पिछले इतवार को एक स्पेनिश लड़की से शादी कर ली। वह मेरे ही सेक्शन में काम करती है। बहुत माक़ूल लड़की है। इंटेलेक्चुअल नहीं है। स्मिथ कालिज की तालीमयाफ़्ता[2] है जो यहाँ का सख़्त एरिस्ट्रोक्रेटिक कालिज है। चुनांचे इतमीनान रखो, तुम्हारी भावज "शॉप गर्ल" नहीं जो तुम नेटिव लड़कियों का रासिख़[3] अक़ीदा[4] है कि तुम्हारे नाख़लफ़[5] भाई लोग मग़रिब[6] में आकर शॉप गर्ल्ज़ और बक़ौल तुम्हारे धोबनों को समेट लाते हैं ... वाक़ई ! तुम लोग किस क़दर ज़बरदस्त स्नॉब हो। बहरहाल तसवीर आइंदा भेजूँगा। कार्मन ख़ूबसूरत नहीं मगर सारी पहनकर बिलकुल हिंदुस्तानी लगेगी क्योंकि 'आज भी इस देश में आम है चश्मे-ग़ज़ाल[7]' वग़ैरह ! यह

---

1. पतझड़ के अंतिम दिनों का; 2. शिक्षाप्राप्त; 3. पक्का; 4. विश्वास, आस्था; 5. निकम्मे; 6. पश्चिम; 7. हिरन जैसी आँख।

बात अम्माँ को बतला देना। राहुल अच्छी तरह है। कार्मन से अभी से बहुत हिल-मिल गया है और खूब मोटा हो रहा है माशाअल्लाह से। मैं कल ही कार्मन के साथ उसके स्कूल गया था।

"तुम अगले साल फ़ॉल के ज़माने में यहाँ आओ जब मशरिक़ी[1] साहिल के शानदार जंगल सुर्ख़ पत्तों की आग से बिलकुल दहक उठते हैं। सुना है तुमको यहाँ आकर एक्टिंग सीखने के लिए स्कॉलरशिप मिल गया है। कब तक आ रही हो? हम लोग क्रिसमस के लिए बोस्टन जाएँगे।"

सीता के मुतल्लिक़ उसने एक लफ़्ज़ नहीं लिखा था—सीता जो उसके बेटे राहुल की माँ थी!

1951 में बिलक़ीस के पास जमील का ख़त उसी न्यूयार्क से आया था। (उस रोज़ भी वह इसी तरह एक रिहर्सल के लिए बाहर जानेवाली थी। यही सब लोग थे, यही दुनिया, यही मसरूफ़ियतें।) और चंद घरेलू बातों के बाद उसने लिखा:

"... और कोई ख़ास बात क़ाबिले-तहरीर[2] नहीं।

"हाँ, एक चीज़ अलबत्ता बतलाना भूल गया। मैंने पिछले हफ़्ते एक सिंधी लड़की से शादी कर ली। वह कोलंबिया में सोशियोलॉजी पढ़ रही है। ज़ात की आमिल है जो सिंधियों में बड़ी ऊँची ज़ात समझी जाती है। लिहाज़ा अम्माँ को कम-अज़-कम यह इतमीनान होना चाहिए कि मैंने किसी 'नीच फ़िरंगन' को पल्ले नहीं बाँध लिया। अब बिटिया तुम इस इश्तियाक़[3] में मरी जा रही होगी कि उसकी शक्ल कैसी है। तो भई, बेहद गोरी है। एकदम सुर्ख़ो-सफ़ेद, और काफ़ी ख़ूबसूरत है। औरतों के हुस्न की तारीफ़ के मामले में हमेशा का कंजूस हूँ (क्योंकि ज़रा-सी तारीफ़ से उनका दिमाग़ ख़राब हो जाता है) मगर यह वाक़ई अच्छी-ख़ासी क़ुबूल-सूरत लड़की है। क़द में तुमसे ज़रा निकलती है। उर्दू बहुत साफ़ नहीं बोलती मगर बड़ा पायँचा पहनकर ऐन-मैन चाँदपुर, मौज़ा[4] तुलसीपुर, ज़िला फ़ैज़ाबाद की सय्यदानी मालूम होगी, इतमीनान रखो!

"हमने अभी से तय कर लिया है कि बच्चे का नाम राहुल रखेंगे।

---

1. पूर्वी; 2. लिखने योग्य; 3. जिज्ञासा; 4. गाँव।

राहुल ··· चूँकि तुम जाहिले-मुतलक़[1] हो, इसलिए बताना पड़ेगा कि गौतम बुद्ध के बेटे का नाम था। अब तुमको ज़बरदस्त शॉक पहुँचा होगा कि मेरी बीवी ऐसी फ़रवट है कि अभी से इस तरह की बातें डिस्कस करती है, तो बिटिया, क़िस्सा यह है कि तुम हो अब तलक एक नंबर की दक़ियानूसी ओल्ड इंडियन फटीचर। बावजूद अपनी सारी आला तालीम[2] और तरक़्क़ीपसंदी के[3], अब तक सख़्त फ़्यूडल भी हो। सीता एकदम औरत है। तुम लोगों की तरह क़स्बाती नहीं ··· बहरहाल, तो बच्चे का नाम राहुल होगा और अगर लड़की हुई तो उसका नाम गुलरुख़ रखेंगे।"

बिलक़ीस ने ख़त मेज़ पर रख दिया। बड़ी लरज़ाख़ेज[4] बात थी। दोनों ख़त एक थे, एक ही आदमी ने लिखे थे ··· फिर उसने आहिस्ता से उठकर अलमारी खोली और सारियाँ निकाल-निकालकर उलटती-पलटती रही। अभी उसको तैयार होकर 'मुद्राराक्षस' की रिहर्सल लेने जाना है। अगले आध घंटे में वो सब इकट्ठे होंगे ··· वो सब पुराने दोस्त ··· ललिता ··· राकेश ··· कामरान ··· हमीदा ··· शहज़ाद ··· जाने-पहचाने चेहरे, मानूस[5] हस्तियाँ ··· ज़िंदगी इसी तरह जारी रहेगी।

3

गैलरी की दूसरी तरफ़ हिमा के ड्रेसिंगरूम में कोई चीज़ गिरने की आवाज़ आई। हिमा अब तौलिया सर पर लपेटकर गुसलख़ाने के दरवाज़े से बाग़ में उतर चुकी थी। उसके कमरे का जो दरवाज़ा जमुना की तरफ़ खुलता था उस पर ज़र्द गुलाब की बेलें झुक आई थीं।

वह फ़ोन बंद करके उठी और दरवाज़े पर जाकर सकते के आलम में बाहर देखती रही। फिर पर्दा हाटाकर हिमा के कमरे में गई। कमरा ख़ाली था। वार्डरोब पर बहुत से पिक्चर पोस्टकार्ड और हिमा के मरहट्टा[6]

---

1. पक्की जाहिल; 2. उच्च शिक्षा; 3. प्रगतिशीलता; 4. कँपानेवाली; 5. परिचित; 6. मराठा।

शौहर की तसवीर सजी थी जो किसी आला ट्रेनिंग के लिए लंदन गया हुआ था। बच्चे की बेद[1] की टोकरी मसहरी के बराबर रखी थी। सोफ़े पर नीले रंग की कटक की सारी पड़ी थी जो हिमा इसी सुबह को क्वींस वे से ख़रीदकर लाई थी। कोने की मेज़ पर चुग़ताई की *इंडियन पेंटिंग्ज़* की जिल्द पर दूध की बोतल धरी थी। सुर्ख़ रौग़नी फ़र्श पर ख़िज़ाँ के मद्धम सूरज की मद्धम किरनें बिखरी हुई थीं। गार्डन हाउस के सारे दरवाज़े बाग़ में खुलते थे जहाँ ज़र्द पत्ते उड़-उड़कर किवाड़ों और खिड़कियों के शीशों से टकरा रहे थे। बड़ा सन्नाटा था।

चंद लम्हों बाद बराबर के कमरे में खटर-पटर हुई। हिमा का छोटा भाई शहज़ाद कूदकर पलंग पर से उतरा और फिर ग़ुसलख़ाने के शावर में से पानी गिरने की आवाज़ आने लगी। जो बेडरूम "पीली कोठी" के रुख़ पर था उसके दरवाज़े पर हिमा की अम्माँ मोंढ़ा बिछाए बैठी गीता पढ़ रही थीं। किस क़दर दक़ियानूसी मज़हबी औरत थीं ! इतने तालीमयाफ़्ता रौशन-ख़याल बच्चों की ऐसी ओल्ड फ़ैशन माँ ! उसकी अपनी माँ भी उतनी ही मज़हबी थी, उसकी सास भी, बिलक़ीस की माँ भी। शालों और दुपट्टों में लिपटी-लिपटाई गुड़िया ऐसी छोटी कमज़ोर औरतें जो हर समय अपने बच्चों के लिए दुआएँ माँगती थीं, अच्छे और बुरे शगुन देखती थीं, व्रत और रोज़े रखती थीं। माँएँ मुज़हकाख़ेज़[2] होती हैं। वह खुद माँ थी। हिमा भी अब माँ बन चुकी थी जो अपना सारा जर्मन फ़लसफ़ा भूलकर कल से अपने बच्चे की मामूली-सी बीमारी की वजह से दीवानी हुई जा रही थी और डाक्टरों को फ़ोन पर फ़ोन कर रही थी।

वह गैलरी की सीढ़ियाँ उतरकर बाहर आ गई। लॉन के उस पार "पीली कोठी" के चबूतरे पर बान की खुर्री खाट बिछाए उमाजी अपने लड़के को हिंदी पढ़ा रही थीं। रविश के दोनों तरफ़ बड़े-बड़े गुलाब रौशन थे। वह रविश पर से गुज़रकर चबूतरे पर आई। उमाजी ने उसकी आहट पर सर उठाकर देखा। ख़ामोशी से मुस्कुराईं और फिर किताब पर झुक गईं–"हाँ पढ़ो –

---

1. बेंत; 2. हास्यास्पद।

बुंदेले हरबोलों से यह हमने सुनी कहानी थी
खूब लड़ी मरदानी वह तो झाँसीवाली रानी थी।

लेकिन बच्चे ने पढ़ने के बजाय अपनी माँ से झगड़ना शुरू किया, "मम्मी ... मैं तो नहीं पढ़ता ... अच्छा एक रुपया लाओ तो आगे पढ़ूँगा ... "

"चलो, शरारत मत करो ... पढ़ो आगे," उमाजी ने डाँटा।

"यह मरदानी क्या होता है ?"

"बहादुर," उमाजी ने खिलखिलाकर हँसते हुए जवाब दिया।

बच्चे ने हिल-हिलकर पढ़ना शुरू किया। सीता चंद लम्हों तक ठिठककर यह पुरसुकून[1] मंज़र[2] देखा की। फिर हिमा के पुराने कमरे में दाख़िल हुई जिसमें वह अपने ब्याह से पहले रहा करती थी। अलमारियों में उसकी किताबें बेकसी के आलम में पड़ी थीं। दीवारों पर मानीपुरी टोपियाँ और जगन्नाथजी के चोबी[3] बुत आवेज़ाँ[4] थे। बराबर के कमरे की एक अलमारी भी देवी-देवताओं से भरी हुई थी। दरमियाने तख़्ते पर देवी की नन्ही-सी मसहरी थी। मंगल के मंगलदेवी को नई "पोशाक" पहनाई जाती थी। इस घर में देवी-देवताओं की इस क़दर भरमार थी कि सीता का जी बौला जाता था। हिमा इन मूर्तियों को फ़र्नीचर का एक हिस्सा समझकर उनकी तरफ़ से बिलकुल बेनियाज़[5] थी। वह मज़हबी या ग़ैर-मज़हबी, कुछ भी नहीं थी। एक नार्मल क़िस्म की लड़की थी। यह तो सीता ही के दिमाग़ में फ़ितूर था कि वह मज़हब, सियासत, ज़िंदगी, मौत, दुनिया-भर की हर चीज़ के मुतल्लिक़ सोच-सोचकर दीवानी हुई जाती थी ... मगर अब हिमा भी अपने नौज़ाइदा[6] बच्चे को लेकर हर मंगल को अपनी माँ और फूफियों के साथ कालकाजी के मंदिर जाती थी।

सीता ड्राइंगरूम से निकलकर सामने के बरामदे में आ गई जिधर से प्राइवेट रोड बल खाती हुई अलीपुर रोड की सिम्त मुड़ती थी। सामने से हिमा की एक और कज़िन प्रमिला अपने दफ़्तर से वापस आ रही थी। उसने हाथ हिलाकर सीता को हलो कहा और अमराइयों में ग़ायब हो गई। सीता फिर अंदर लौटी और सारे कमरों में घूमती फिरी। उसे यह कोठी

---

1. शांतिमय; 2. दृश्य; 3. लकड़ी; 4. सजे हुए; 5. उदासीन; 6. नवजात।

हमेशा से पसंद थी। इस घर में आकर, इसके मकीनों[1] से मिलकर उसे हमेशा एक अजीब-सी राहत और हिफ़ाज़त का एहसास होता था। इन लोगों की ज़िंदगी कितनी पुरअम्न थी। इनके यहाँ कोई दिमाग़ी या नफ़सियाती[2] या जज़्बाती उलझनें नहीं थीं। साठ-सत्तर बरस से यह ख़ानदान पाँच-छः बड़ी-बड़ी कोठियों में इसी तरह रहता आया था। उनके पुरखे औरंगज़ेब के ज़माने से मुग़ल दरबार में बक़ायानवीस और मुंशी थे और मुग़ल बादशाहों ने उनको रायराजा का ख़िताब दिया था। हिमा के दादा साहिबे-दीवान[3] थे, परदादा ने लुग़त[4] तसनीक़ की थी,[5] नगड़दादा ने फ़ारसी शुअरा[6] का तज़किरा[7] लिखा था। हिमा की अम्माँ बाज़ दफ़ा ऐसे-ऐसे मुहावरे इस्तेमाल कर जातीं जो सीता की समझ में न आते, जिस पर वह कहतीं, "अरी, लखनऊ में तेरी ससुराल है, अब तो ज़बान सीख ले।" फिर खुद ही नाक-भौं चढ़ाकर कहतीं, "और लखनऊवाले निगोड़े भी उर्दू क्या जानें ··· पुरबिए नहीं तो ··· "

ये इस क़दर शाइस्ता[8] मुहज़्ज़ब,[9] नस्तालीक़[10] वज़ादार[11] और ग़ैर-सियासी क़िस्म के लोग थे कि सीता को हैरत होती थी। इतना बड़ा हंगामा आकर गुज़र गया। दुनिया तहो-बाला[12] हो गई मगर ये लोग उसी सुकून से इन कोठियों में बैठे रहे। वह खुद बे-ख़ानुमाँ[13] होकर हिंदुस्तान के मुख़्तलिफ़ रिफ़्यूजी कैंपों में होती हुई, 1948 में दिल्ली आई थी। यहाँ उसकी मुलाक़ात हिमा से बिलक़ीस की बड़ी बहन फ़रख़ंदा बाजी के घर पर हुई थी जो लोकसभा की मेंबर थीं। उनके वहाँ सुबह से शाम तक शरणार्थियों और हिरासाँ[14] मुसलमानों का ताँता बँधा रहता था और वह इंतहाई दर्दमंदी और सब्र के साथ उन सबके लिए दौड़धूप करती रहतीं। हिमा जो इसी साल आई.ए.एस. में कामयाब हुई थी, वज़ारते-आबादकारी[15] में काम कर रही थी। उस रोज़ फ़रख़ंदा बाजी के ड्राइंगरूम के एक कोने में बैठी हुई एक ख़ौफ़ज़दा-सी लड़की को बिलक़ीस ने अपने क़रीब बुलाकर

---

1. निवासियों; 2. मनोवैज्ञानिक; 3. प्रकाशित संग्रह वाले कवि; 4. शब्दकोश; 5. रची थी; 6. कवियों; 7. वर्णन-ग्रंथ; 8-9. सभ्य; 10. साफ़-सुथरे; 11. अच्छी चालढाल वाले; 12. उलटपलट; 13. बेघरबार; 14. भयभीत; 15. पुनर्वास मंत्रालय।

हिमा से कहा था (जो उसी वक़्त अपनी लंबी उन्नाबी रंग की नीश ड्राइव करती हुई आकर उतरी थी), "हिमा, उमाजी कल सिंधी कढ़त की सारी बनवाने को कह रही थीं। सीता की वालिदा बड़ी खूबसूरत सारियाँ काढ़ती हैं।"

"ओ ... हाउ वंडरफुल ... " हिमा ने कहा था। "एक क़ाटन सारी का पल्लू और बेल आप कितने में बनवा देंगी ?"

"दस रुपये," सीता ने कड़वा घूँट पीते हुए जवाब दिया था। इस वक़्त यह महसूस करके कि वह मुफ़लिस और क़ाबिले-रहम शरणार्थी है, उसका सारा बदन काँपने लगा था। फिर एक रोज़ वह बिलक़ीस के साथ ही हिमा के घर गई थी। उसके कमरे के दूसरे अफ़राद[1] की कोठियाँ पास-पास थीं और अपने रंगों की मुनासबत से मशहूर थीं। हिमा अपने वालिदैन और भाई-बहनों के साथ "नीली कोठी" में रहती थी। उसके ताया "पीली कोठी" में, मँझले चचा "लाल कोठी" में और छोटे चचा "हरी कोठी" में रहते थे। ये सब बेहद ज़िंदादिल, खुशबाश,[2] दोस्तनवाज़[3] और पुरखुलूस[4] क़िस्म के लोग थे। इनकी अनगिनत लड़कियाँ कालिजों और स्कूलों में पढ़ रही थीं। लड़के भी ज़्यादातर ज़ेरे-तालीम[5] थे। शहज़ाद, मेहताब, इक़बाल, गुलज़ार, निहाल, खुशवंत और जाने कौन-कौन ... गुरूर इन लोगों में नाम को न था। इसके बावजूद सीता शुरू-शुरू में इनसे खिंची-खिंची रहती। वह उस वक़्त बहुत कमउम्र और हिस्सास[6] थी। फ़रखंदा बाजी और हिमा उससे बड़ी बहनों ऐसा बरताव करतीं तो उसकी आँखों में आँसू आ जाते।

यह उसके साथ कैसी मुसीबत थी कि दर्दमंदी और इख़लास[7] की एक-एक ज़रा-ज़रा बात उसके दिल पर लिखी जाती थी। एक मर्तबा गर्मियों में जब वह सब नरगिस की नई फ़िल्म का एक सेकंड शो देखने कनाट सर्कस गए थे और बरामदे के सुतूनों[8] के पास एक फूलवाला जूही के गजरे बेच रहा था, सीता ने उसकी तरफ़ पलटकर देखा ही था कि नेमत मामा ने फ़ौरन उसके लिए गजरा ला दिया था। उसके बाद जब दोबारा सिनेमा

---

1. व्यक्ति; 2. अच्छे तौर-तरीक़ों वाले; 3. मित्रता निभानेवाले; 4. शुद्धहृदय; 5. अध्ययनरत; 6. संवेदनशील; 7. शुद्धहृदयता; 8. खंभों।

देखने उस जगह पर गए तो नेमत मामा कार से उतरकर खुद ही लपके हुए जाकर गजरा ख़रीद लाए–"मुझे मालूम है तुम्हें सफ़ेद फूल पसंद हैं।" नेमत मामा अब उत्तरप्रदेश में कहीं फ़ार्मिंग कर रहे थे। उनका ब्याह हो गया था। शहज़ाद भी अब बड़ा हो चुका था बल्कि उसे तो आई.ए.एस. में आए हुए भी सात-आठ साल होने को आए थे। अब तक वह मग़रिबी बंगाल के अज़ला[1] में तैनात था और हाल ही में तबदील होकर मरकज़[2] में आ गया था। हिमा के वालिद के इंतक़ाल को अब तीन साल हो चुके थे। हिमा ने शादी कर ली थी और शौहर के लंदन जाने के बाद वह गार्डन हाउस में अपने वालिद के कमरे में ठहरी हुई थी। अब वह अपने बच्चे में इस क़दर मसरूफ़ थी कि सीता की तरफ़ तवज्जह करने[3] के लिए उसके पास वक़्त ही नहीं था। शहज़ाद तनदही[4] से थिएटर मूवमेंट में जुटा हुआ था। हिमा की सारी चचाज़ाद बहनें तालीम से फ़राग़त[5] पाकर मुलाज़िम हो गई थीं। चंद-एक अपने-अपने घर सिधार चुकी थीं। लड़के बड़े हो गए थे। इक़बाल और मेहताब फ़ौजी अफ़सर थे और कश्मीर में तैनात थे।

पिछले नौ साल में इस ख़ानदान में काफ़ी तबदीलियाँ हो चुकी थीं। यह घर जो हमेशा अमिट सुकून का गहवारा[6] मालूम होता था, ज़रा बदला-बदला-सा लग रहा था। शायद इसकी वजह यह थी कि वह खुद यकसर[7] बदल चुकी थी।

लेकिन ये कमरे, क़ालीन, पुराना फ़र्नीचर, पर्दे, फ़र्श के टाइल, बाग़ के फूल, हर चीज़ वही थी। यह घर अब भी बंदरगाह में ठहरा हुआ एक ख़ामोश जहाज़ था जिसमें कभी-कभी आकर वह यहाँ के सुकून से खुद को हमआहंग करने[8] की कोशिश करती थी। नीचे बल खाती हुई तवील ख़ामोश सड़क के परे जमुनाजी उसी सुकून से बह रही थीं। क्या वाक़ई इतना सुकून मुमकिन हो सकता है? कमरों का चक्कर लगाकर वह फिर हिमा के पुराने कमरे में वापस आ गई।

---

1. जिला का बहुवचन; 2. केंद्र; 3. ध्यान देने; 4. एकाग्रचित्त; 5. मुक्ति; 6. आँगन; 7. एक सिरे से; 8. सामंजस्य बिठाने।

"अरी सीता ··· कहाँ घूमती फिरे बावली-सी। बाहर आ जा। अंदर बड़ी सीलन है।" चबूतरे पर से हिमा की अम्माँ की आवाज़ आई जो खड़ाऊँ पहने खट-खट करती अपने देवी-देवताओंवाले कमरे की तरफ़ जा रही थीं–वह उनके पीछे-पीछे उस कमरे में आ गई और ज़रा सहमकर दरवाज़े के पास खड़ी हो गई।

"अरी इनको परनाम तो कर ले। तेरा क्या बिगड़ जाएगा ! भगवान तो हर शै[1] में हैं। अरी बावली डरे क्यूँ ? ··· मेरी भी दो भतीजियों ने मुसलमानों से ब्याह कर लिया। आजकल यही हवा चली है। अब उनको घर से निकाल थोड़े ही दिया। बाप ने इतना बड़ा ऐट होम दिया था ··· क्या नाम है उसका ··· मुझे निगोड़े का नाम ही याद नहीं रहता। मेरी अपनी हिमा ने ग़ैर-कुफ़ में शादी कर ली। इतनी दूर मरठवाड़े चली गई ··· फिर अब क्या हुआ ··· ज़माना ही ऐसा है।" अम्माँ ने अलमारी खोलकर मुन्ने-से दीपमहल में चिराग़ जलाते हुए कहा।

वह अलमारी के सामने आकर खड़ी हो गई जहाँ घरौंदे की तरह देवी-देवता सजे थे। पीछे महंतों और साधुओं और जोगियों के फ़ोटोग्राफ़ रखे थे और उन पर गेंदे के हार पड़े हुए थे। हिमा की अम्माँ से सीता की मुलाक़ात को ज़्यादा अरसा नहीं गुज़रा था। इस वजह से वह उनसे ज़रा ख़ायफ़[2] रहती थी। जब 1948 में वह दिल्ली में थी तब ये अपने भाई के पास लखनऊ गई हुई थीं। तीन साल क़ब्ल[3] जब वह अमरीका से चंद महीने के लिए दिल्ली आई थी तब ही उनसे पहली दफ़ा मुठभेड़ हुई थी। ये हस्बे-मामूल[4] घास पर मोंढ़ा बिछाए गीत पढ़ रही थीं। हिमा ने आगे बढ़कर कहा था, "अम्माँ, यह सीता है।"

"आदाब अर्ज ···" सीता ने हस्बे-आदत[5] एक हाथ से सलाम करते हुए कहा था।

उन्होंने ऐनक पेशानी[6] पर चढ़ाकर अपनी बड़ी-बड़ी शरबती आँखें झपकते हुए उसे ग़ौर से देखा था और ज़रा मुस्कुराकर कहा था : "नाम तो तुम्हारा सीता है और जय रामजी के बजाय आदाब अर्ज़ कहती

---

1. वस्तु; 2. भयभीत; 3. पहले; 4 हमेशा की तरह; 5. आदतवश; 6. माथा।

हो ··· "

और बाहर आकर कार में बैठते हुए उसने गुस्से में कहा था, "हिमा, तुम्हारी अम्माँ भी खूब हैं। मैं जय रामजी क्यों कहूँ ? आई ऐम नॉट ए सिल्ली हिंदू !"

अम्माँ एक बड़ी शदीद[1] मक़नातीसी[2] आँखोंवाली जवान संन्यासन की तसवीर पर से हार बदलने में मसरूफ़ हो गईं। गले में तुलसी-माला पहने, बाल बिखराए और बग़ैर ब्लाउज की सारी लपेटे यह संन्यासन एक मृगछाला में बैठी कैमरे को बड़े ग़ौर से देख रही थी और सामने विचित्रवीणा रखी थी। दूसरी तसवीर में वही संन्यासन और भी ज़्यादा मक़नातीसी आँखोंवाले नौजवान संत के साथ तख़्त पर बैठी थी ··· संत बड़ा सख़्त हैंडसम था।

"अम्माँ ··· ये कहाँ रहते हैं ?" सीता ने आहिस्ता से सवाल किया।

"ये ··· अपना शरीर छोड़ चुके हैं।"

"ओह ··· व्हाट ए पिटी ··· इतना खूबसूरत था बेचारा।"

"और ये ?" उसने संन्यासन की तरफ़ इशारा किया।

"यह ··· ? राधाजी ··· यह भी दो बरस हुए अपना शरीर छोड़ चुकीं।"

"ये दोनों ··· ?

"हाँ ··· ये दोनों दुनिया की नज़रों में मियाँ-बीवी थे। बचपन में राधाजी से उनका ब्याह कर दिया गया था। मगर यह कभी मियाँ-बीवी की तरह रहे नहीं।"

"नानसेंस," सीता ने दिल में कहा। अम्माँ अब देवी की पोशाक बदल रही थीं।

"अम्माँ, आपको साधू-संतों की संगत में बड़े-बड़े ताक़तवर संत मिले ?" कुछ देर बाद सीता ने पूछा। उसने अपनी दानिस्त[3] में spiritual power का तरजुमा ताक़तवर किया था। आख़िर दस साल से वह उर्दू पढ़ रही थी। ··· "मुझे जो संत मिले, बड़ी ऊँची रूहानी[4] ताक़त के मिले।" उन्होंने आँखें बंद करते हुए जवाब दिया।

"ओह ··· "

---

1. तीव्र; 2. चुंबकीय; 3. समझ; 4. आध्यात्मिक।

"आज देवी को हिमा की फूफी के यहाँ जाना है," अम्माँ ने मूर्ति पर मुकुट सजा कर कहा।

"अच्छा ··· "

वह बाहर आ गई।

बेमानी ··· बेमानी ··· ज़िंदगी किस क़दर बेमानी थी।

अब लॉन पर हिमा के तीन-चार कज़िन जमा हो चुके थे। हिमा गुलाबी हाउसकोट में मलबूस[1] टहल-टहलकर बच्चे को सुला रही थी। शहज़ाद भी नहा-धोकर अंदर से निकल आया था। उसके साथ उसका एक दोस्त भी था। वह इस क़दर ख़ूबसूरत था कि सीता उसे देखती रह गई। वह बहुत कमउम्र था। हद से हद छब्बीस-सत्ताईस बरस का रहा होगा और कमबख़्त की क़यामत की आँखें थीं और किस क़दर ख़ूबसूरत बाल !

"हलो सीता, दिस् इज़ कैलाश," शहज़ाद ने कहा।

"हलो !"

"मिसेज़ जमील, आप आज हमारी रिहर्सल देखने आ रही हैं ?" नौजवान ने बड़ी यगानगत[2] और बेसाख़्तगी से[3] बात शुरू की। इन ड्रामा ग्रुप वालों की बड़ी अजीब जथबंदी थी।

"डाक्टर मीरचंदानी, ··· " उसने आहिस्ता से कहा।

"ओह ··· आई डू बेग योर पारडन।" फिर उसने शहज़ाद से चुपके से पूछा, "यार मैंने ईंट तो नहीं गिरा दी ··· ?"

"अरे नहीं यार ··· सब चलता है ···," शहज़ाद ने जवाब दिया। फिर उसने मुड़कर सीता से पूछा, "तुम अभी चलती हो या बाद में आकर पिक-अप कर लूँ ?" वह बेइख़्तियार होकर कैलाश की आँखों को देखे जा रही थी। उसको इस तरह अपनी तरफ़ देखते पाकर कैलाश घबरा गया और ज़्यादा तनदही[4] से प्रमिला के साथ बात करने लगा।

"सीता ··· !" शहज़ाद ने दोबारा कहा।

"ओह ··· " वह चौंकी। ··· मैं हिमा के साथ आ जाऊँगी; तुम लोग जाओ।"

---

1. लिपटी हुई; 2. अपनापन; 3. स्वाभाविक ढंग से; 4. एकाग्रता।

हिमा बच्चे की फ़िक्र में खोई हुई थी। उसका बुख़ार कम नहीं हुआ था और वह किसी तरह सोता नहीं था। उसने सीता की बात नहीं सुनी।

"हिमा ... " सीता ने कहा।

फ़िज़ूल ... फ़िज़ूल ... हर चीज़ फ़िज़ूल ...

"ओह सॉरी ... हाँ सीता ! नहीं, मैं कैसे जा सकती हूँ। आनंद की यह हालत है।"

"अच्छा, तुम छः बजे कॉफ़ीहाउस आ जाना ... कैलाश तुमको वहीं से पिक-अप कर लेगा," शहज़ाद ने कहा और दोनों लड़के घास पर से गुज़रते हुए कार की तरफ़ चले गए। सामने "पीली कोठी" के चबूतरे पर सारी लड़कियाँ मीटिंग में मसरूफ़ थीं और चिलग़ोज़े खा रही थीं और बड़ी आरामदेह नार्मल बातें कर रही थीं।

हिमा आया को बुलवाकर दूध की बोतलें साफ़ करवाने में मसरूफ़ हो गई।

"हिमा, मैं ज़रा अपने घर हो आऊँ," सीता ने मोंढ़े पर से उठते हुए कहा।

"घर ... ?"

"हाँ ... क़रोलबाग़ ... वहीं से इन लोगों के यहाँ चली जाऊँगी ... गुड नाइट।"

"गुड नाइट सीता।"

वह अपना बैग उठाकर सुर्ख़ बजरीवाली सड़क पर आई और बस स्टॉप की तरफ़ रवाना हो गई।

4

कामरान एक सुतून के पीछे छिपा कुछ खटर-पटर कर रहा था। फ़िर उसने फ़र्श पर पड़े हुए तारों के लच्छे पर झुककर स्विच दबा दिया। स्टेज पर मद्धम सफ़ेद उजाला फैल गया। स्टेज डाइरेक्टर ने ख़ाली ऑडिटोरियम को

मुख़ातिब किया।

"क़िस्सा* मुख़्तसर करता हूँ ... मुझे अकादमी की तरफ़ से हिदायत की गई है – तुमको चाहिए कि 'राक्षस की अंगुश्तरी'[1] नामी नाटक जो महाराजा भास्करदत्त के बेटे और सामंत दातेश्वरदत्त के पोते तमसीलनिगार विशाखदत्त ने लिखा, आज पेश करो। नैं भी बहुत मुतमइन[2] हूँ कि एक ऐसे मजमे के सामने यह नाटक खेला जाएगा जो एक अदनी तख़्लीक़[3] की ख़ूबियाँ सराह सकता है।

"क्योंकि ...

"धान की अच्छी फ़सल का इनहसार[4] बोनेवाले की ज़ाती[5] ख़ूबियों पर नहीं होता ... अब मैं घर जाता हूँ ताकि अपनी घरवाली के साथ संगीत की तैयारी कर सकूँ ... " फिर उसने स्टेज का एक चक्कर लगाया – "यह रहा हमारा मकान ... अब मैं अंदर जाता हूँ।" उसने चारों तरफ़ देखा – "आहा, क्या बात है। ऐसा लगता है जैसे किसी तेहवार की तैयारियाँ की जा रही हैं। नौकर अपने-अपने काम में मसरूफ़ है। एक दासी पानी ला रही है। दूसरी खुशबूदार जड़ी-बूटियाँ कूटती है। यह लड़की हार गूँधने में जुटी है और इस दासी को देखो जो कूटने-छानने के साथ गुनगुनाती जाती है। अब मैं घर की बीवी को बुलाता हूँ।"

खटाक ... प्लाईवुड का बड़ा तख़्ता एक तरफ़ को सरका और सरदार प्रदीपसिंह ओवरआल पहने और हाथ में हथौड़ा लिए नमूदार हुए।

"प्रदीप, तुमको भी इस वक़्त हल्ला करना है," बिलक़ीस ने हाल में चिल्लाकर कहा। "मेरा तो बेड़ा ग़र्क हो गया – शहज़ाद किधर है ?" प्रदीप ने गुस्से से कहा।

"अरे रे रे, यह तख़्त इधर घसीटो भाई ... "

"ऐ पाकबाज़ औरत, सुघड़ और खुशतदबीर ... मेरे घर की सियासत की माहिर ... ऐ मेरे घरबार की मलिका ... इधर आ ... " राकेश बोले जा रहा था। अब एक्ट्रेस सामने आई, "महाराज, मैं यहाँ हूँ। अपनी हिदायात से मुझे

---

1. अँगूठी; 2. संतुष्ट; 3. साहित्यिक रचना; 4. दारोमदार; 5. वैयक्तिक।

* 'मुद्राराक्षस' के पहले मंजर (दृश्य) का अव्वलीन मुकालमा (आरंभिक संवाद)।

सरफ़राज़[1] कीजिए।"

बिलक़ीस ने फिर आवाज़ दी–"राकेश, उसके आगे वहाँ 'ज़ालिम हमला-आवर' वाला जुमला है, उसे ज़रा फिर से कहो ... "

"अच्छा ... देखो, ज़ालिम हमला-आवर केतू के साथ चंद्रमा को ज़ेर[2] करना चाह रहा है ... हा कौन है !! जबकि मैं यहाँ खड़ा हूँ और ... "

अब सात बजा था। सीता अब तक नहीं आई ... बिलक़ीस ने घड़ी पर नज़र डालकर सोचा। अब पाटलिपुत्र के नंद राजा के वज़ीर राक्षस का दोस्त 'चंदनदास' कह रहा था :

> मेरे सर पर बादलों की घन गरज है।
> मेरा प्रीतम बहुत दूर है। यह क्या हुआ ?
> अमर बूटियाँ बर्फ़ीले पहाड़ों पर हैं।
> और सर पर कुंडली मारे नाग बैठा है।"

अब ... अब चंद्रगुप्त कह रहा था :

> वह मग़रूरों[3] से झिझकती है ... डरपोकों के पास नहीं रहती क्योंकि उसे बेआरामी से डर लगता है। उसे अहमक़ों से नफ़रत है। वह बड़े-बड़े गुणवानों से भी बेतकल्लुफ़ नहीं होती। बहादुरों से घबराती है। देश की नारी की मानिंद उसे भी बड़ी मुश्किल से राम[4] किया जाएगा।

"सीताजी आ गईं !" कामरान ने 'चाणक्य के मकान' की खिड़की में से मुँडिया निकालकर ललिता को बताया। सीता हाल में से गुज़रकर पहलू[5] के बरामदे की सीढ़ियों पर बैठ गई जहाँ अँधेरा था।

कामरान ने दूसरा स्विच दबाया। स्टेज पर उदास ज़र्द रौशनी फैल गई। अब 'चंद्रगुप्त' कह रहा था :

> उफ़क़[6] का मंज़र ख़िज़ाँ ने कितना ख़ूबसूरत बना दिया है।
> क्योंकि ...
> आहिस्ता-आहिस्ता ख़ुश्क होती हुई नदियों के दोनों तरफ़
> रेतीले किनारे जगमगा रहे हैं ...

---

1. सम्मानित; 2. पराजित, वश में; 3. घमंडियों; 4. वश में; 5. बगल; 6. क्षितिज।

सारसों के हुजूम और कँवल के झुंड
और चाँदी के बादल और उड़ते हुए बगुले
और शाम के आसमान पर सुलगते सितारे ...

"सीता, ... " बिलक़ीस ने बरामदे में निकलकर पुकारा।

"हाय बिली ... "

बिलक़ीस उसके नज़दीक जाकर सीढ़ियों पर बैठ गई। "यहाँ काफ़ी खुश्की है, अंदर चलो ... "

"नहीं ... यहीं ठीक है ... "

"इतनी देर में क्यों आईं ? हम लोग कॉफ़ी बना रहे थे, उस वक़्त तुम्हारा बहुत इंतज़ार किया। तुम्हारे लिए दो-तीन फ़ोन भी आए थे ... "

"किसके ?"

"मालूम नहीं ... सुनो सीता ... उस वक़्त तुमने मेरी बात पूरी नहीं सुनी और खट् से फ़ोन बंद कर दिया।"

"अब कौन-सी बात बताना रह गई थी तुमको ?"

"वह तो ठीक है सीता डियर ... मगर ... ," बिलक़ीस ने बेचैनी से पहलू बदला। "अस्ल में कल रात मँझली ख़ाला ने कराची से ट्रंक काल किया था। क़ैसर की शादी है ना अगले हफ़्ते। तो मँझली ख़ाला ने सख़्त इसरार किया है कि तुम उसमें ज़रूर शरीक हो। बड़ी ख़ाला तुलसीपुर से नहीं जा सकतीं। असग़र भैया की बीमारी की वजह से। उनकी बहू की हैसियत से उनकी नुमाइंदगी तुम्हें ही करना है। वग़ैरह-वग़ैरह ..." हलक़ साफ़ किया। सर्दी के बावजूद पसीना-पसीना हो रही थी।

"कराची ...," सीता का दिल धक से रह गया। "कराची ... !"

"हाँ-हाँ, और क्या ...," बिलक़ीस ने दफ़अतन[1] खुद को सँभाला और फिर एक्टिंग शुरू कर दी। "चली चलो, बड़ा मज़ा आएगा। सब पाकिस्तानी रिश्तेदारों से मिलेंगे। उन सबको तो मैंने नौ साल से नहीं देखा है। आठ-दस दिन बाद चले आएँगे। बाजी के हाँ लाहौर ठहरकर वापस दिल्ली ... क्या ख़याल है ?" फिर वह सीता से नज़रें न मिला सकी और जल्दी से तमसील[2] की

---

1. एकाएक; 2. नाटक।

फ़ाइल उलटने-पलटने लगी। "चली चलो, वाक़ई फिर अगले महीने मुझे थिएटर सेमिनार के लिए बंबई जाना है।"

"मुझे मालूम है, तुम बहुत मसरूफ़, बहुत अहम आदमी हो। हिंदुस्तान का सारा थिएटर मूवमेंट तुम्हारे ही दम से चल रहा है।"

"बको मत ··· अरे अरे ··· रो क्यों रही हो क्रैकदास, ··· सच्ची ··· चलो हमारे साथ कराची।" फिर उसने खुशदिली की सई[1] की, "ज़रा सोचो, मैं आज तक किसी फ़ॉरेन कंट्री नहीं गई, एक फ़ॉरेन कंट्री तो देख आऊँ बक़ौल मजाज़ ···।"

सीता ख़ामोश रही।

"चलो यहाँ से। मिसेज़ सेन के हाँ जाने के बजाय सीधे घर चलेंगे और खाने के बाद बैठकर स्क्रैबिल खेलेंगे। अब की दफ़ा लैटिन लफ़्ज़ बनाए जाएँ। इतनी देर में क्यों आईं ? क्या अपने घर चली गई थीं ?

"हाँ, मैं कुछ देर मम्मी के पास चुपचाप बैठना चाहती थी।"

"तुमने ··· तुमने उनको बतला तो नहीं दिया ?"

"हाँ ··· बता दिया ··· "

"क्या कहती थीं ?"

"कुछ नहीं ··· कहने लगीं, सब कर्मों का फल है।"

अंदर से 'चंद्रगुप्त' की आवाज़ फिर बुलंद हुई। वह अपना मुकालमा दोहराए जा रहा था :

और शाम के आसमान पर सुलगते सितारे ···

"मँझली ख़ाला का ख़त मेरे पास भी आ चुका है," सीता ने आहिस्ता से कहा। "बड़े भैया का भी। अभी मैंने मम्मी से यही कहा कि मँझली ख़ाला ने क़ैसर के ब्याह के लिए कराची बुलाया है। कहने लगीं, जरूर जाओ। तुम्हारा अस्ल घर तुम्हारी ससुराल है। कराची में तुम्हारे जेठ रहते हैं और जेठ ससुर के बराबर होता है। उनका कहना हरगिज़ मत टालो ··· एंड सो आन एंड सो फ़ोर्थ।"

बिलक़ीस बरामदे के नीचे लगे हुए फूलों को देखती रही। अब कोहरा

1. कोशिश।

गहरा होता जा रहा था। दफ़अतन उसने एक फ़र्ज़-शनास[1] डाइरेक्टर की हैसियत से अंदर से आई 'चंद्रगुप्त' की साफ़ और गहरी आवाज़ पर कान लगा दिए। वह कह रहा था :

"और शाम के आसमान पर सुलगते सितारे।"

और फिर ...

नदियों की उठती लहरें मौसम की बात मानकर
अपने-अपने धारों में सिमट गईं।
धान फ़र्ते-इंकसार[2] से झुक गई।
मोर अपना गुरूर छोड़ चुके हैं।
अचंभे की बात है किस तरह सारी दुनिया को
ख़िज़ाँ ने माकूलियत[3] के रास्ते पर चलने के लिए धीमा कर लिया
ऐसी कुटनी की मानिंद जो मुहब्बतों के क़िस्से बड़ी महारत से सुनाती हो
पतझड़ ने गंगा को दरियाओं के खुदा के पास पहुँचाकर
उसके सुकून को बहाल कर दिया।

अब "भाट" कह रहा था :

आसमान पर उसके फूलों की पीली रौशनी
शिव के ज़िस्म की राख की ऐसी फैली है।
ठंडी किरनोंवाले चाँद ने बादल बिखेर दिए जो
शिव के हाथी की खाल की मानिंद गर्द-आलूद[4] थे
तेज़ चाँदनी उसकी खोपड़ियों की माला की तरह चमक रही है।
हवा में उड़ते राजहंस
उसकी हँसी की मानिंद जगमगाते हैं।
खुदा करे की ख़िज़ाँ जो विष्णु के बदन की तरह ज़र्द है,
तुम्हारी मुश्किलें दूर करे ...

अब 'चाणक्य' कह रहा था :

चारों सागरों के रेतीले साहिलों[5] तलक जिन पर ताड़ के पत्तों से

---

1. कर्त्तव्यपरायण; 2. अत्यधिक विनम्रता; 3. उचित, सत्य; 4. गर्द में लिपटे हुए; 5. किनारों।

तारीक[1] जंगल साया किए हुए हैं। जिनके गहरे पानी हैबतनाक[2]
मछलियों के तैरने से मुज़्तरिब[3] हैं।
तुम्हारा हुक्म ताज़ा फूलों के गजरे की मानिंद
एक सौ राजाओं ने अपने ऊपर लिया है ···!

"बिलक़ीस ···" पीछे से कैलाश की आवाज़ आई। वह हाल के आख़िरी दरवाज़े से निकलकर सीढ़ियों की तरफ़ आया।

"हाँ भई," बिलक़ीस ने पीछे मुड़कर दरियाफ़्त किया! "व्हाट इज़ इट ?"

"तआरुफ़[4] में क्या-क्या लिखा जाएगा ?" वह फ़र्श पर दो-ज़ानू[5] बैठ गया–"आउटलाइन बना दो, मैं अंदर जाकर लिख लूँगा।"

"अरे, बस भई लिख दो कि यह मॉडर्न थिएटर की चौथी क्लासिकल पेशकश है।"

"यह तुमने किस क़दर नई और प्रोफ़ाउंड बात बताई है। मानता हूँ।"

"और यह लिखो कि ···" बिलक़ीस ने सोचते हुए सर खुजाया।

"सातों एक्ट का अलग-अलग खुलासा ? और शुरू में क्या लिखूँ ?"

बिलक़ीस ने फ़ाइल खोली, "यहाँ कुछ टप ही नहीं रहा, अँधेरे में। यह लिख दो कि यह नाटक चौथी सदी ईसवी में गुप्ता अह्द[6] में लिखा गया। ड्रामाटिस्ट विशाखदत्त इसका मुसन्निफ़[7] था। लाओ, मुझे दो ··· मैं पढ़ती जाती हूँ।" दरवाज़े में से आती हुई मद्धम रौशनी की तरफ़ झुककर उसने काग़ज़ात पलटे, "विशाखदत्त इसका मुसन्निफ़ था। शहंशाह चंद्रगुप्त दोयम के अह्द में पाटलिपुत्र में पहली बार स्टेज हुआ। चंद्रगुप्त दोयम का ज़माना शायद 375 ई. से 413 ई. तक है। किताब में से चेक कर लेना।"

सीता खड़ी हुई, "मैं बाहर जाती हूँ।"

बिलक़ीस ने उसकी बात नहीं सुनी। वह अपने काम में दोबारा मुनहमिक[8] हो चुकी थी। हिमा की तरह उसके पास भी सीता की तरफ़ तवज्जह करने[9] की फ़ुरसत नहीं थी। वह कहती रही, "और यह लिखो कि बड़ा सख़्त सीरियस

---

1. अँधेरे; 2. भयानक; 3. हलचल से भरे, बेचैन; 4. परिचय; 5. घुटनों के बल; 6. युग; 7. लेखक; 8. ध्यानमग्न; 9. ध्यान देना।

और सियासी क़िस्म का प्ले है। संस्कृत ड्रामे और प्योर आर्ट थिएटर का ज़िक्र करो, अगले पैराग्राफ़ में ··· रेणु ने ले-आउट तैयार कर दिया ?"

"गैली प्रेस से आ जाए तब ही तो वह ले-आउट बनाएगी," कैलाश ने जवाब दिया।

अंदर 'चाणक्य' कह रहा था :

> चीलें और गिद्ध धुएँ के मरग़ोलों[1] की तरह आसमान पर चक्कर काट रहे हैं। दौराने-परवाज़ में[2] उनके पर बिलकुल साकिन[3] हैं। घोड़े आसमान को अपनी टापों से उड़ाए दे रहे हैं। फ़ौजों के आगे-आगे चलनेवाले हाथी साकित[4] खड़े हैं और ज्वार-भाटा के निशानों के मानिंद उनकी घंटियाँ ख़ामोश हैं ··· "

सीता पूरी इमारत का चक्कर लगाकर फिर बरामदे में आ गई। बिलक़ीस और कैलाश स्टेज की तरफ़ जा चुके थे।

वक़्त है कि उड़ा चला जा रहा है। वह फिर सीढ़ियों पर बैठ गई।

अंदर पाँचवें एक्ट में शहज़ादा मलयकेतु का जाली दोस्त भागोराईन शहज़ादे से मुख़ातिब था :

> महाराजकुमार ! वह जो सियासत में अमली तौर पर हिस्सा लेते हैं ! सियासी मक़ासिद[5] की ज़रूरत दुश्मनों, साथियों और ग़ैर-जानिबदार फ़रीक़ैन[6] की गिरोहबंदी का तअय्युन[7] करती है। ग़ैर-सियासी इनसानों की तरह महज़ ज़ाती[8] पसंदीदगी की बिना पर ये दोस्तियाँ उस्तवार[9] नहीं की जातीं शहज़ादे ! ··· सियासी मक़ासिद की वजह से दोस्त दुश्मन में और दुश्मन दोस्तों में तब्दील कर दिए जाते हैं। हिकमते-अमली[10] सारे पुराने बंधनों को हमेशा के लिए ख़त्म कर देती है। जिस तरह इनसान मौजूदा ज़िंदगी में पूर्वजन्म की बातें भूल जाता है।

··· 'एक अफ़सर' स्टेज पर आया।

"महाराज की जय हो," उसने कहा – "हिफ़ाज़ती चौकी के निगराँ[11]

---

1. लच्छों; 2. उड़ान के बीच; 3-4. स्थिर; 5. उद्देश्यों; 6. तटस्थ पक्षों; 7. निर्धारण; 8. निजी; 9. विकसित; 10. रणनीति; 11. रक्षक।

दुघर्ष की अर्ज़दाश्त[1] है कि एक शख़्स जिसके पास परवान-ए-राहदारी[2] न था, एक ख़त के साथ शाही ख़ेमागाह से फ़रार होना चाहता था ··· उसे गिरफ़्तार कर लिया गया है।"

अब भागोराईन कह रहा था :

> महाराजकुमार ! अब कुसुमपुरा पर हल्ला बोल देना चाहिए। ताकि ··· लोधरा के फूलों के ग़ाज़े[3] से सजे रुख़सारों[4] वाली गोड़ की औरतों के चेहरे ख़ाक-आलूद[5] हो जाएँ और उनके भौंरा ऐसे घुँघरियाले बालों की चमक हमारे शहसवार[6] दस्तों की टापों से उड़ाई हुई धूल के सुतूनों[7] में छिप जाए और ख़ाक के बगूलों के ये सुतून हमारे जंगी हाथियों की सूँडों से बरसते पानी से कटकर दुश्मनों के सरों पर जा गिरें।

बरामदे में से एक गिरोह बातें करता ग्रीनरूम की तरफ़ चला गया। बरसाती में एक कार स्टार्ट होने की आवाज़ आई। चाँद अमलतास की ओट में से निकल आया।

कुछ देर बाद यह सब लोग मिसेज़ डोलीसेन के यहाँ जाएँगे और सिगरेट के धुएँ से भरे ड्राइंगरूम के क़ालीनों पर बैठकर ज़्यादा जोशो-ख़रोश से अपनी प्रोफ़ेशनल गुफ़्तगू में मसरूफ़ होंगे।

पीछे से उसे कैलाश की आवाज़ सुनाई दी। वह गैलरी से निकलते हुए प्रदीप से कह रहा था :

"मिसेज़ सेन के हाँ जाने से पहले बाहर जाकर थोड़ा हलक़ तर कर लिया जाए ··· "

यह हलक़ तर करना उसे भी बहुत पसंद था। इन लड़कों को यह बात मालूम नहीं, वरना वो उसे फ़ौरन मदऊ[8] कर लें। उनके गिरोह की कोई लड़की ड्रिंक नहीं करती थी। अब ग्यारह बज रहा है। बारह बजेगा; आधी रात होगी। फ़क़त ड्रिंक करके यह एहसास होता है कि वक़्त-मादूम[9] हो गया। कैलाश कितना खूबसूरत है !

---

1. प्रार्थना; 2. पासपोर्ट, यात्रा का आज्ञापत्र; 3. पाउडर; 4. गालों; 5. धूल से सने; 6. घुड़सवार; 7. खंभों; 8. आमंत्रित; 9. नष्ट, गायब।

ड्रामा करीबुल-ख़त्म[1] था और 'समयधर' कह रहा था :

"इन दोस्तों से जुदाई जिनकी जगह दिल में है, राग-रंग में मसरूफ़ और शराबख़ानों में मैनोशी करते हुए भी दिल में खटकती है।"

क्या हस्बे-हाल मुकालमा[2] है! वह मुस्कुराई। किससे जुदाई? किसकी जुदाई? किस-किसकी जुदाई ... ? और खटक कैसी ... ?? डैम ... डैम ... डैम ...

अब आख़िरी एक्ट के शुरू में 'राक्षस' आहिस्ता-आहिस्ता कह रहा था :

यह बाग़ कितना सुनसान है !

क्योंकि यहाँ ...

बारादरी जो एक ताक़तवर शाही ख़ानदान की तरह तामीर की गई थी, टूटकर गिर चुकी है।

बग़ैर फूलों के दरख़्त ना-अह्ल[3] बादशाहों की सियासी कार्रवाइयों की तरह उजाड़ हैं। ज़मीन पर झाड-झंखाड़ बेवकूफ़ इनसानों के दिमाग़ के नाक़ाबिले-अमल मंसूबों[4] की तरह उग रहा है।

और ...

कुल्हाड़ियों से कटी हुई शाख़ें फ़ाख़्ताओं की कू-कू की वजह से गोया दर्द से कराह रही हैं।

साँप अपने प्यारे दोस्तों के इस दुख को देखकर उनकी डालियों से इस तरह लिपटे हैं जैसे उनके ज़ख़्मों पर पट्टियाँ बँधी हों।

पत्तियों से आरी[5] दरख़्त इस तरह खड़े हैं जैसे किसी की अर्थी के साथ जाने के लिए तैयार हों।

स्टेज की रौशनियाँ बुझने लगीं। कामरान ने हाल में से उसे पुकारा, "सीताजी ... "

वह चौंकी।

"आपका फ़ोन ... मिस्टर चौधरी ... "

वह उठकर स्टेज के पिछले कमरे में गई। बिलक़ीस और कैलाश मेज़ पर झुके तनदही से तआरुफ़ी किताबचे[6] का मज़मून लिखने में मसरूफ़ थे।

---

1. समाप्तप्राय; 2. समयोचित संवाद; 3. निकम्मे; 4. अव्यावहारिक योजनाओं; 5. वंचित; 6. परिचय-पुस्तिका।

"आज तुम्हारे बहुत फ़ोन आए हैं भई ··· " ललिता ने स्क्रिप्ट पर से सर उठाकर कहा।

"हलो !" उसने रिसीवर उठाया।

"हलो यस ··· "

"सीता ··· हम क़मरुल बोल रहे हैं। हम आज ही सुबह कलकत्ते से आए हैं। फ़ेस्टिबल के लिए अपना प्ले लेकर ··· तुमको सुबह से कई जगह तलाश करने की कोशिश की ··· आख़िर मालूम हुआ कि तुम इधर बिलक़ीस की रिहर्सल में आनेवाली हो ··· बिलक़ीस कैसा प्रोड्यूस कर रही है ··· ?"

"हाउ आर यू क़मर ?"

"फाइन ! तुम बताओ ··· न्यूयार्क से कब आईं ?"

"काफ़ी दिन हो गए ··· तुम तो बहुत अरसे से यहीं हो ··· "

"हाँ, लेकिन मार्च में हम मास्को जा रहे हैं, यही प्ले के साथ। और कुछ पुरानी बातें करो सीता ··· न्यूयार्क हमारे आने के बाद उदास तो नहीं हो गया ? हाउ इज़ ओल्ड जमील ··· ? बाद में उससे मिलना हुआ ··· ? तुम्हारा क्या प्रोग्राम है ? ··· सीता, तुम्हें देखने को बहुत जी चाह रहा है ··· सुनो, तुम ऐसा करो ··· कि तुम अभी कांस्टीट्यूशन हाउस आ जाओ। यहाँ से इकट्ठे अशोका होटल चलेंगे। प्रोज़ेश बाबू ने पार्टी में बुलाया है। नहीं, तुम गेट-क्रैशिंग बिलकुल नहीं करोगी। प्रोजेश को नहीं जानतीं; फिर तुमने अब तक दुनिया में क्या किया है ? मैं तुम्हारी 'नहीं' नहीं सुनूँगा। आ रही हो ना ? गुड ··· अभी फ़ौरन आ जाओ ··· "

सीता हँस-हँसकर उसकी बातों का जवाब देती रही और बिलक़ीस लिखते-लिखते सर उठाकर हैरत से उसे देखा की।

5

सीता से बात करने के आधे घंटे बाद अबुल-फ़साहत क़मरुल-इस्लाम चौधरी

अशोका होटल की तरफ़ रवाँ था।[1] चंद मिनट क़ब्ल[2] माधुरी रंगाराव अपनी कार में उसे लेने आ पहुँची थी और कहा था, चलो जल्दी पार्टी में, तुम्हारा बहुत देर से इंतजार हो रहा है। और उस वक़्त तक वह भूल चुका था कि उसने सीता को कांस्टीट्यूशन हाउस बुलाया है।

क़मरुल-इस्लाम चौधरी मुर्शिदाबाद का रहनेवाला था। उसकी बहुत ख़ूबसूरत आवाज़ थी। लाँबी-लाँबी[3] पलकें, साँवला रंग, ख़ालिस रोमैंटिक शक्ल और ऐसा आदमी था जिस पर कालिजों की शायरपरस्त लड़कियाँ ज़हर खाती हैं। कलकत्ता से एम.ए. करने के बाद कई साल तक वह तरक़्क़ीपसंद ड्रामे प्रोड्यूस करता रहा। फ़िल्मों में काम किया; बंगाली और अंग्रेज़ी में शायरी की। फ़नकारों[4] के डेलीगेशन के साथ रूस, मशरिक़ी[5] यूरोप और अवामी चीन के चक्कर लगाए। फिर अमरीका चला गया। वहीं उसकी अंग्रेज़ी शायरी को 'डिस्कवर' किया गया। हाल ही में उसकी नज़्मों का पहला मजमूआ[6] लंदन से शाया[7] हुआ था जिसने अंग्रेज़ी अदब में धूम मचा दी थी। डाम मारिस के बाद यह दूसरा हिंदुस्तानी था, *न्यू स्टेट्समैन* और *टाइम्स लिटरेरी सप्लिमेंट* में जिसके मुतल्लिक़ मज़ामील[8] लिखे जा रहे थे। बैनुल-अक़वामी शोहरत[9] हासिल करने के बाद वह लड़कियों की नज़रों में और ज़्यादा ग्लैमरस हो गया था। मगर क़मरुल-इस्लाम काफ़ी लपाड़ी और ग़ैर-ज़िम्मेदार था। दोस्तों से पैसे लेकर वापस न करता था। अमूमन[10] बेकार रहता था। वह इस क़िस्म का आदमी था जिसे औरतों पर खुद आशिक़ होने की ज़हमत गवारा करना ही नहीं पड़ती। औरतें उसे अपना महबूब बनाना ज़्यादा पसंद करती थीं।

बिलक़ीस को वह एक आँख न भाता था और वह उसे अबुल-हिमाक़त क़मरुल-इस्लाम चौधरी कहती थी। उसकी ग़ैर-प्रोफ़ेशनल हरकतों से जलती थी और उसके पोज़ को बरदाश्त नहीं कर सकती थी।

उन दिनों माधुरी रंगाराव उस पर बुरी तरह फ़िदा हो चुकी थी। वह जुनूबी[11] हुस्न का मुकम्मल नमूना थी और सीता से ज़्यादा दिलकश और फ़रमाँबरदार थी और उसको सीता से कहीं ज़्यादा गर्मजोशी से चाह रही थी।

---

1. जा रहा था; 2. पहले; 3. लंबी-लंबी; 4. कलाकारों; 5. पूर्वी; 6. संग्रह; 7. प्रकाशित; 8. लेख; 9. अंतर्राष्ट्रीय प्रसिद्धि; 10. आम तौर पर; 11. दक्षिणी।

सीता के मुतल्लिक़ उसे यक़ीन न था कि वह अब उसके साथ किस क़िस्म का रवैया इख़्तियार करेगी।

और क़मरुल-इस्लाम चौधरी इस मक़ूले[1] में यक़ीन रखता था कि हाथ पर बैठी हुई एक चिड़िया झाड़ियों में छिपी हुई दो चिड़ियों से बेहतर है।

6

दुल्हन रुख़सत होकर जा चुकी थी। मँझली ख़ाला कोनों में मुँह छिपाकर रोती फिर रही थीं। बड़े भैया बार-बार आँसू पीने की कोशिश कर रहे थे। लोगों के उठने के बाद शामियाने के नीचे सोफ़े अब ज़रा बेतरतीबी से पड़े थे। कारचोबी मसनद पर जहाँ निकाह और बाद में आरसी मुसहिफ़[2] हुआ था, अब बच्चे कूद रहे थे और फूलों के हार बिखरे पड़े थे। मीरासनें गाते-गाते थक चुकी थीं। शहर की "ऊँची सोसाइटी" के अफ़राद[3] मेज़बानों को ख़ुदा हाफ़िज करके मोटरों में सवार हो रहे थे। बिलक़ीस रिश्तेदारों के हुजूम में अंदर बैठी ज़ोर-ज़ोर से हँस रही थी। स्याह शेरवानी और चूड़ीदार पाजामे में मलबूस उसका कज़िन नादिर मेहमानों को सिगरेट पेश करते-करते उकताकर सोफ़े पर बैठ गया था। उसकी भाभीजान शामियाने के एक कोने में उसके दोस्तों के हुजूम में खड़ी मसल-ए-कश्मीर[4] पर धुआँधार तक़रीर कर रही थीं। यह हमारा पटरा करवाएँगी—नादिर ने ज़रा परेशानी से सोचा और फिर कॉफ़ी मँगवाने के लिए कोठी के अंदर चला गया।

वह उसी तरह खड़ी बहस में उलझ रही थी जब एक शानदार शख़्स हाथ में कॉफ़ी की प्याली लिए उसके क़रीब से गुज़रा और उसे देखकर बड़ी उदासी से मुस्कुराया गोया उसकी आँखों में तैरते बेपायाँ अलम[5] को समझता हो या समझने की कोशिश कर रहा हो। उसके बालों के अंदाज़ में जमील की हलकी-सी झलक थी जिसने एक लम्हे के लिए उसे बहुत मुज़्तरिब[6] किया।

---

1. सूक्ति; 2. निकाह के बाद दूल्हा-दुल्हन को आईना और कुरआन-शरीफ दिखाना; 3. व्यक्ति; 4. कश्मीर-समस्या; 5. अथाह दुख; 6. बेचैन।

कुछ देर पहले उसने देखा था कि वह कारचोबी मसनद के क़रीब खडा बिलक़ीस से बड़े इख़लाक़[1] से गुफ़्तगू कर रहा था और वह भी उसी इख़लाक़ से उसक़ी बातों का जवाब दे रही थी।

एक रिश्तेदार लड़की कॉफ़ी की ट्रे लेकर उसकी तरफ़ आई। "यह कौन साहब हैं ?" उसने लड़की से पूछा।

"अरे, यही तो इरफ़ान भाई हैं," लड़की ने जवाब दिया और आगे चली गई।

फिर नादिर खुश्क मेवे की प्लेट लेकर उसके नज़दीक आया। उसने ज़रा झिझककर फिर वही सवाल किया, "यह कौन साहब हैं ?"

"अरे ! ··· आप अभी इनसे नहीं मिलीं ? ठहरिए, अभी बुलाता हूँ ··· ।" वह लंबे-लंबे डग भरकर उस शख़्स के पास पहुँचा, "इरफ़ान भाई ! इधर आइए। आप हमारी भाभीजान से अब तक मिले ही नहीं। वाह ···" वह उसे अपने साथ लेकर फिर वापस आया, "जनाबे-आली ! हमारे जमील भाई की दुल्हन हैं। डा. सीता जमील।"

उसने बड़ी अदा से हस्बे-आदत[2] आदाब अर्ज़ किया।

"आदाब !" उस शख़्स ने जवाब दिया, "आइए यहाँ बैठ जाएँ ··· आप इतनी देर खड़े-खड़े थक तो नहीं गईं ? मैं आध घंटे से आपकी तक़रीर सुन रहा हूँ।" वो तीनों दूर एक कोने में रखे हुए सोफ़े पर जाकर बैठ गए।

"मैं अपने केस का नुक्त-ए-नज़र[3] बताने की कोशिश कर रही थी मगर आप लोग दूसरी पार्टी का नुक्त-ए-नज़र सुनने के लिए तैयार ही नहीं होते। हुँह ··· ज़रा तो मुंतिक़[4] इस्तेमाल कीजिए। फ़ौरन emotional हो जाते हैं आप लोग ··· मैंने देखा कि आपके यहाँ बहुत पढ़े-लिखे लोग भी बहुत भोले-भाले हैं।"

"Every case is emotional; the rest is argument," इरफ़ान ने मुस्कुराकर जवाब दिया।

वह ज़रा ताज्जुब से उसे देखने लगी। उतने में उसके एक और ससुराली रिश्तेदार नासिर भाई क़रीब आकर बैठ गए, "भाईजान, कॉफ़ी मँगवाऊँ ?"

---

1. शिष्टाचार, सौजन्य; 2. आदतवश; 3. दृष्टिकोण; 4. तर्कशास्त्र।

नादिर ने पूछा, "आपको कराची कैसा लगा ?" इरफ़ान ने पूछा। (कैसा शदीद अहमक़ाना सवाल महज़ सोशल गुफ़्तगू की ख़ातिर मुझे भी करना पड़ रहा है ! उसने दिल में सोचा।)

अब नादिर, नासिर और इरफ़ान, तीनों ने उससे इधर-इधर की बातें शुरू कर दीं। इरफ़ान ने उससे पूछा, "आप कैसी डाक्टर हैं ... ? दवाओं वाली या दूसरी ?"

"नहीं साहब। यह दवा-ए-दर्दे-दिल बेचती हैं।" नासिर ने देवर के रिश्ते से उससे मज़ाक़ किया। जब से वह यहाँ आई थी, ये लोग उसके लिए बिछे जा रहे थे। रिश्ते के देवर और ननदें हर वक़्त उसे छेड़ते।

तुलसीपुर की मीरासनें जो इस ख़ानदान के साथ ही हिजरत करके कराची आ गई थीं और यहाँ लालूखेत में रहती थीं, रात को क़ैसर और बिलक़ीस को सुना-सुनाकर उससे मुख़ातिब हुईं :

सास हमारी यूँ कह गई थीं
बहू जोगी को चुटकी दे देना री
मैं अलबेली भूल गई थी
मैंने जोगी को ननदी दे डारी रे

नादिर उसके लिए तरह-तरह के प्रोग्राम बनाता। खुसूसन[1] इस ख़याल से कि जमील ने उसे तलाक़ दिए बग़ैर दूसरी शादी कर ली, ये लोग उसे खुश रखने की हर मुमकिन कोशिश में मसरूफ़ थे।

"दुल्हन, हम तो तुम्हारे आगे बहुत शर्मिंदा हैं," मँझली ख़ाला बार-बार कहतीं।

"न हुए साहबज़ादे मेरे सामने, वरना मारे जूतों के फ़र्श कर देता ... उनको मेरा गुस्सा मालूम है ... " बड़े भैया ने उससे कहा था।

मँझली ख़ाला राहुल की तसवीरें हर आए-गए को दिखलातीं—"देखो, कैसा चाँद ऐसा है। बिलकुल हमारे जमील भैया ऐसा ... "

"हमारी भाभीजान बेहद क़ाबिल हैं," नादिर ने बड़े फ़ख़्र से इरफ़ान को इत्तला दी।

---

1. विशेषकर।

इरफ़ान ने नज़रें उठाकर सीता को देखा। वह ज़रा घबरा-सी गई। इतने में बड़े भैया वहाँ आए। सीता ने फ़ौरन सारी के पल्लू से सर ढाँप लिया। तीनों नौजवान ताज़ीमन[1] उठ खड़े हुए।

"भाई दुल्हन," बड़े भैया ने उसे मुख़ातिब किया ! "बिलक़ीस कह रही हैं कि अगले इतवार को वापस जाना चाहती हैं। तुम्हारा क्या इरादा है ?"

अगले इतवार को ... वह सहम-सी गई। इतनी जल्दी ... इतनी जल्दी वह यहाँ से चली जाएगी और फिर शायद इस शख़्स को कभी उम्र-भर दोबारा न देख सके। "हम तो चाहते थे कि अभी कुछ दिन तुम यहाँ रहो। यह भी तुम्हारा घर है मगर बिटिया जल्दी मचा रही हैं कि उनको जल्द-अज़-जल्द बंबई पहुँचना है," बड़े भैया कह रहे थे।

"बड़े भैया, हमने सोचा था कार से लाहौर जाएँगे," नादिर ने कहा। "आइए भाभीजान, अंदर चलकर बिलक़ीस से बात कर लें।"

वह इरफ़ान को शब-ब-ख़ैर[2] कहकर नादिर के साथ कोठी में गई।

उस रात जब वह जहेज़[3] के कमरे में चीज़ें सँगवाने[4] में दूसरी लड़कियों की मदद कर रही थी तो मँझली ख़ाला ने अचानक उससे पूछा :

"दुल्हन ... तुम इरफ़ान का देख लियो ?"

"जी हाँ।"

"उनकी माँ बिलक़ीस बिटिया के लिए दिल्ली उनका पैग़ाम भेजिन हैं। हम बिलक़ीस का ई लिए बुलाए हन कि ई इरफ़ान का देख लएँ ... मगर वो ऐसी उलटी अक़्क़िल की हैं कि देखो जो उनके जी पर बैठें ... "

"अच्छा, ... " सीता ने सआदतमंद[5] बहू की तरह ख़ानदानी मसाइल[6] में दिलचस्पी लेते हुए कहा, "मुझे तो ख़ासे माकूल आदमी दिखे।"

"माकूल तो हैं मगर बिलक़ीस भी तो समझें।"

"क्या काम करते हैं ?"

"बहुत ऊँची नौकरी है। डेढ-दुई हज़ार पावत हैं। लड़कियन का और क्या चाहिए ! ज़ात-वात भी अच्छी है," मझँली ख़ाला ने तोहफ़ों के डिब्बे ऊपर-तले चुनते हुए जवाब दिया। "हरदोई के रहनेवाले हैं। हरदोई जानत

---

1. आदरपूर्वक; 2. शुभरात्रि; 3. दहेज़; 4. सँभालकर रखवाने; 5. विनम्र; 6. समस्याओं।

हौ ?"

"जी नहीं ··· जी हाँ ···," उसने गड़बड़ाकर कहा।

"हमारी बिलक़ीस के दिमाग़ का कीड़ा एक इहो है कि पाकिस्तान ना अइहें। अब इरफ़ान तो पाकिस्तानी हैं।"

सीता टके हुए जोड़े उठा-उठाकर रखती गई।

"कल तुम नादिर भैया के साथ जाइके तनिक कोठी तो देख ल्यो ··· " मँझली ख़ाला ने कहा।

कराची आने से एक रोज़ क़ब्ल वह बिलक़ीस को अपने घर क़रोलबाग़ ले गई थी। बिलक़ीस को उसने आज तक अपने घर मदऊ नहीं किया था। वह अपने दोस्तों में किसी को अपना सही पता न बताती थी। मगर जिस रोज़ वह कराची के लिए असबाब बाँध रही थी, उसकी माँ ने इसरार किया था कि वह बिलक़ीस को खाने पर बुला ले। कैसी बुरी बात कि मैंने आज तक तुम्हारी ननद को नहीं देखा ! सीता कुछ महीने से एक सरकारी दफ़्तर में मुलाज़िम हो गई थी। और दफ़्तर से उसने बिलक़ीस को फ़ोन पर दावत दी थी। उसके फ़ौरन बाद बिलक़ीस ने हिमा को फ़ोन किया था कि वह शाम को सीता के घर जा रही है और उसे पिक-अप कर लेगी। दोपहर को वह लंच के वक़्त कनाट सर्कस के एक रेस्तराँ में बिलक़ीस से मिली तो बिलक़ीस ने उससे कहा था : "मैं पुरानी दिल्ली जाकर हिमा को लेती हुई आठ बजे तक तुम्हारे यहाँ आ जाऊँगी ··· "

"हिमा को लेती हुई ··· "

"हाँ, हाँ ··· क्यों ··· ?"

"तुमने हिमा को क्यों बुलाया ?"

बिलक़ीस भौंचक्की रह गई थी, "हिमा तुम्हारी इतनी पुरानी दोस्त है, उसको बुलाने में क्या हर्ज था ? मेरा तो ख़याल था तुम पहले ही उससे कह चुकी होगी।"

"मगर बिलक़ीस, हिमा इतनी शानदार कोठी में रहती है, मैं उसे अपने घर कैसे बुलाऊँ। मेरे हाँ तो बैठने को भी जगह नहीं है। तुम मेरी रिश्तेदार

हो, तुम्हारी दूसरी बात है।"

"सीता ···," बिलक़ीस का मुँह हैरत से खुला रह गया था। "सीता ! और तुम क्लास और तबक़ाती शऊर[1] के मुतल्लिक़ इतनी तक़रीरें करती हो !!"

"वह सब ठीक है, ··· " उसने चिढ़कर जवाब दिया था। "But I happen to have a lot of personal pride."

"गुड हीवेंश ··· तो अब मैं हिमा को कैसे मना करूँ ?"

"अब कैसे मना कर सकती हो !"

उस शाम बिलक़ीस हिमा को साथ लेकर सीता के बताए हुए पते पर क़रोलबाग़ की एक गली में पहुँची। खिड़की में से सीता की छोटी बहनें झाँक रही थीं। सीता की माँ ने दरवाज़ा खोला। यह किसी निचले-मुतवस्सित तबक़े[2] के मुसलमान का छोड़ा हुआ तंगो-तारीक छोटा-सा मकान था। मम्मी दोनों लड़कियों को वस्ती[3] कमरे में ले गईं और दरी पर बिठा दिया। एक तरफ़ को पलंग बिछा था और दीवार के बराबर ट्रंक चुने हुए थे। अलमारी के ऊपर श्रीकृष्ण की बड़ी-सी तसवीर लगी थी। कुछ देर बाद मम्मी ने अलमारी के पीछे से फ्रेम किया हुआ कलमा निकाला और झाड़-पोंछकर उसे मेज़ पर रख दिया। "बिलक़ीस, यह कलमा उस कमरे में लगा हुआ था। मैंने उसे उतारकर एहतियात से रख दिया है। कई बार सीता से कहा कि उसे तुम्हारे हाँ पहुँचा दे कि शायद कभी ग़लती से यहाँ किसी से बेअदबी हो जाए। अब तुम लेती जाना।"

"जी अच्छा," बिलक़ीस ने जवाब दिया था।

मम्मी ने थालियाँ और कटोरियाँ दरी पर परोसीं। हिमा और बिलक़ीस आराम से टाँगें फैलाकर दीवार के सहारे बैठ गईं और मम्मी और उसकी छोटी बहनों लीला और मोहिनी से मज़े-मज़े की बातें करती रहीं। सीता दूसरी दीवार से टेक लगाए बैठी उन सबको देखती रही थी। मुक़ाबिल[4] की दीवार पर हनुमानजी की तसवीर टँगी थी जो पहाड़ हथेली पर उठाए उड़े चले जा रहे थे। मैंने भी ज़िंदगी का पहाड़ उठाकर आसमानों पर उड़ने की कोशिश की थी – उसने दिल में सोचा था।

---

1. वर्ग-चेतना; 2. निम्न-मध्य वर्ग; 3. बीच के; 4. सामने।

"बीबी कराची आमिल कालोनी में हमारी अट्ठारह कमरों की दोमंजिला कोठी थी ··· " मम्मी गिलासों में पानी उँडेलते हुए बिलक़ीस से मुख़ातिब थीं।

सीता ने बड़ी कोफ़्त से उनको देखा था। यह क़िस्सा हर-एक को सुनाकर इन्हें किस क़िस्म का इतमीनान महसूस होता है ?

"उस कोठी में डाक्टर साहब ने ··· सीता के डैडी ने छः कमरों में संगे-मरमर का फ़र्श लगवाया था।"

"मम्मी, अब ख़त्म करो यह रामकहानी, ··· " सीता ने चिढ़कर कहा था।

"नहीं बिलक़ीस, तुम जाकर देखना ज़रूर ··· उसके नीले रंग के शीशों की खिड़कियाँ हैं। 'दौलतराय महल' ऊपर लिखा दूर ही से नज़र आ जाता है। जमशेद रोड से मोतीलाल नेहरू रोड पर जब मुड़ो ··· "

"मम्मी ··· भई ठीक है, देख लेंगे। हिमा, तुमने दहीबड़े लिए ··· ?" उसी वक़्त डैडी अंदर आ गए थे।

"क्यों भई ··· ये तुमको दौलतमहल के क़िस्से सुना रही हैं ? इनकी यह आदत मुश्किल ही से छूटेगी।" उन्होंने हँसते हुए कहा था और वहीं दरी पर बैठ गए थे। फिर उन्होंने मेहमान लड़कियों से कहा था, "बीबी ··· तुम दोनों इतने बरसों बाद आज पहली बार हमारे गुर्बतमहल में आई हो। इसी को दौलतमहल समझकर फिर भी आना।"

"सुबह को नाश्ते के बाद नादिर तुमको तुम्हारी कोठी दिखला लाएगा ···," मँझली ख़ाला ने नुक़रई[1] बरतन सँगवाते हुए दोबारा कहा।

"जी नहीं ··· नहीं देखूँगी ··· क्या ज़रूरत है ··· " उसने जवाब दिया। मँझली ख़ाला चुप हो गईं।

चाँदपुर हाउस में एक हफ़्ता गुज़र गया। चाँदपुर हाउस उसके जेठ की स्कैंडीनेवियन तर्ज़ की दोमंज़िला कोठी का नाम था जो उन्होंने हाउसिंग सोसाइटी में बनवाई थी।

---

1. चाँदी के।

"यह ज़ाहिर करने की क्या ज़रूरत है कि आप लोग एक फटीचर-से साबिक़ ताल्लुक़ेदार हैं और फटीचर-सा चाँदपुर नामी आपका ताल्लुक़ा तुलसीपुर ज़िला फ़ैज़ाबाद, 1947 तक मौजूद था। और कुछ नहीं तो पाकिस्तान आकर आप रिफ़्यूजी लोग पुराने नामों ही से चिपके हुए है, ... " बिलक़ीस ने एक रोज़ सुबह को नाश्ते की मेज़ पर हस्बे-मामूल[1] अपने पाकिस्तानी अज़ीज़ों[2] से झगड़ना शुरू किया।

"हमारा चाँदपुर हाउस था कि नहीं लखनऊ में जाप्लिंग रोड पर, ... " मँझली ख़ाला ने रसान से कहा। उनकी आवाज़ में सीता को अपनी माँ की आवाज़ की झलक सुनाई दी। वह कोफ़्त से दरीचे के बाहर देखने लगी।

ड्राइव पर उसकी कार आकर रुकी। वह उतरा। बरामदे की सीढ़ियाँ चढ़ा। ड्राइंग रूम में दाख़िल हुआ। बिलक़ीस बेनियाज़ी से तोस[3] पर मक्खन लगाने में मसरूफ़ रही।

... इस एक हफ़्ते के दौरान में वह रोज़ाना सुब्हो-शाम चाँदपुर हाउस आता और घंटों बैठा सबसे बातें करता रहता। लेकिन हमेशा इस मौक़े की तलाश में रहता कि सीता के नज़दीक बैठ सके, लेकिन किसी पर यह भी ज़ाहिर न हो कि वह सीता की कुरबत[4] का ख़्वाहाँ[5] है। मँझली ख़ाला यह सोच-सोचकर खुश होती रहीं कि वह बिलक़ीस की वजह से आ रहा है। जब एक आदमी इतनी खुशामद करेगा तो लामुहाला[6] लड़की को "हाँ" करना ही पड़ेगा। उन्होंने फ़ौरन बिलक़ीस की माँ को, जो उनकी बड़ी बहन थीं, तुलसीपुर इस मज़मून का ख़त भी लिख भेजा कि माशा-अल्लाह से बिटिया की बात यहाँ तक़रीबन पक्की हो गई है।

नौजवान पार्टी ज़्यादा वक़्त नादिर के कमरे के सामनेवाले बरामदे में गुज़ारती। एक रोज़ वो बरामदे में बैठे चाय पी रहे थे जब इरफ़ान ने दफ़अतन[7] सीता से कहा, "आपको वापस जाने की इतनी जल्दी क्यों है ? हम पाकिस्तानी इतने बुरे नहीं। कुछ दिन तो और ठहर जाइए ... "

"मैं तो दुनिया की किसी क़ौम को भी बुरा नहीं समझती। मज़हबी जुनून

---

1. हमेशा की तरह; 2. रिश्तेदारों; 3. टोस्ट; 4. सामीप्य; 5. इच्छुक; 6. मन मारकर; 7. अचानक।

और शाविनिज़्म का फ़ल्सफ़ा तो आप जैसे ग़ैर-इश्तराकी[1] लोगों ही की बरकत है।"

"वाक़ई भाभीजान ! एक महीना और ठहर जाइए। वीज़ा आपका मैं बढ़वा दूँगा फ़टाफ़ट," नादिर ने कहा।

"कैसे ठहर जाऊँ। मेरे पीछे सी.आई.डी. नहीं लग जाएगी !"

"ख़ैर सीता ! ... अब तुम इतनी अहम भी नहीं कि सी.आई.डी. तुम्हारी फ़िक्र में अपनी रातों की नींदें हराम करे," बिलक़ीस ने हँसकर कहा। "चंद साल बाद अगर इसी रफ़्तार से तरक़्क़ी करती रहीं तो इंटरपोल के तुम्हारे पीछे लगने के इमकानात[2] अलबत्ता हैं।"

उसने उदासी से उन तीनों को देखा।

फ़िज़ूल ... फ़िज़ूल ... दुनिया कितनी फ़िज़ूल जगह थी !

"आपका मेडेन नाम क्या था ... ?" इरफ़ान ने पूछा, वह *प्रेडिक्शन* रिसाले[3] की वरक़गरदानी[4] कर रहा था जो नादिर बड़े शौक़ से पढ़ा करता था।

"मीरचंदानी ..." उसने चौंककर जवाब दिया।

"हमारे यहाँ हरदोई में एक सिंधी इंजीनियर साहब तब्दील होकर आए थे, मेरे लड़कपन में," इरफ़ान ने कहना शुरू किया। "उनका नाम मीरचंदानी था। तो एक रोज़ मिलने आए तो नौकर ने अंदर आकर कहा, बेगमसाहब, मच्छरदानी साहब आए हैं। उसके बाद वह बहुत दिनों तक उन्हें मिर्चदानी कहता रहा। यह वाक़िया मुझे अब तक याद है। हमने उस ज़माने में सिंधी देखे ही नहीं थे। गंज में दो-तीन सिंधियों की दुकानें थीं। और बस।"

"हाँ," नादिर चमककर बोला। "बिलक़ीस, तुमको याद है वह फ्रूट-मार्ट वाला सिंधी, जब तुमने इंदिरा वालटर्ज़ के लिए उससे पूछा था कि क्या उनकी शादी हो गई है और क्या वह वाक़ई बहुत ज़्यादा क्रैंक हैं तो उसने जवाब दिया था, 'Yes madam, she is mad and married both...' हा हा हा, ... हम लोग उसके इस बरजस्ता[5] जवाब पर किस क़दर हँसे थे !"

"हा हा हा," इरफ़ान भी हँसा और फिर रिसाला देखने लगा।

फ़िज़ूल ... फ़िज़ूल ...

---

1. कम्युनिस्ट-विरोधी; 1. संभावनाएँ; 3. पत्रिका; 4. पन्ने पलटना; 5. स्वतःस्फूर्त।

दफ़अतन उसने इरफ़ान से पूछा, "आपको मालूम है, थर्ड डिग्री किस तरह की जाती है ?"

"क्यों, आपको इसका ख़याल कैसे आया ?" इरफ़ान ने पूछा।

"ऐसे ही। ख़याल में रब्त[1] या मंतिक़[2] का क्या ज़िक्र ?"

इरफ़ान ने उसे ग़ौर से देखा और फिर बात टालना चाही, "आपने वह लतीफ़ा सुना है ?

"कौन-सा ?"

"वही कि एक मर्तबा न्यूयार्क में लेफ़्ट विंग अदीबों के हफ़्तेवार जलसे में आधे से ज़्यादा खुफ़िया पुलिस के लोग हुआ करते थे तो एक रोज़ एक जलसे में एक अदीब ने उठकर हाज़रीन को इस तरह मुख़ातिब किया, "Comrades and gentlemen of the F.B.I. !"

"हा हा हा ··· " नादिर ने क़हक़हा लगाया।

फिर वह चारों बेहद खोखली हँसी हँसते रहे।

शाम होती तो समझ में न आता कि क्या किया जाए।

"चलिए पिक्चर भाभीजान," नादिर उससे कहता।

"रोज़ पिक्चर्स ?"

इरफ़ान से बहस करते-करते वह झुँझलाकर कहती, "कोई पोलिटिकल अंडरस्टैंडिंग नहीं, किताबें नहीं हैं, अच्छे फ़िल्म देखने को नहीं मिलते। अख़बारों में ले-देकर वही एक *मार्निंग स्टार* पढ़कर और उसके कार्टून देखकर सारी उम्र गुज़ार दे, इसकी साइकॉलोजी का क्या हश्र होगा"।

"भाभीज़ान आप वाक़ई हमारा पटरा करवा देंगी। ख़ुद तो चली जाएँगी और हमारा हो जाएगा कुंडा शरीफ़। आप हर महफ़िल में इस तरह की अंट-संट बातें उड़ाती रहती हैं।"

वह नादिर के एहतजाज[3] का कोई नोटिस न लेती और उसी तरह झाँय-झाँय करती रहती।

इरफ़ान की रुख़सत[4] ख़त्म हो चुकी थी और उसे लाहौर वापस पहुँचना था। तय यह हुआ कि वह सब दो मोटरों पर इकट्ठे लाहौर जाएँगे।

---

1. संबद्धता, क्रम; 2. तर्क, तार्किकता; 3. विरोध; 4. छुट्टी।

उस रोज़ शाम के वक़्त सीता बरामदे में अकेली बैठी *लाइफ़* रिसाला देख रही थी जब वह आ गया। यह पहला मौक़ा था जब उन दोनों के पास तीसरा कोई नहीं था। "परसों सुबह चलने का इंतज़ाम हो गया है डाक्टर साहब।" वह ज़रा फ़ासले पर एक कुर्सी पर बैठ गया।

"मुझे डाक्टर साहब मत कहिए।"

"अच्छा, फिर क्या कहें ? मिसेज़ जमील, बेगम साहिबा, श्रीमतीजी ... "

"आपको मालूम है मेरा नाम सीधा-सादा सीता है।"

वह बिलक़ीस के सगे ख़ालाज़ाद भाई की बीवी थी। वह गोया उसका होनेवाला ननदोई था और उस लिहाज़ से मज़ाक़ के रिश्ते का पहलू निकलता था। शायद इसी वजह से वह उसे मुस्तक़िल छेड़ता रहता था। शायद ...

"आपके रामचंद्रजी अपना राजपाट सँभालने अयोध्या कब लौटेंगे ?" इरफ़ान ने दरियाफ़्त किया। उसे यह नहीं बताया गया था कि जमील ने दूसरा ब्याह कर लिया है। यह ख़ालिस ख़ानदानी मामला था और इरफ़ान बहरहाल ग़ैर-आदमी था।

"अभी उनकी टर्म दो साल के लिए और बढ़ गई है। आप न्यूयार्क गए हैं ?"

"जी हाँ।"

"कब ?"

"जब आप वहाँ नहीं थीं।"

"मैं तो वहाँ 1949 से हूँ।"

"मैं भी वहाँ 1949 ही में पहली बार गया था। दरअस्ल मेरे और आपके हलके[1] मुख़्तलिफ़[2] रहे होंगे। अब अमरीका वापस कब जा रही हैं ?"

"अभी कुछ तय नहीं," उसने घबराकर दरवाज़े की तरफ़ देखा और दुआ माँगी कि बिलक़ीस या कोई और वहाँ आ जाए और यह मौज़ू[3] ख़त्म हो।

जिस रोज़ सुबह वो लोग सफ़र पर रवाना होनेवाले थे उसी रात बिलक़ीस को फ़्लू हो गया और जाना चंद रोज़ के लिए मुल्तवी करना पड़ा। अब बिलक़ीस बीमार पड़ गई तो सीता ही अकेली नादिर और इरफ़ान के साथ

---

1. मंडली; 2. भिन्न, 3. विषय।

बाहर जाती रही। इतने अरसे में वह नादिर के दोस्तों के हलके में बहुत मक़बूल[1] हो गई। उन्होंने सीता को हाथों-हाथ लिया। अरसे बाद उनको एक हिंदू जीती-जागती लड़की नज़र आई थी। पहली मर्तबा जब नादिर ने अपने चंद इंटेलेक्चुअल दोस्तों को सीता से मिलवाने के लिए चाँदपुर हाउस मदऊ किया तो मँझली ख़ाला ने अपने कमरे की खिड़की में से झाँककर कहा था :

"यह नादिर भैया की पार्टी है या शिवजी की बरात ! एक से एक हवन्नक़[2] आदमी चला आ रहा है।"

"ये सब लोग भाभीजान से मिलने के लिए बुलवाए गए हैं," एक लड़की ने जवाब दिया।

"तुम्हारी भाभीजान तो ख़ब्ती हैं ... ," मँझली ख़ाला ने कहा।

अब इरफ़ान बेतकल्लुफ़ी से सीता का नाम लेता था और उसे "तुम" कहकर मुख़ातिब करने लगा था। क़ैसर चाले के लिए आई हुई थी और दो दिन बाद अपने शौहर के साथ पेशावर जानेवाली थी।

रात को क़ैसर के ससुरालवालों के एज़ाज़[3] में चाँदपुर हाउस में बड़ा भारी डिनर था। बिलक़ीस अब ठीक हो चुकी थी और नादिर ने उन दोनों के साथ शाम को रेक्स में एक पिक्चर देखने का प्रोग्राम बनाया था।

तीसरे पहर को सीता जल्दी-जल्दी तैयार होकर बाहर जाने लगी तो बिलक़ीस ने उसे आवाज़ दी।

"यस बिली ... ?" सीता ने दरवाज़े में ठिठकते हुए पूछा।

"अभी जा रही हो ?"

"हाँ, तुम साढ़े पाँच बजे पैलेस होटल आ जाना। मैं तुमको वहीं बार पर मिलूँगी।"

"बार पर ... ?"

"हाँ हाँ, मैंने वहीं डिक से अप्वाइंटमेंट किया है। वह कल इत्तफ़ाक़न मुझे एंफ़िस्टन स्ट्रीट में मिल गया। मेरे साथ कोलंबिया में था। यहाँ वर्ल्ड बैंक के सिलसिले में आया हुआ है। क्यों ?"

"सीता डार्लिंग, ..." बिलक़ीस ने पलंग पर से उतरकर हाउसकोट पहनते

---

1. लोकप्रिय; 2. बौड़म; 3. सम्मान।

हुए कहा। "तुम ज़रूरत से ज़्यादा imancipated हो गई हो। यह अमरीका या इंग्लैंड नहीं है।"

"ओह ... मुझे इस बात का ख़याल ही नहीं आया। अच्छा तो पौने छः तक इरफ़ान के घर आ जाओ। मैं डिक से कहूँगी, मुझे वहाँ उतार दे। इरफ़ान पैलेस के क़रीब ही ठहरे हुए हैं, कचहरी रोड पर। कल हम लोगों ने उन्हें वहाँ ड्राप किया था ... ।"

"इरफ़ान के घर, ... " बिलक़ीस ने और ज़्यादा परेशान होकर कहा। "डार्लिंग, वह बेचारा आदमी है। अकेला रहता है, तुम उसके घर कैसे जा सकती हो ?"

"ओ माई गॉड ... अच्छा सॉरी, मैं तुमको ज़्यादा शॉक नहीं करना चाहती।"

"डिनर के लिए अभी से मेहमान आना शुरू हो जाएँगे। तुमको वापस आकर तैयार भी होना है। नादिर से कहो, आज पिक्चर गोल करे," बिलक़ीस ने कहा।

"अच्छा ... " उसने फ़रमाँबरदारी से जवाब दिया।

अपने अमरीकन क्लासफ़ेलो से पैलेस की बार पर मुलाक़ात करने के बाद उसने काउंटर पर जाकर इरफ़ान को फ़ोन किया। अब उसे जल्द चाँदपुर हाउस वापस जाना चाहिए था, मगर उसका जी चाह रहा था कि वह शाम तनहा इरफ़ान के साथ गुज़ारे।

चंद मिनट बाद इरफ़ान आ गया। उसके साथ उसका दोस्त उस्मान भी था। वो तीनों जाकर लांज में बैठ गए।

सीता ने सुर्ख़ रंग कांजीवरम की सारी पहन रखी थी, और बहुत अच्छी लग रही थी। डिनर का वक़्त आ गया मगर वह बेपरवाही से बैठी बातें करती रही। इरफ़ान ने उसके क़रीब के सोफ़े पर बैठते हुए उसके सरापा[1] पर नज़र डाली और मुस्कुराकर पूछा :

---

1. पूरा शरीर।

मेला है चाँदगंज में सूरज-गहन[1] का आज
तुम किसलिए न ग़ैरते-शम्सो-क़मर[2] गए ?

वह हँसने लगी, "सचमुच आप उर्दूवालों में फँसकर मेरा तो, बक़ौल नादिर, कुंडा-शरीफ़ हो गया।"

"और उर्दूवाले भी कौन ··· लखनउवा ··· जो 'रिंद' और 'आरज़ू' से कम तो बात ही नहीं करते !" इरफ़ान के दोस्त ने कहा। कुछ देर बाद उसने सीता से इजाज़त ली और चला गया।

अब रात का अँधेरा छा गया था। पैलेस होटल के उस हिस्से में निस्बतन[3] ख़ामोशी थी। लोग लागोरमे की तरफ़ जा रहे थे।

"कॉफ़ी पियोगी ?" इरफ़ान ने पूछा। उसे मालूम नहीं था कि वह ग़रूबे-आफ़ताब[4] के बाद महज़ स्याह क़हवे पर इक्तफ़ा[5] करना पसंद नहीं करती। वह उसे ग़ौर से देखता रहा।

"तुम वाक़ई बहुत खूबसूरत हो।"

"तसलीम।"

फिर उसने सीता के बालों पर नज़र डाली :

"तुम माँग में सिंदूर नहीं लगातीं ?"

"दरअस्ल ··· वह ··· मेरी सिंदूर की डिबिया ही कहीं खो गई कराची आने में – मँझली ख़ाला भी कई बार कह चुकी हैं कि दुल्हन तुमने सिंदूर लगाना क्यों छोड़ दिया। तुम्हारी सूनी माँग देखकर हौल आता है। उनकी ख़ातिर मैंने सोचा कि ज़रूर लगाऊँगी। मगर यहाँ मिल जाएगा सिंदूर ?"

"मालूम नहीं ··· " इरफ़ान ने जवाब दिया। "तलाश करवा लो।"

"आप कहीं से ढूँढकर ला दीजिए, ··· " फिर वह यकलख़्त चुप हो गई और उसका चेहरा सुर्ख़ हो गया। कैसी अजीबो-ग़रीब सूरते-हाल थी; उसने उस आदमी से सिंदूर लाने के लिए क्यों कहा जिसे वह जमील के नाम पर लगाएगी !

ओ माई गॉड ··· वह दिल में क्या सोचता होगा इस वक़्त ! उसने तय किया कि उसे सारी बात बता दे।

---

1. सूर्यग्रहण; 2. सूरज-चाँद को ले जानेवाले; 3. अपेक्षाकृत; 4. सूर्यास्त; 5. संतोष।

"आपको मालूम नहीं ··· ," उसने रुक-रुककर कहना शुरू किया। "मैं सिंदूर किसके लिए लगाऊँ ! जमील मुझे छोड़ चुके हैं।" फिर वह त्यौरी पर बल डालकर और पलकें झपक-झपककर खिड़की से बाहर देखने लगी ताकि आँसू न निकलें।

"मुझे मालूम है," इरफ़ान ने धीमी आवाज़ में जवाब दिया। "मुझे जब किसी ने नहीं बताया था तब ही मालूम हो गया था। मैं पहले रोज़ जब तुमसे शामियाने के नीचे मिला था, मैंने तुम्हारी आँखों में पढ़ लिया था कि तुम कितनी दुखी हो ··· आओ ···।" वह एकदम उठ खड़ा हुआ, "चाँदपुर हाउस चलें। तुम्हें क़ैसर की दावत में देर से नहीं पहुँचना चाहिए। तुम उस घराने की बहू हो।"

"और आपको भी देर नहीं लगाना चाहिए। आप उस घराने के दामाद बननेवाले हैं।" सीता ने आहिस्ता से कहा। ··· क्या करूँ ··· क्या हो सकता है !

"बिलकुल नहीं ··· तुम्हें मालूम है बिलक़ीस को मेरी ज़र्रा बराबर परवा नहीं।"

"और आपको ··· आपको भी उसकी परवाह नहीं ?"

"क़तई नहीं ··· मगर तुम्हें इसका यक़ीन करने की क्या ज़रूरत है ! चलो उठो, देर न करो !"

उस रात वह चाँदपुर हाउस के डिनर से जल्द वापस चला गया। घर पहुँचा तो देर तक नींद नहीं आई। सुनसान कमरा उसे काटने को दौड़ रहा था। आख़िर झुंझलाकर उसने उस्मान को फ़ोन किया :

"मैं आज़म की स्टैग पार्टी में जा रहा हूँ। तुम भी जिमख़ाना आ जाओ।"

उस्मान ने जवाब दिया, "मैं अब मज़ीद[1] किसी पार्टी में नहीं आ सकता।"

"यार, तुम आ तो जाओ। एक कोने में बैठकर तुम्हारी सीता ही की बातें करेंगे ··· आओ हुस्ने-यार की बातें करें ··· ।"

"अच्छा ··· मैं पहुँचता हूँ।"

वह अपने फ़्लैट से उतरकर टहलता हुआ जिमख़ाना पहुँचा। उस्मान अभी नहीं आया था। वह बरामदे में बहुत दूर जाकर एक कोने में बैठ गया।

---

1. और अधिक।

सीता ··· सीता ···

" ··· सीता जमील बड़ी ज़बरदस्त फ़्लर्ट मालूम होती है ··· ," वह चौंक पड़ा। पाम के गमलों के उधर ज़ोर-शोर से गुफ़्तगू हो रही थी। शायद वही स्टैग पार्टी जा रही थी जिसके लिए उस्मान ने उसे मंदऊ किया था।

वह आँखें बंद किए सुना किया।

"ऐसी देसी ख़ालिस Man-eater of Kumayon मालूम होती है !"

"और ऊपर से बनती प्रोग्रेसिव है।"

"सुर्ख़ों[1] के यहाँ तो इख़लाक़[2] का तसव्वुर[3] बहुत बुलंद है।"

"अच्छा !"

"रूसी तो इस सिलसिले में अच्छे-ख़ासे विक्टोरियन हैं।"

"बकवास ··· उनमें सब चीज़ें मुश्तरक[4] होती हैं।"

"शायद आपको इल्म नहीं कि रूसियों को 'पानी के गिलास' की थ्योरी रद्द किए भी ज़माना हो गया।"

"आपको इन ख़ातून मुहतरमा ने ब्रेन-वाश कर दिया है।"

"अजी वह बेचारी क्या ब्रेन-वाश करेंगी ! मगर आप हज़रत उन लोगों में से हैं जिनके क़ुलूब[5] पर अल्लाह मियाँ ने मुहर लगा दी है। सच है, जहालत में बड़ी बरकत है।"

"मेरी समझ में नहीं आता कि एक इनसान की निजी ज़िंदगी को उसके सियासी अक़ाइद[6] की कसौटी पर क्यों कसा जाए ?"

"अफ़सोस कि महज़ उस लड़की से मिलकर जो इतनी कन्फ़्यूज़्ड है, आप सारी इश्तमाली[7] लड़कियों पर हुक्म लगा रहे हैं। बदक़िस्मती से यहाँ आई भी कौन ··· सीता जमील ··· इंडिया से यहाँ सिर्फ़ बी क्लास फ़िल्में मँगवाने की इजाज़त है और सीता जैसी phoney लड़कियाँ ··· "

"ख़ैर ··· गाय को दूसरे के खेत की घास हमेशा ज़्यादा हरी नज़र आती है।"

"बोलती बहुत है। कल रहमान के वहाँ खाने पर घंटा-भर सबसे चौमुखी

---

1. कम्युनिस्टों; 2. नैतिकता; 3. धारणा; 4. साझी; 5. दिलों; 6. अवस्थाओं; 7. मिलनसार (सोशल)।

लड़ा की।"

"सुना है, नाचती खूब है ... कथाकली।"

"भई, औरतें कथाकली नहीं नाचतीं।"

"चलिए ख़ैर ... मैं कोई भाँड तो हूँ नहीं जो मुझे नाच की अक़साम[1] मालूम हों।"

"बहुत अच्छी लड़की है भई ... बस ज़रा पीती ज़्यादा है, बक़ौल-शख़्से[2] मछली की तरह पीती है।"

"यही तो उसकी एक अदा हमें पसंद आई।"

"वाह ... जाने-आलम वाजिदअली शाह आप ही तो हैं।"

"हमने सुना है कि उसने अपने मियाँ को छोड़ दिया है।"

"अच्छा ... तो मौक़ा है ... क़िस्मत आज़माई जाए ... ओहो ... उधर इरफ़ान साहब छिपे बैठे हैं। अरे भई इरफ़ान, क्या ख़याल है, तुम रौशनी डालो इस मामले पर ... "

"इरफ़ान साहब से बात करना बेकार है, वलीअल्लाह[3] आदमी हैं।"

वह ख़ामोशी से वहाँ से उठकर चला आया। दूसरी सुबह सीता उसे चाँदपुर हाउस के फाटक पर मिल गई।

"रात आप खाने के बाद इतनी जल्दी चले गए ... यहाँ खूब गाना-वाना होता रहा," उसने कहा।

"अच्छा।"

"मैंने आपको काफ़ी रात गए फ़ोन भी किया था। नौकर ने बताया, आप जिमख़ाना चले गए हैं।"

"अच्छा।"

"क्यों ... आपको क्या हो रहा है ?" उसने ज़रा सहमकर पूछा।

"सीता !"

"जी ...?"

"लोग तुम्हारे लिए तरह-तरह की बातें करते हैं। मुझे बिलकुल अच्छा नहीं लगता। क्या दिल्ली में भी लोग इसी क़िस्म की बातें तुम्हारे लिए करते

---

1. क़िस्में; 2. किसी के कथनानुसार; 3. ईश्वरलीन।

हैं ?"

"ज़रूर करते होंगे। मुझे पता नहीं।"

"परवाह भी नहीं ... ?"

"उँह, ... " वह यकलख़्त झुँझला गई। वो बरामदे की सीढ़ियों तक पहुँच चुके थे। "अंदर चलिए, असबाब बँध चुका है। आपका इंतज़ार किया जा रहा है," उसने सर्दमेहरी से[1] जवाब दिया।

अंदर बाक़ायदा रोना-पीटना मचा हुआ था। कराची की रिश्तेदार बीबियाँ शादी में आई हुई हिंदुस्तानी बीबियों से गले मिल-मिलकर ज़ारो-क़तार रोने में मसरूफ़ थीं। बिलक़ीस सूँ-सूँ करती फिर रही थी। मर्द लोग भी नाक सुनक-सुनककर आँसू पोंछ रहे थे। मँझली ख़ाला लिपट-लिपटकर सबकी बलाएँ ले रही थीं।

इरफ़ान ने गैलरी के दरवाज़े पर खड़े होकर यह मंज़र देखा और उसे बेइख़्तियार हँसी आ गई।

सारे हिंदुस्तानी रिश्तेदार हवाई हजाज़ से वापस जा रहे थे। सिर्फ़ बिलक़ीस और सीता, नादिर और इरफ़ान के साथ लाहौर जानेवाली थीं। कराची से भी दो-तीन कज़िन लाहौर तक हमराह[2] जा रहे थे। सारी पार्टी बाहर आकर मोटरों में लदी। सीता बिलक़ीस के साथ नादिर की कार में बैठ गई। इरफ़ान ने दूसरे अज़ीज़ों[3] को अपनी शीव में भरा। "इमाम-ज़ामिन की ज़ामिनी" के गुल में मोटरें "फ़ोर्टी सेकंड स्ट्रीट" के टेढ़े-मेढ़े रास्ते से निकलकर ड्रग रोड पर आईं और ठठ के लिए रवाना हो गईं।

---

1. शुष्क भाव से; 2. साथ; 3. रिश्तेदारों।

7

"नगर ठठ ··· " नादिर ने शाहजहाँ की मस्जिद के सामने कार रोकते हुए गोया एनाउंस किया।

जब वो भरी दोपहर में जामा मस्जिद का चक्कर लगाकर "बनियों की गली" में से गुज़र रहे थे, उस वक़्त उन उजाड़ मकानों में जो सरकंडे और मिट्टी से बनाए गए थे, हवा यकलख़्त बहुत तेज़ी से सनसनाने लगी और ऐसा मालूम हुआ जैसे यह जगह दुनिया की सारी परेशाँ-हाल, आवारा, ग़रीबुल-वतन[1] रूहों का लरज़ाख़ेज़ मस्कन[2] है। सीता ख़ामोशी से पीछे-पीछे बिलक़ीस के हमराह चलती रही। कुछ देर बाद इरफ़ान उसके साथ चलने लगा।

"आपको मालूम है, इसका नाम ठठ क्यों है ?" उसने गागिल्स उतारते हुए इरफ़ान से पूछा।

"नहीं ··· "

"मुग़ल गवर्नर के ज़माने में यह शहर इतना बारौनक़ और इतना आबाद था कि यहाँ पूरे एशिया से आए हुए लोगों के ठठ के ठठ रहते थे।"

जब वो कारों में सवार होने लगे तो बिलक़ीस ने उससे चुपके से कहा, "तुम इरफ़ान की कार में बैठ जाओ। मैं ज़रा नसीम बाजी वग़ैरह से गप्पें हाँकना चाहती हूँ, लेकिन मैं उनकी कार में जाकर बैठी तो इरफ़ान और मैं, दोनों ख़्वाहमख़्वाह की कोफ़्त महसूस करेंगे। खुसूसन नसीम बाजी वग़ैरह के सामने ··· मैं उन सबको नादिर की कार में बुलवाए लेती हूँ।"

चुनांचे ठठ से रवाना होते वक़्त सीता को इरफ़ान की कार में बैठना पड़ा। तीनों रिश्तेदार नादिर और बिलक़ीस वाली कार में मुंतक़िल[3] कर दिए गए।

अब यह लोग सेहरा[4] में से गुज़र रहे थे। सीता ने इरफ़ान से पूछा, "आपने उस रोज़ मुझसे सवाल किया था कि मुझे कराची कैसा लगा ? अब यही सवाल मैं आपसे करती हूँ। मेरा सिंध आपको कैसा लगता है ?"

वह उस पर नज़र डालकर चुप रहा।

---

1. बेवतन; 2. काँपता हुआ घर; 3. स्थानांतरित; 4. रेगिस्तान।

"अब मुझे यह सोच-सोचकर परेशानी हो रही है कि डैडी मुझसे मारे सवालों के नाक में दम कर देंगे। तुमने फ़लाँ जगह देखी ? फ़लाँ गाँव से गुज़री। मम्मी ने इतना कहा था कि अपनी कोठी देखकर आऊँ, किस हाल में है। मैंने वह भी नहीं देखी।"

"तुम्हारे डैडी कराची में क्या करते थे ?"

"डाक्टर थे ··· रामबाग़ में उनका क्लीनिक था।"

"रामबाग़ ··· ?"

"रामबाग़ कराची में है। आपने नहीं देखा ?"

"अरे हाँ ··· उसे अब आरामबाग़ कहते हैं।"

सामने से ऊँटों का क़फ़िला जा रहा था। एक बकरी सड़क पार करते हुए कार की ज़द[1] में आ गई तो उसने ज़ोर से ब्रेक लगाई। धचके की वजह से सीता तक़रीबन इरफ़ान के ऊपर जा गिरी।

"सॉरी," सीता ने घबराकर कहा।

"कुसूर मेरा था ··· बकरी का नहीं ··· अब ··· अब तुम्हारे डैडी दिल्ली में प्रेक्टिस करते होंगे।" इरफ़ान ने भी घबराहट में सिलसिल-ए-गुफ़्तगू[2] वहीं से जोड़ना चाहा।

"जी नहीं ··· वह कई साल से बीमार हैं, इसलिए कुछ नहीं करते। मेरा छोटा भाई भिलाई की स्टील मिल में इंजीनियर हो गया है। उसी बेचारे की वजह से गुज़र होती है।"

"ओह !"

"वह सामने देखिए। हम लोग हैदराबाद जाते हुए अकसर उस दरख़्त के नीचे कार रोकते थे। यहीं पर एक बार मेरी टाँग में बड़ी चोट आ गई थी।"

वह चुपचाप कार चलाता रहा।

"क्या आपको इसका एहसास नहीं कि यह मेरा देस है ? मेरे खेत ! मेरे गाँव ··· मेरे पीरों के मज़ार।" उसने फ़िक्रमंदी से पूछा।

"मुझे मालूम नहीं था कि तुम इस क़दर सेंटिमेंटल हो," इरफ़ान ने कहा।

1. मार की सीमा, पकड़; 2. बातचीत का सिलसिला।

"अब कभी आप दिल्ली आइए तो रास्ते में जमुना के पुल पर से गुज़रते हुए मैं देखूँगी कि आप सेंटिमेंटल होते हैं या नहीं।"

"मैं यादों का रोग नहीं पालता ⋯ "

"अच्छा हुआ कि मुझे आपने यह बात बता दी ⋯ "

"दूसरी बात यह कि ⋯ मैं दिल्ली आने ही क्यों लगा ?"

"क्योंकि वहाँ आपकी ससुराल जो बननेवाली है।"

"लाहौल-विला-कूवत ⋯ फिर तुमने मायके-ससुराल का वज़ीफ़ा[1] शुरू कर दिया। औरतोंवाली फटीचर बातें।"

उसने कार की रफ़्तार तेज़ कर दी। वह बराबर नादिर की कार के आगे-आगे जा रहा था। और यह ख़याल रखता था कि उसके पीछे न होने पाए ताकि वो दोनों पिछलीवाली मोटर में बैठे हुए लोगों की नज़रों के सामने रहें।

किस क़दर मुहतात[2] आदमी है ! वाक़ई – सीता ने सोचा।

कुद देर ख़ामोशी रही। धूल उड़ाती हुई एक ट्रक क़रीब से निकल गई। अब वो एक क़दीम[3] क़ब्रिस्तान के बराबर से गुज़र रहे थे।

"सारा सिंध क़ब्रों का मुल्क है," इरफ़ान ने चंद लमहों के बाद इज़हारे-ख़याल किया।[4]

"आपको पता है यह कितना पुराना मुल्क है ?" वह शायद उसकी मालूमात में इज़ाफ़ा करने पर तुली बैठी थी। वाक़ई बहुत बक्की लड़की है। यह कुछ देर चुपकी क्यों नहीं रह सकती ? मगर शायद इनसान अपनी घबराहट छिपाने के लिए मुतवातिर[5] बातें किए जाता है। थर्ड डिग्री का एक तरीक़ा यह भी है – इरफ़ान ने सोचा।

"नहीं ⋯" उसने ब-आवाज़े-बुलंद[6] कहा, "मैं तारीख़ में हमेशा कमज़ोर रहा हूँ।"

"मम्मी बताया करती थीं कि पुराणों में लिखा है कि राजकुमार सबी की औलाद बलूचिस्तान में फैली और अयोध्या के रामचंद्र के भाई भरत सिंधु देश की राजगद्दी पर बैठे। वह बड़े यक़ीन से कहती हैं कि महाभारत के बाद काली युग शुरू हो गया। इसी वजह से पुराणों में सिंध का ज़िक्र नहीं मिलता।"

---

1. जाप; 2. सावधान; 3. प्राचीन; 4. विचार व्यक्त किया; 5. लगातार; 6. ऊँची आवाज़ में।

"अच्छा !? और बताओ।"

"मज़ाक़ मत उड़ाइए।"

"अरे ··· नहीं-नहीं, बताओ भई, मैं बहुत दिलचस्पी से सुन रहा हूँ।"

"यूनानी इस मुल्क को इंडिसेथिया कहते थे क्योंकि जुनूबी[1] सिंध के लोग आर्यन नहीं बल्कि सेथियन थे।"

"अच्छा ··· !? मुझे इन दोनों नस्लों का फ़र्क़ नहीं मालूम। भई, मैं बहुत जाहिल आदमी हूँ मगर तुम बोले जाओ। तुम्हारी आवाज़ सुनना मुझे बहुत अच्छा लगता है।"

"गुड गॉड !"

अब वो हैदराबाद के क़रीब पहुँच रहे थे। "वेस्ट एशिया से आए यही सेथियन लोग काठियावाड़ और राजस्थान तक फैल गए। जो बाद में अब राजपूत कहलाते हैं ना ··· "

"अच्छा।"

"प्राचीन ज़माने में मीरपुर ख़ास में ब्रह्मा की बड़ी सुंदर मूर्ति का मंदिर था और मुल्तान में सूर्य का मंदिर था। सहवान में पुराने आर्यों ने शिव के मंदिर बनवाए थे।"

"तुम कभी मंदिर गई हो ?"

"हाँ, बचपन में बहुत गई हूँ। टंडू आदम में अनगिनत शिवाले थे। हेमकोट में महादेव का मंदिर था। मैं अपनी मासी[2] के साथ एक बार गई थी और क्लिफ़टन पर जो मंदिर था वहाँ मैं शिवरात्रि के रोज़ मम्मी के साथ जाया करती थी। मेरी दादी काली की बहुत पूजा करती थीं। हमारे यहाँ काली का एक रूप थरमाई कहलाता है यानी थर रेगिस्तान की देवी।" फिर वह चुप हो गई। कुछ देर बाद उसने खुद ही बात शुरू की, "मम्मी बड़ी रामभक्त हैं। कराची में थीं तो बड़ी तमन्ना थी कि तीर्थराम के लिए अयोध्या जाएँ। जब मैंने जमील से शादी कर ली तो उनको बताया कि जमील का गाँव अयोध्या से सिर्फ़ पाँच मील दूर है। कितनी अजीब बात है ना !"

"कोई ख़ास अजीब बात नहीं। तुम ज़िंदगी के हर मामूली से मामूली

---

1. दक्षिणी; 2. मौसी।

वाक़िये को भी हद से ज़्यादा ड्रैमेटिक बना देती हो।"

"ओ के ··· ओ के ··· आप मुझे बिलकुल मूर्ख समझते हैं। हमारे यहाँ सिंधी में एक कहावत है कि औरत की अक़्ल उसकी एड़ी में होती है और सूरज डूबने के बाद वहाँ से भी ग़ायब हो जाती है। आपका भी शायद यही ख़याल है ! ··· मगर मैं तो साधबेला भी जाऊँगी।"

"ज़रूर जाना भई। तुम जज़्बाती सफ़र पर निकली हो। अब क्या किया जा सकता है !"

"शट अप !"

"हलो ··· ज़रा मेरा अदब करो ··· "

"लाइक हेल* ···।"

"एक बात बताओ।"

"जी।"

"तुम हिंदू लोग पीपल की शाख़ काटने पर इतना हल्ला क्यों करते थे ? हरदोई में जब भी ताज़िया पीपल में अटका और हुआ सर-फुटव्वल।"

"पीपल में महादेव जो रहते हैं।"

"ओ, आई सी !" वह खिलखिलाकर हँस पड़ा। फिर कुछ देर बाद उसने कहा, "पीपल की भी हमारी ज़िंदगियों में अजीबो-ग़रीब अहमियत थी। अम्माँ कहती थीं कि पीपल में चुड़ैलें रहती हैं। पीपल के नीचे शहीद मर्द के मज़ार होते थे। हरदोई में मेरे घर के सामने जो दरख़्त था, अम्माँ कभी हम बच्चों को दोनों वक़्त मिलते उसके नीचे नहीं जाने देती थीं कि साया न हो जाए, और रोज़ शहीद मर्द के मज़ार पर चिराग़ जलवाती थीं।"

उसकी आवाज़ जज़्बाती हो गई।

"अब सेंटिमेंटल कौन हो रहा है ?" सीता ने कहा।

"शट अप !!"

दूर से हैदराबाद के बादगीर[1] नज़र आने लगे।

"अब सूँ-सूँ करके रोना शुरू कर देना ··· लो रूमाल।" इरफ़ान ने जेब

---

1. हवादार दरीचे।

* Like hell.

में हाथ डालकर रूमाल निकाला।

वह हँस पड़ी।

सर्किट हाउस की सड़क पर कार मोड़ते हुए उसने सीता से कहा, "तुम मुझे सिंध का क़िस्सा सुना रही थीं वह पूरा करो। सेथियन लोग आए, फिर क्या हुआ ?"

वह हाथ पर हाथ रखकर संजीदगी से बैठ गई गोया यूनिवर्सिटी लाइब्रेरी में मौजूद हो। "फिर यहाँ बुद्ध मत खूब फैला और यहाँ सारस्वत ब्राह्मण रहते थे और राजपूत और जाट। अरोड़ शहर के बासी, मुसलमानों के हमले के वक़्त पंजाब भाग गए। मेरी मम्मी लाहौर की अरोड़ा हैं। सिंधी लोग मुसलमान होने के बाद भी अपने पुराने मज़हब की इज़्ज़त करते रहे। बेशुमार दरगाहें बन गईं। उन सब पीरों का एक-एक नाम हिंदू था और एक-एक मुहम्मडन।"

"अच्छा वाक़ई !"

"हाँ। राजा भर्तृहरि लाल शहबाज़ बने। पीर पट्टू पीर सुल्तान। ज़िंदा पीर ख़्वाजा ख़िज़र, औदेरू लाल शेख़ ताहिर बन गए। लालू जसराज मंघू पीर बने।"

"मंघू पीर ··· अरे वही कराचीवाले मंघू पीर ?"

"जी हाँ।"

"भई, कमाल है !"

"कभी आप मेरे डैडी से मिलिए तो वह आपको ये सब क़िस्से सुनाएँगे। उनको सिंध की हिस्ट्री बहुत मालूम है। अब भी अकसर बैठे *छछनामा* पढ़ा करते हैं।"

"और बताओ।"

"बस ! जैसे हिंदुओं के यहाँ हर चीज़ के लिए कोई न कोई देवी-देवता ईजाद कर लिया जाता है उसी तरह मुसलमानों के यहाँ हर चीज़ के लिए अलग-अलग पीर बन गए। रागों के पीर, मिट्टी के बरतनों के पीर, पँगोड़े के पीर, सारा सिंध पीरों का देस बन गया। साँपों का मंत्र जाननेवाले जोगी सब मुसलमान होते थे मगर शिव के फ़िरक़े से ताल्लुक़ रखते थे और गोरखनाथ को मानते थे। उसके साथ ही साथ रमज़ान का महीना हिंदुओं के लिए पवित्र

बन गया और वो ताज़ियों के सामने नज़्रो-नियाज़[1] चढ़ाने लगे। आपकी तरफ़ भी यही सब होता था ?"

"हाँ।"

"मज़हब ने वाक़ई हम लोगों के लिए पहले सैकड़ों बरस तक अफ़ीम का काम किया है और उसके बाद गोले-बारूद का ... "

"अब तुम अपनी तक़रीर मत शुरू करो। मुझे सख़्त भूख लग रही है। सर्किट हाउस पहुँचते ही खाने का इंतज़ाम करो ... "

"आपको समझाना बिलकुल बेकार है। रिएक्शनरी !"

रात को खाने के बाद नादिर ने सीता को सिगरेट जलाकर दिया, और वह और बिलक़ीस और दूसरे लोग बातें करते हुए ड्राइंगरूम में चले गए। वह मेज़ पर बैठी गुलदान में से एक फूल निकालकर उसकी पंखड़ियाँ अलग करती रही। इरफ़ान सामने की कुर्सी पर नीमदराज़,[2] उसे सिगरेट के कश लगाते देख रहा था।

"मुझे नहीं मालूम था कि तुम सिगरेट भी पीती हो ... "

"इस 'भी' का क्या मतलब !"

"कुछ नहीं ... तुम ... तुम इस वक्त ज़रूरत से ज़्यादा उदास हो। तुमने यहाँ का बाग़ देखा। कितना खूबसूरत है !"

"जी ... "

"आज चाँदनी रात है, इसलिए और ज़्यादा अच्छा लग रहा है।"

"जी ... "

ड्राइंगरूम में से क़हक़हों की आवाज़ें आ रही थीं।

इरफ़ान की समझ में न आया कि उसे किस तरह खुश करे। नफ़सियात[3] की किताबों में लिखा है कि अगर इनसान की उलझनें दूर करना हो तो उससे उसके बचपन की बातें करो।

"मुझे कुछ अपने बचपन के मुतल्लिक़ बताओ", उसने बड़े माहिरे-फ़न[4] की तरह कहा।

"आप तो इस तरह पूछ रहे हैं जैसे युग की रूह आप ही में हुलूल

---

1. भेंट-मन्न्त; 2. अधलेटा; 3. मनोविज्ञान; 4. विशेषज्ञ।

कर गईं[1] है।"

"हा हा हा !" वह फिर अपनी खोखली हँसी हँसा।

"फिर आप अपने बचपन के मुतल्लिक़ बताएँगे ··· माफ़ कीजिए यह बड़ी पिटी-पिटाई और घिसी-घिसाई सिचुएशन है।"

"लाहौल-विला-कूवत ! तुम तो कोई बात करने ही नहीं देतीं। तुम्हें बैरिस्टर होना चाहिए था।"

जमील ने भी उसे अपने बचपन के मुतल्लिक़ बताया था। उसने बड़ी जज़्बाती आवाज़ में कहा था– "हमारा घर घाघरा से ज़रा दूरी पर है। मेरी अम्माँ खाना बहुत उम्दा पकाती हैं। मेरी छोटी बहन का नाम क़ैसर है, बड़ी सख़्त चुड़ैल है। अब वह बड़े भैया के साथ पाकिस्तान चली गई है। एक दफ़ा मैंने उसे कोठे पर ले जाकर बंद कर दिया और नीचे से कुंडी चढ़ा दी। फिर मेरी खूब ठुकाई हुई। मेरी दो ख़ालाएँ हैं। फ़रख़ंदा बाजी छोटी ख़ाला ही की लड़की तो हैं। फ़रख़ंदा बजिया बहुत देशभक्त और ग्रेट आदमी हैं। बिलकुल देवी हैं, एकदम। तुम उनसे दिल्ली में कभी मिलने नहीं गईं। मैं चाहता हूँ कि तुम भी उनकी ऐसी बन जाओ। उनकी छोटी बहन का नाम बिलक़ीस है। मैं और बिलक़ीस तुलसीपुर में बड़े अब्बा की बगिया में जाकर खूब अमरूद चुराते थे और जब क़ैसर की बच्ची जाकर चुग़ली खाती तो ··· "

"फ़िजूल ··· फ़िजूल ··· "

मगर दफ़अतन उसने महसूस किया कि उसके तल्ख़ लहजे ने इरफ़ान को रंजीदा कर दिया है। उसने इरफ़ान के ख़ुलूस का जवाब बदतमीज़ी से दिया था और वह उसे नाराज़ करना नहीं चाहती थी। (वह तो जमील को भी नाराज़ करना नहीं चाहती थी। फिर यह क्या हुआ !?)

"मैं ··· मैं इसी हैदराबाद में पैदा हुई थी," उसने ज़रा एहसासे-जुर्म के साथ कहना शुरू किया और पलकें उठाकर उसे देखा कि वह सुन रहा है कि नहीं ··· "हम चार बहन-भाई थे, हम चार ··· " फ़िर उसकी आवाज़ हलक़ में अटक गई।

---

1. समा गई।

"दरअस्ल ··· " इरफ़ान ने उससे कहा, "मैं तक़सीम[1] से पहले कभी सिंध नहीं आया। इसीलिए इस तरह कुरेद-कुरेदकर तुमसे सवालात कर रहा हूँ। मुझे कुछ मालूम नहीं कि मुत्तहिदा[2] हिंदुस्तान में लाहौर और पेशावर और कराची और हैदराबाद सिंध कैसी जगहें थीं और उनके बाशिंदे ··· "

"इन जगहों में से एक की बाशिंदी तो मैं खुद ही आपके सामने मौजूद हूँ।"

'बाशिंदी' पर वह बेइख़्तियार हँस पड़ा। "वल्लाह, ख़ूब शै[3] हैं आप भी ··· " फिर उसने कहा, "दरअस्ल सीता ··· तुम मुझे बेहद ग़ैर-जज़्बाती समझती हो मगर जलावतनी[4] का मसला मुझे भी बहुत परेशान करता है। मग़रिबी बर्लिन में, हांगकांग में हर जगह मैंने पनाहगुज़ीनों[5] को देखा है। अमरीकन शहरों में मशरिक़ी यूरोप से भागे हुए लोगों से मिला हूँ। जॉर्डन में फ़िलिस्तीनी मुहाजिरों[6] की हालत देखी है ··· और जो मैं बात-बात पर तुमसे उलझता हूँ और तुम्हारी हर बात मज़ाक़ में टालना चाहता हूँ, उसकी वजह यह है कि हम एक ऐसे दौर में ज़िंदा हैं जिसमें चालीस करोड़ इनसानों की नफ़सियात यकसर बदल गई है, उनके ख़यालात, नज़रिये,[7] जज़्बात, रद्दे-अमल[8] ··· मेरे और तुम्हारे दरमियान अब कोई क़द्रे-मुश्तरक[9] बाक़ी नहीं। मुझे कुछ मालूम नहीं कि तुम लोग क्या सोचते हो ? क्या पढ़ते हो; क्या करते हो ? जब बिलक़ीस अपनी थिएट्रिकल मसरूफ़ियात[10] का ज़िक्र करती है, मुझे लगता है किसी दूसरे कुर्रे[11] की बातें सुन रहा हूँ। छोड़ो, हमने फिर पालिटिक्स शुरू कर दी जिससे मुझे नफ़रत है।"

"आप मेरे बचपन के मुतल्लिक़ पुछ रहे थे।"

"हाँ ··· हाँ ··· "

"हम चार बहन-भाई थे ··· ," उसने फ़रमाँबरदारी से फिर बच्चों की तरह गोया सबक़ सुनाना शुरू कर दिया। "पहले हम हैदराबाद में रहते थे। हैदराबाद में हमारा मकान था जो हमारे दादा ने बनवाया था। फिर हमारे

---

1. (देश का) विभाजन; 2. एकीकृत; 3. चीज़; 4. वतन छोड़ना; 5. शरणार्थियों; 6. अपना देश छोड़ कहीं और जानेवाले; 7. दृष्टिकोण; 8. प्रतिक्रियाएँ; 9. साझा जीवनमूल्य; 10. व्यस्तताओं; 11. ग्रह।

डैडी ने कराची में प्रेक्टिस शुरू कर दी और वहाँ कोठी भी बनवा ली। मैं ग्रामर स्कूल और उसके बाद जोसफ़ कालिज में पढ़ती रही। हमारा बहुत बड़ा ख़ानदान था। रिश्ते के चाचे और मामे और मासियाँ। इनमें से कुछ आमिल कालोनी में रहते थे और कुछ लाड़काना और हैदराबाद में। मेरा भाई सिर्फ़ एक है और दो बहनें हैं; ये तीनों पार्टीशन के समय काफ़ी छोटे-छोटे-से थे।" फिर उसकी आवाज़ उदास होती चली गई, "जब पार्टीशन हुआ तो हम लोग जहाज़ पर बैठकर काठियावाड़ के एक पोर्ट पर जा उतरे। अगस्त के बाद अगले तीन महीनों में लाखों शरणार्थी हवाई जहाज़, रेल और समंदर के ज़रिये यहाँ से गए थे … "

"उस ज़माने में ट्रेन चलती थी ?"

"जी हाँ, स्पेशल रिफ़्यूजी ट्रेन चलाई गई थी जो मीरपुर ख़ास से मारवाड़ जंक्शन तक जाती थी। वहाँ ट्रांजिट कैंप क़ायम कर दिए गए। जो लोग यहाँ से गए वो ज़्यादातर शहरी पेशेवर थे। ज़मीनों पर बसाना उन्हें बहुत मुश्किल था। ये सबके सब बंबई प्रेसिडेंसी, मध्यप्रदेश और राजस्थान के रिफ़्यूजी कैंपों में भेज दिए गए। मेरे रिश्तेदार भी अहमदाबाद, जोधपुर, विंध्यप्रदेश, जाने कहाँ-कहाँ बिखर गए। बहुत-से सिंधी शरणार्थी भोपाल भेज दिए गए।"

"तुम लोग कहाँ रहे ?"

"हम पहले गाँधीधाम में रहे, फिर उल्हासनगर में। ये सिंधियों के लिए नए सेटिलमेंट बसाए गए थे। गाँधीधाम में ही डैडी बहुत सख़्त बीमार पड़ गए, सारे सिंधी शरणार्थियों की तरह इनको भी दो साल तक माली इमदाद दी जाती रही। 1950 के शुरू में यह इमदाद बंद हो गई। कुछ कैंपों में बीमारों और बूढ़ों को रखा गया था। डैडी भी चंद रोज़ के लिए वहाँ भेज दिए गए। उसके बाद हम दिल्ली आ गए। उस वक़्त तक सब शरणार्थी कारोबार की तलाश में सारे हिंदुस्तान में फैल चुके थे।" उसने एक लंबा साँस लिया।

ड्राइंगरूम में अब रमी शुरू हो गई थी। इरफ़ान ने सिगरेट जलाया लेकिन उसे पेश नहीं किया।

"अब हम वो लोग हैं जिनका कोई देस अपना नहीं। पंजाबियों को कम-अज़-कम मशरिक़ी पंजाब तो मिल गया।"

"तुम्हारे डैडी अब कुछ नहीं करते ?"

"नहीं, मैंने बताया तो वह मुस्तक़िल बीमार रहते हैं। हम आमिल लोग ज़्यादातर डाक्टर, वकील, प्रोफ़ेसर, इसी तरह के लोग थे। जैसे आपके हाँ कायस्थ होते हैं ना यू.पी. में, उसी तरह की यह कास्ट थी। कल्होड़ा और तालपुर अमीरों की हुकूमत में यही लोग सारा एडमिनिस्ट्रेशन करते थे। इसलिए आमिल कहलाने लगे।"

"तुम लोग क्या हो ··· बरहमन ··· ?"

"नहीं भाई, आमिल खत्री होते हैं, मगर इस हिजरत की वजह से सारे तबक़े उलट-पलट हो गए। आमिलों और बरहमनों को भी वहाँ फुटपाथ पर दुकानें खोलना पड़ीं। पुरानी रीति-रस्में, पीर, फ़कीर, दरगाहें, मंदिर सब यहीं रह गए। यहाँ का अस्ल मज़हब सूफ़ीज़्म था। उस सूफ़ीज़्म के असर से हम लोग कट्टर क़िस्म के मज़हबपरस्त कभी नहीं रहे।"

चंद मिनट तक वह मेज़ की चादर पर काँटें से लकीरें खींचती रही।

"तुम सिंधी पढ़ लेती हो ?"

"अरे बिलकुल। आप क्या समझते हैं, मैं इतनी मेमसाहब हूँ कि अपनी ज़बान नहीं जानती ? आपने तो यहाँ सिंधी ज़रूर सीख ली होगी।"

"नहीं," इरफ़ान ने ज़रा झिझककर जवाब दिया। फिर पूछा, "तुम्हारा मज़मून डाक्टरेट के लिए क्या था ?"

"यही 1947 के बाद हिंदुस्तान का समाजी इनक़लाब। आपके यहाँ भी इस सब्जेक्ट पर बहुत काम हो रहा होगा। मुझे कुछ किताबों के नाम बताइएगा। मेरा मौज़ू[1] 'पंजाब के शरणार्थी' था।"

"अब बारह बज रहा है सीता। जाकर सो रहो।"

"बहुत अच्छा," वह उसी फ़रमाँबरदारी से उठी और उसे शब-ब-ख़ैर[2] कहकर अपने कमरे की तरफ़ चली गई।

सुबह को वह नाश्ते के बाद बरामदे में खड़ी थी। इतने में सर्किट हाउस का माली फूलों की डाली लेकर आया। इरफ़ान उसके क़रीब ही खड़ा था।

---

1. विषय; 2. शुभरात्रि।

“बेगमसाहब के लिए फूल लाया हूँ साहब,” माली ने कहा।

“अच्छा, दे दो बेगमसाहब को ... ”

वह तेज़ी से अंदर चली गई।

मोटरों में सवार होते वक़्त इरफ़ान ने उससे कहा,” कल तुमने बेहद मेरा दिमाग़ चाटा है। आज ज़रा मैं आराम करना चाहता हूँ, इसलिए तुम नादिर के साथ जाओ।”

जिस वक़्त वो लोग ख़ैरपुर से गुज़र रहे थे, सीता ने दफ़अतन कहा, “मैं पीर अल्लाहबख़्श जमाली से मिलना चाहती हूँ।”

सबने उसको सवालिया नज़रों से देखा।

उसने बैग से नोटबुक निकालकर अता-पता बताया, “डैडी के दोस्त थे। डैडी ने कहा था, और किसी से नहीं तो कम-अज़-कम उनसे ज़रूर मिलना।”

बहुत देर तक वह पीर अल्लाहबख़्श जमाली की कोठी ढूँढते फिरे।

“चलो, सर्किट हाउस पहुँचकर वहाँ से मालूम करवा लेंगे।” बिलक़ीस ने तजवीज़ किया।

स्टेट गेस्ट हाउस जाते हुए उन्हें पीरसाहब की कोठी नज़र आ गई।

शाम की चाय के बाद दफ़अतन अँधेरा हो गया। “मैं भूल गया था कि जाड़ों के ज़माने में सूरज जल्दी डूब जाता है,” नादिर ने कहा। “चलिए, अब आपको आपके पीरसाहब के यहाँ छोड़ आएँ। इरफ़ान भाई, आप भाभीजान को ले जाइए। हम सबकी पूरी बरात जाने की क्या ज़रूरत है!”

“अब तुम फिर मेरे सर पर सवार हो गईं,” इरफ़ान ने कार का दरवाज़ा खोलते हुए उससे कहा। “मेरा ख़याल था कि अब छुटकारा मिल गया।”

पीरसाहब की कोठी की बरसाती में पहुँचकर उसने सीता से कहा, “तुम अंदर हो आओ; मैं घंटे-भर बाद आकर ले जाऊँगा।”

“वाह, आप क्यों नहीं साथ चलते ?”

“मुझे सिंधियों से मिलते हुए घबराहट होती है,” इरफ़ान ने झेंपते हुए कहा।

“अच्छा जी!”

“भई, तुम ही बतलाओ। वह होंगे पुरानी क़िस्म के असली ते वड्डे वडेरे। न मैं उनकी समझूँगा, न वह मेरी। और यह तो बड़े ग़ज़ब की बात

होगी कि बाहर से आकर तुम्हें उनके जज़्बात की तरजुमानी[1] करना पड़े।"

सीता कार में बैठे-बैठे बाग़ के घने दरख़्तों को देखती रही, "मैं बचपन में डैडी के साथ यहाँ आया करती थी। डैडी पीरसाहब के फ़ैमिली डाक्टर थे। हमारे दादा हैदराबाद के मशहूर वकील थे। हरबख़्श मीरचंदानी का नाम आपने अब भी सुना होगा।"

उसने यह नाम कभी नहीं सुना था। लिहाज़ा सिगरेट जलाकर ख़ामोश रहा।

"दादाजी पीरसाहब के क़ानूनी मुशीर[2] थे। दूसरे वडेरों की तरह पीरसाहब भी मुस्तक़िल मुक़द्दमे लड़ा करते थे।" इरफ़ान ने हार्न बजाया। मगर चारों तरफ़ सन्नाटा था। सीता ने फिर बात शुरू की, "आपको मालूम है ?"

"नहीं मालूम ··· ," इरफ़ान ने तबस्सुम[3] के साथ उसकी बात काटी।

"आपको मालूम है अंग्रेज़ों के ज़माने में हिंदुओं ने खूब तरक़्क़ी कर ली और हिंदू महाजनों के पास मुसलमान तक़रीबन गिरवी हो गए! सिंधी मुसलमानों की कोई मिडिल क्लास नहीं बनी और यह वडेरे लोग उसी तरह अपनी फ़्यूडलिज़्म में क़िलाबंद बैठे रहे और शायद अब भी उसी तरह बैठे हैं।"

"सारे हिंदुस्तान के हिंदू-मुसलमानों की यही एक-सी कहानी थी। शायद इसी वजह से पाकिस्तान बना," इरफ़ान ने जवाब दिया।

"बचपन में मैं पीरसाहब की बीवियों के ज़ेवर और लिबास देखकर मसहूर हुआ करती थी।[4] यह लोग किस क़दर बैकवर्ड और कितने दौलतमंद हैं, इसका आपको अंदाज़ा ही नहीं हो सकता।"

एक मुछैल सिंधी मुलाज़िम, बड़े घेर की स्याह शलवार में मलबूस, अंदर से निकला। उसने हाथ जोड़कर नौवारदों[5] को सलाम किया और ड्राइंगरूम में ले गया। सीता फ़ौरन अंदर ज़नानख़ाने में चली गई। इरफ़ान एक सोफ़े पर बैठ गया। कमरा बेशक़ीमत फ़र्नीचर से अटाटूट भरा हुआ था। फ़र्श पर आलातरीन क़ालीन बिछे थे। दबीज़[6] रेशम के पर्दों पर सुनहरी डोरियाँ बँधी

---

1. प्रवक्ता का काम; 2. सलाहकार; 3. मुस्कान; 4. रोब खाती थी; 5. नवागंतुकों; 6. भारी-भरकम।

थीं। कुछ देर बाद घनी दाढ़ी और ग़िलाफ़ी आँखों वाले पीर अल्लाहबख़्श जमाली अंदर से तशरीफ़ लाए। झुककर दोनों हाथों से इरफ़ान से मुसाफ़ा किया[1] और ख़ामोशी से सोफ़े पर बैठ गए। इतने में ठोस चाँदी के टी सेट में चाय आ गई और उन्होंने इधर-उधर की चंद बातों के बाद मुल्की सियासत की बुल-अजबियों[2] पर गुफ़्तगू शुरू की। यह सर फ़िरोज़ ख़ान नून की वज़ारत[3] का ज़माना था और मुल्क में शदीद[4] अफ़रातफ़री मची हुई थी।

फिर वह उठकर अंदर गए और सीता को साथ लेकर वापस लौटे और बड़े रेशमी रूमाल से आँसू पोंछ-पोंछकर सीता के सर पर हाथ फेरा किए। जब सीता पीरसाहब से सिंधी में बातें कर रही थी उस वक़्त इरफ़ान को शिद्दत[5] से महसूस हुआ कि वह इस जगह पर कितना अजनबी है।

मुछैल मुलाज़िम ने बड़ा-सा अटैचीकेस कार में रखा।

कार स्टार्ट करने के बाद इरफ़ान ने मज़ाक़न पूछा, "बहुत ज़बरदस्त तोहफ़े मार लाईं।"

"मैंने देखे नहीं, उन्होंने डैडी, मम्मी और मेरे लिए अलग-अलग जाने क्या-क्या चीज़ें दी हैं। बहुत क़ीमती सामान ही होगा। ये लोग बेहद जज़्बाती और बेहद दयालु हैं।"

"तुम जज़्बात की इतनी क़द्र करती हो और ऊपर से बनती इतनी मंतक़ी[6] हो ... फ्राड ... !!"

दूसरे रोज़ उन लोगों का क़ाफ़िला ख़ैरपुर शहर से गुज़र रहा था। सड़क के दोनों जानिब[7] पुरानी ईंटों की उदास इमारतें थीं जिनकी मेहराबों के नीचे बूढ़े, बावक़ार,[8] दराज़-रीश[9] मुसलमान सिंधी में बातें कर रहे थे। ये लोग बात-बात पर हाथ जोड़ते थे और धीमी-धीमी आवाज़ और सोते-सोते मौसीक़ी-रेज़[10] लहजे में गुफ़्तगू करते थे। बड़ी अजीब उदास, नर्म धीमी-धीमी तहज़ीब[11] थी जो इरफ़ान ने इस मुल्क में नौ साल तक रह चुकने के बावजूद अब तक नहीं देखी थी।

"कमाल है," अदालत के सामने गियर बदलते हुए उसने सीता से कहा।

---

1. हाथ मिलाया; 2. आश्चर्य भरी बातों; 3. मंत्रिमंडल; 4. तीव्र, घोर; 5. तीव्रता; 6. तर्कशास्त्री; 7. तरफ; 8. सम्मानित; 9. लंबी दाढ़ियों वाले; 10. संगीतमय; 11. सभ्यता।

"वाक़ई अजीब-सी बात है कि मैं इस मुल्क का बाशिंदा हूँ और तुम ग़ैर-मुल्की हो।"

"लेकिन मुझे अब इस सूरते-हाल[1] की आदत पड़ चुकी है। पिछली मर्तबा जब मैं न्यूयार्क से जमील के साथ हिंदुस्तान आई थी तो मँझली ख़ाला अपने भांजे से मिलने के लिए कराची से फ़ैज़ाबाद आ गई थीं और उन्होंने मुझे सारे लखनऊ की सैर कराई थी और तुलसीपुर और चाँदपुर की पुरानी रीति-रस्मों से रूशनास[2] कराया था। मगर फ़ैज़ाबाद से लखनऊ पहुँचते ही मुझे एक ग़ैर-मुल्की की हैसियत से उनको पुलिस स्टेशन में अपनी आमद और उसके बाद रवानगी की इत्तला दर्ज करवानी पड़ी थी।"

सिंध के शहरों में हर तरफ़ उदासी और बेरंगी और रेत और धूल थी। अंग्रेज़ी अह्द[3] की यादगार, ज़िलों की इमारतें सिविल लाइंस की गर्द-आलूद सड़कों के किनारे ख़ामोश खड़ी थीं। अंग्रेज़ सारे बर्रे-सग़ीर[4] में पेशावर से लेकर मद्रास तक और बिहार से लेकर सिंध तक, अज़ला[5] के तर्ज़े-तामीर[6] और माहौल और मसाइल[7] का यकसाँ[8] पैटर्न बनाकर जा चुके थे। वही कचहरियाँ, वही बाग़ात, वही डाकबँगले, वही रेलवे स्टेशनों के कोलतार से लिपे ऊँची डाट वाले वेटिंगरूम और उनका यकसाँ भद्दा फ़र्नीचर।

सक्खर का यह सर्किट हाउस जिसमें वो सब अभी आनकर उतरे थे, बुलंदशहर या बिलासपुर या गया, किसी भी जगह उठाकर रखा जा सकता था। वही ख़ानसामाँ था जिसने लपकते हुए सामने आकर बड़े साहब को सलाम करने के बाद पूछा था कि छोटा हाज़िरी किस वक़्त खाएँगे। उसका नाम था रसूलबख़्श या गुरबचन। माली का नाम चिराग़दीन था या रामखिलावन। मगर दुनिया तब्दील हो चुकी थी। इनसान बदल गए थे। क्या वाक़ई इनसान बदल गए थे ? इस सवाल का जवाब दयानत[9] से देने के लिए कोई भी तैयार नहीं था।

"मैं साधबेला जाऊँगी। मैं वहाँ हमेशा सालाना मेले में जाती थी। खूब म्यूज़िक कंपटीशन होते थे," सीता ने दोहराया।

---

1. स्थिति; 2. परिचित; 3. युग; 4. उपमहाद्वीप; 5. ज़िलों; 6. निर्माण का ढर्रा; 7. समस्याएँ; 8. एक जैसा; 9. ईमानदारी, साफ़दिली।

शाम के वक़्त वो लांच में बैठकर दरिया उबूर करने[1] लगे। दूर साधबेला का टापू बड़े जहाज़ की तरह लहरों के वस्त[2] में खड़ा था। किनारे पहुँचकर वो सीढ़ियाँ चढ़े। किनारे पर बड़ा-सा पैविलियन था जिसकी दीवारों पर कबीर की बानियाँ मुनक़्क़श[3] थीं। टीलों पर इमारतें सुनसान पड़ी भाँय-भाँय कर रही थीं। छोटे-बड़े मंदिर और शिवाले, लड़कों का हास्टल, क्लब हाउस, सीता इरफ़ान को साथ लिए चारों तरफ़ घूमती फिरी। पार्टी के दूसरे लोग थककर नीचे एक बेंच पर बैठ चुके थे।

"मुझे भाभीजान पर बड़ा तरस आता है," सीता को एक अँधेरे मंदिर की सीढ़ियाँ चढ़ते देखकर नादिर ने आहिस्ता से कहा।

मंदिरों की दीवारों पर अजीब-अजीब ख़ौफ़नाक और मुज़हका-ख़ेज़[4] शक्लोंवाली मूर्तियों के नीचे पेंसिल से उर्दू में तरह-तरह के जुमले लिखे हुए थे।

"देवी माँ, मैं हिंदुस्तान जा रहा हूँ। मुझ पर अपनी दया रखना। 12 नवंबर, 1947 ई.।"

"भगवान, मैं आज तुम्हारी शरण छोड़कर इंडिया भाग रहा हूँ, मुझे माफ़ कर दो। 15 सितंबर, 1947 ई.।"

"माता, मैं तुमको छोड़ रहा हूँ। अब कभी प्रसाद न चढ़ा सकूँगा। मेरे बच्चों पर दया करती रहना। 19 दिसंबर, 1947 ई.।"

सीता और इरफ़ान ढूँढ-ढूँढकर इन दर्दनाक जुमलों को पढ़ते फिरे, यहाँ तक कि सूरज मेहरान की लहरों में डूब गया।

दूसरे टीले पर बरगद के नीचे एक और तारीक[5] मंदिर था। अंदर घुप अँधेरे में रेशमी कपड़ों में मलबूस राधा की क़दे-आदम[6] मूर्ति औंधी पड़ी थी। इरफ़ान को बड़ी वहशत हुई। "अब बाहर चलो," उसने जल्दी से कहा।

नीचे उतरकर क्लब हाउस की मरमरीं सीढ़ियों पर बैठते हुए सीता ने यकलख़्त उससे पूछा, "यह जगह भूतों का शहर नहीं है ? ... मेरी दादी मुझसे अकसर कहा करती थीं, आज मैंने तेरे लिए बड़ा अच्छा सपना देखा। रात

---

1. पार करने; 2. बीच; 3. नक़्क़ाशी की हुई; 4. हास्यास्पद; 5. अँधेरा; 6. आदमी के क़द जितनी।

किसी गोसाईं की नेक आत्मा घर के ऊपर से गुज़री होगी ··· या आज मैंने बड़ा बुरा सपना देखा ··· किसी मोची की बदरूह[1] पिछवाड़े से गुज़री होगी। उनका कहना था कि बाज़[2] बदरूहें बच्चों की शक्ल में निकलती हैं और उनके हाथों में चार-चार उँगलियाँ होती हैं। और बदरूहें हवा में चिराग़ों की तरह भी उड़ती हैं ? ··· उधर देखिए, कहीं हवा में चिराग़ जल रहे हैं ? साधबेला मेरी सारी क़ौम का क़ब्रिस्तान है।"

वह उठकर दूसरी सीढ़ी पर जा बैठी, "कैसा अँधेरा है। इस अँधेरे में मेरी सारी आरज़ुएँ, सारे आदर्श, सारे पछतावे अगिया भत्ताल[3] की तरह जगमगाते हैं ··· अभी मैंने आँखें बंद कीं तो मुझे ऐसा लगा जैसे भैरव की सवारी का कुत्ता, लकड़बग्घे पर सवार होकर क़ब्रिस्तानों की तरफ़ जानेवाली चुड़ैलें, हज़ारों बरस की मरी हुई रूहें, इन सबने मिलकर मुझे चारों ओर से घेर लिया है और मैं बहुत जल्द मर जाऊँगी।" उसने सहमकर इरफ़ान का हाथ थाम लिया।

"हमारे यहाँ एक बड़ी डरावनी रस्म थी," उसने चंद लम्हों के बाद फिर कहना शुरू किया, "कि अगर कोई आदमी कुँवारा मर जाए तो उसे सुर्ख़ कपड़ों में लपेटकर शमशान ले जाते थे और ज़ोर-ज़ोर से ढोल बजाया जाता था। गोया मौत के साथ-साथ उसका ब्याह भी हो गया।

"यह सामने जो सिंध बह रहा है, हमारे लोगों का अक़ीदा[4] था कि उसके पच्छिम में जहाँ चाँद डूबता है, मौत का देस है और हर सिंधी जो मरता है, उस गऊ माता पर जो उसने ज़िंदगी में बरहमनों को दान दी ··· उसकी दुम से चिमटा हुआ उस दरिया पर से गुज़र जाएगा। भादों की पूरनमासी में उसकी आत्मा उस नाव पर सवार होकर वापस आती है जो उसके घरवाले पूरनमासी से दो रोज़ पहले सिंध दरिया में छोड़ देते थे।

"चैत के महीने में बड़ा भारी मेला होता था। दरअस्ल हमारा सबसे बड़ा खुदा यही दरिया था क्योंकि रेगिस्तान में बहता था; जिस तरह प्राचीन मिस्रवाले नील को देवता मानते थे। इसी सक्खर में मछली की पीठ पर सवार दरिया देवता का मंदिर था। इसी को मुसलमान दरिया पीर और ख़्वाजा ख़िज़र कहते थे। जुनूबी पंजाब के हिंदू इसे दरिया साहब कहते थे ··· ज़रा सोचिए कितने

---

1. बुरी आत्मा; 2. कुछ; 3. अगिया वैताल; 4. आस्था।

फ़ैसिनेटिंग अक़ीदे थे। नाग देवता के लिए यह तय था कि वह ठठ के आगे सिंध ा के किनारे रहता है।"

उस रात वह सक्खर बैराज पर खड़ी देर तक सिंध दरिया की कहानी सुनाती रही और फिर यकलख़्त ख़ामोश हो गई। उस वक़्त इरफ़ान ने देखा कि वह इस अज़ीमुश्शान[1] और बा-जबरुत[2] बंद की मुँडेर पर झुकी बेहद अकेली, बेहद कमज़ोर और बेहद अजनबी लग रही थी। मेहरान की समंदर ऐसी मौजों[3] में घिरी मीलों लंबे पुल की रौशनियों की झिलमिलाहट और सदियों तक फैले हुए सेहरा[4] की वुसअत[5] में खोई हुई बेचारी लड़की !

नीचे सिंध चाँदनी में लहरें मार रहा था। दोनों किनारों पर रोहड़ी और सक्खर की रौशनियाँ जगमगा रही थीं। पुल पर मोटरों और ताँगों और बसों और साइकिल सवारों के रेले गुज़र रहे थे। नवंबर 57 ई. की सिंध की यह दुनिया बहुत मुख़्तलिफ़[6] थी। इस क़दर मुख़्तलिफ़ कि इसमें क़रोलबाग़, देहली से आई हुई सीता मीरचंदानी के लिए कोई यगानगत[7] नहीं हो सकती थी।

सिंध से निकलते हुए नादिर ने उससे कहा, "चलिए भाभीजान, आपके सिंध की ख़ूब सैर कर ली। इरफ़ान भाई आज तो आपके पीर अल्लाहबख़्श जमाली की ज़ियारत[8] भी कर आए।"

"सिंध न मेरा है न पीर अल्लाहबख़्श जमाली का। सिंध के अस्ल मालिक वो हारी[9] हैं जिनके मुतल्लिक़ सोचने की तुमने आज तक ज़रूरत ही न समझी होगी," सीता ने कहा।

"इनक़लाब ज़िंदाबाद !" नादिर ने बशाशत[10] से नारा लगाया। इरफ़ान खुश हुआ कि वह अपने जज़्बाती मूड पर काबू पाकर दोबारा नार्मल हो रही थी। यानी सियासी बहसें करने के लिए तैयार हो चुकी थी।

बहावलपुर में पंचनद के जंगल के ऊँचे गर्द-आलूद दरख़्त और पाँच दरियाओं के संगम पर बरसती हुई चाँदनी बहुत खुशगवार थी। वहाँ से आगे बढ़े तो चाँदनी और ज़्यादा तेज़ हो गई। रौशनी में चमकती हुई सीधी सड़क पर कार छोड़कर इरफ़ान ने सीता से कहा :

---

1. अत्यंत शानदार; 2. श्रेष्ठ, प्रतिष्ठित; 3. लहरों; 4. रेगिस्तान; 5. व्यापकता; 6. भिन्न; 7. अपनापन; 8. दर्शन; 9. मेहनतकश; 10. उल्लास, प्रसन्नता।

'सेहरा की खुनक,[1] अजीब चाँदनी रात, अब मैं क्या कर सकता हूँ। अगर मुझे अख़्तर शीरानी के शेर याद आ रहे हैं ··· हम स्कूल की किताबों में पढ़ा करते थे ··· सुबहे-बनारस, शामे-अवध, शबे-मालवा ··· ! सुबहे-बनारस और शामे-अवध तो समझ में आ जाती थी मगर यह पल्ले नहीं पड़ता था कि रेगिस्तान की रात में सिवाय ख़ाक-धूल के क्या रखा होगा। अब यहाँ आनकर मालूम हुआ ··· तुमने बनारस की सुबह और अवध की शाम देख ली ?"

"जी हाँ।"

चाँदनी में उसके हाथ का कंगन तेज़ी से जगमगा उठा। वह कुछ देर से चुपकी बैठी उसे कलाई में घुमा रही थी।

"बड़ा खूबसूरत कंगन है ··· इतालवी[2] है ना ?" इरफ़ान ने दरियाफ़्त किया।

"जी हाँ।"

"नेपिल्स में ख़रीदा था ?"

"जी नहीं कैनेडा में ··· "

"कैनेडा ··· ! दुनिया में और भी हज़ारों मुल्क हैं; यह तुमको कैनेडा जाने की क्या सूझी थी ?"

"मेरे मामा वहाँ तिजारत करते थे। पार्टीशन के बाद उन्होंने डैडी को लिखा कि आपकी माली हालत अब ऐसी नहीं कि सीता को आला तालीम दिलवा सकें। उसे मेरे पास भेज दीजिए।"

"तुमको बेहद खुशी हुई होगी।"

"ज़ाहिर है एक इक्कीस-साला बेइंतहा हिस्सास[3] लड़की जो शरणार्थी कैंपों में घूमने के बाद क़रोलबाग़ के एक छोटे-से मकान में रहती हो और बस में बैठकर दूर रामजस कालिज पढ़ने जाती हो, अचानक उसे यह बताया जाए कि उसे कैनेडा या अमरीका भेजा जा रहा है तो यह बिलकुल परियों की कहानियों ऐसी बात थी ··· मामा की कोई औलाद नहीं थी। वह और मामी बीस-पच्चीस साल से अमरीका में रह रहे थे। उनका कारोबार काफ़ी फैला हुआ था और साल में छः महीनें न्यूयार्क में रहते थे। उन्होंने हवाई जहाज़ का टिकट

---

1. ठंडी; 2. इटली का; 3. संवेदनशील।

खरीदकर भेज दिया और कोलंबिया में मेरा दाख़िला करवा दिया।"

"वहीं जाकर तुम सुर्ख़ों[1] की संगत में पड़ गईं !"

वह हँसी, "सुर्ख़ों की संगत में तो मैं देहली ही में पड़ गई थी। मेरे एक कज़िन जो लाहौर से शरणार्थी बनकर आए थे, उर्दू के अफ़सानानिगार[2] थे। श्यामनारायण अरोड़ा। आपने उनके अफ़साने ज़रूर पढ़े होंगे। वह बड़े सख़्त रेड थे। उनके घर पर हफ़्तेवार अदबी मीटिंग होती थी और फ़सादों पर अफ़साने पढ़े जाते थे।"

"फिर ?"

"फिर क्या ?"

"न्यूयार्क में क्या हुआ ?"

वह चुप हो गई।

वह उससे जो बात पूछना चाहता था, उसकी हिम्मत नहीं पड़ रही थी।

"आप ··· आप शायद जमील के मुतल्लिक़ पूछना चाहते हैं।" कुछ तवक्कुफ़[3] के बाद उसने फ़रमाँबरदारी से खुद ही कहना शुरू कर दिया गोया अपने उस्ताद के सामने बैठी हो, "जमील से मैं एक सुर्ख़ों के जलसे में मिली थी। उस ज़माने में मैकार्थीज़्म अभी शुरू नहीं हुई थी और ग्रैंच विलेज में काफ़ी लेफ़्ट विंग ग्रुप थे जिनमें ज़्यादातर यहूदी निग्रो और थोड़े-से हिंदुस्तानी शामिल थे। जमील वहाँ उसी साल यू.एन.ओ. में मुलाज़िम होकर इंडिया से आए थे।"

"फिर ?"

"फिर क्या ··· फुर्र ··· !"

"बहुत ख़ूब। मानता हूँ कि तुम भी अहले-ज़बान कहलाने की मुस्तहिक़[4] हो गई हो।"

"एक फ़ैज़ाबाद वाले से ब्याह जो किया था, इतनी उर्दू भी न सीख जाती ··· जमील से मिलने के बाद मैंने उर्दू में दिलचस्पी लेना शुरू की क्योंकि वह लिटरेचर के बहुत शायक़[5] थे और उनसे बातें करने के लिए मेरे लिए लाज़िम था कि मैं खुद को उनका हममज़ाक़[6] बनाऊँ और वही बातें सोचूँ और

---

1. कम्युनिस्टों; 2. कहानीकार; 3. अंतराल; 4. अधिकारी; 5. शौक़ीन; 6. समान रुचि वाला।

करूँ जो उनको पसंद थीं। बाज़ दफ़ा बेसाख़्ता मुझसे अवधी में बातें करने लगते। जब मैं उनकी देहाती ज़बान का बहुत मज़ाक़ उड़ाती तो वह फ़ख़्रिया कहते, 'जनाब, मैं और मेरे घरवाले वह ज़बान बोलते हैं जिसमें तुलसीदासजी ने *रामायण* लिखी थी ··· '

"शादी से पहले मैं हर रोज़ शाम को कैंपस से सीधी जमील के अपार्टमेंट जाती जहाँ एक सरदारजी, जो उनके बहुत गहरे दोस्त थे, बाक़ायदा मुझे उर्दू पढ़ाते। मगर उन सरदारजी को अफ़साना लिखने की झक थी; लिहाज़ा मुझे पहले, घंटे-भर उनके ताज़ा अफ़साने सुनने पड़ते। कमरे में टहल-टहलकर वह कहा करते कि बहुत जल्द कृश्नचंदर और राजिंदरसिंह बेदी को डाउन करनेवाले हैं। पता नहीं, बेचारे अब कहाँ है !

"उर्दू मुझे बहुत आसानी से आ गई क्योंकि इसका और सिंधी का स्क्रिप्ट एक ही है ना। मुझे याद है जमील ने शादी के दो साल बाद अपनी बहन को लिखा था कि मेरी बीवी उर्दू में ऐसी ताक़[1] हो गई है कि तुम लोगों को ताक़ पर रख दे ··· ।

" ··· आपको मालूम है मैं बहुत कमीनी हूँ ··· "

"अच्छा, वह किस तरह ··· बताओ ··· "

"जमील से जब मैं पहली बार मिली तो उनके और मेरे एक मुश्तरका[2] दोस्त ने बताया कि यह फ़रख़ंदा बाजी के कज़िन हैं। यह मालूम करके मैं उनसे और ज़्यादा ख़ुसूसियत से मिली वरना शायद शुरू में उनको snub कर देती।"

"अच्छा ··· आप शुरू में लोगों को snub भी कर देती हैं ?"

"डू शट्-अप ··· बात तो सुनिए, लेकिन मैंने उन पर यह ज़ाहिर नहीं होने दिया कि मैं फ़रख़ंदा बाजी या बिलक़ीस को इतनी अच्छी तरह जानती हूँ, क्योंकि उन्होंने मुझे शुरू ही में बता दिया था कि उनकी मँगनी कुनबे ही में एक कज़िन से हो चुकी है जो शायद बिलक़ीस की चचाज़ाद बहन और एक रिश्ते से जमील की भांजी होती थी। आप मुसलमानों में इस क़िस्म का घपला बहुत चलता है। ख़ैर ··· तो अगर मैं उनको यह बतला देती कि मैं फ़रख़ंदा

---

1. पक्की; 2. साझे।

बाजी को जानती हूँ तो वह फ़ौरन दिल्ली ख़त लिखते कि सीता मीरचंदानी से शादी कर रहे हैं और इस इत्तला पर फ़रख़ंदा बाजी और बिलक़ीस मुझे कितनी कमीनी और ज़लील समझतीं। एहसानफ़रामोशी की भी एक हद होती है। ये दोनों दिल्ली में मेरा कितना ख़याल करती थीं और अब मैं उनकी एक बहन के मंगेतर को फाँस रही थी।"

"अपने लिए ऐसे लचर अलफ़ाज़ मत इस्तेमाल करो।"

"नहीं, बिलकुल ठीक तो कहती हूँ। सब लड़कियाँ किसी न किसी तरीक़े से मर्दों को फाँसती हैं। ख़ाली उनके modus operandi[1] मुख़्तलिफ़ होते हैं और आप अहमक़ों ने इसका नाम मुहब्बत वग़ैरह रख छोड़ा है। हर लड़की का ज़िंदगी में सिर्फ़ एक मक़सद और सिर्फ़ एक तमन्ना होती है कि वह किसी न किसी बेवकूफ़ को फाँसकर उससे शादी कर ले ··· बाक़ी सब बकवास है।"

"माशाअल्लाह, आपके गुनागूँ[2] फ़लसफ़े क़ाबिले-दाद[3] हैं।"

"तसलीम।"

हवा से उड़ते हुए बालों को पेशानी पर से हटाने के बाद उसने आँखें बंद कर लीं। "जमील से जिस रोज़ मैं पहली बार मिली थी उस रोज़ रात को अपने हास्टल आकर मैंने अपनी रूम-मेट ग्रेस से कहा था : आज मुझे पहली बार एहसास हुआ कि अब तक मैं इनसाइक्लोपेडिया ब्रिटैनिका थी। अब एक औरत हूँ ··· ।

"शादी से पहले मैं जमील से ज़रा-ज़रा-सी बात पर ख़फ़ा हो जाया करती थी और बहुत जल्द मान भी जाती थी। तो एक दफ़ा उन्होंने कहा–तुम कभी शेरनी की तरह बिफर जाती हो, कभी बिल्ली के बच्चे की तरह ख़ुरख़ुर करती हो। मैंने फ़ौरन कहा था, लाहौल-विला ··· सबसे पहले मैं उनसे यही फ़िक़रा सीखी थी ··· 'इसमें लाहौल की क्या बात है ?' उन्होंने कहा था।

"ई ई ई क ··· मैंने मुँह बनाया था जिस पर वह कहने लगे कि तुम उस माद्दे[4] से बनी हो जिससे ओल्ड मेड्ज़ तख़लीक़[5] की जाती हैं ···

"शादी के बाद जब मैं ख़फ़ा होकर कमरा अंदर से बंद कर लेती तो वह हँसकर कहते ··· 'लो भई, हमारी सीता तो अटवाटी-खटवाटी ले कोपभवन में

---

1. कार्यप्रणाली; 2. रंगारंग; 3. प्रशंसा के पात्र; 4. पदार्थ; 5. रचित।

जा लेटीं' ··· जमील अलफ़ाज़ के बादशाह थे।"

कई संगे-मील[1] बराबर से गुज़र गए।

"फिर, ··· " इरफ़ान ने बहुत देर बाद पूछा। "शादी कैसे हुई ?"

"एक रोज़ हम कहीं से वापस आ रहे थे। रास्ते में सब-वे के एक स्टेशन पर उतरते हुए जमील ने कहा।"

"सब-वे में ··· ?"

"जी हाँ, शाम के पाँच बजे के भीड़-भड़क्के में।"

"जो कि बड़ी ग़ैर-रोमैंटिक बात थी।"

"बिलकुल। मगर जमील को humbug से चिढ़ थी। मैं चूँकि प्लेटफॉर्म पर हुजूम के धक्के से आगे बढ़ चुकी थी, इसलिए उन्हें काफ़ी ज़ोर से चिल्लाना पड़ा और जब मैं दूसरी ट्रेन पर चढ़ रही थी तो उन्होंने पीछे-पीछे दौड़ते हुए कहा था ··· सीता ··· सीता ··· मुझसे शादी करोगी ? ··· जवाब दो ··· जल्दी ··· वक़्त बहुत कम है। उन्होंने इस तरह घड़ी देखी थी जैसे एक-दो मिनट की देर से बड़ा फ़र्क़ पड़ जाएगा। और मैंने उस रश में दरवाज़े में चढ़ते हुए पलटकर ज़ोर से जवाब दिया था–हाँ !"

"फिर ··· ?"

"फिर मैंने मामा को नहीं बताया। अगले हफ़्ते एक हिंदुस्तानी दोस्त के घर पर हमारी शादी हुई। ख़ूब तसवीरें खिंचीं जो शाम के अख़बारों में छपीं–'ब्यूटीफुल इंडियन ब्राइड ··· ' वग़ैरह। दोस्तों ने ख़ूब ख़ुशियाँ मनाईं। मामा को मैंने दहशत के मारे नहीं बताया हालाँकि मैं उस वक़्त चौबीस साल की हो चुकी थी। मामा को अख़बार के ज़रिये ही मालूम हुआ और उनको सदमे के मारे दिल का दौरा पड़ गया। मरते-मरते बचे। उन्हें मुझसे बेहद मुहब्बत थी। उन्होंने मुझे बेटी बनाया था। जमील उनसे मिलने के लिए उनके दफ़्तर गए तो वह उनसे मिले भी नहीं। मामी हालाँकि पुरानी क़िस्म की हैं मगर मामा से ज़्यादा समझदार हैं। मेरा ख़याल है, औरतों में कॉमन सेंस ज़्यादा होता है। फिर बीस बरस अमरीका में रहकर वह ज़रा रौशनख़याल हो गई हैं। मामा बहुत पूजापाठ करते हैं। मामी जमील से एक ड्रग स्टोर में आकर मिलीं और उन्हें बहुत पसंद किया। जमील में यही तो एक बात

---

1. मील के पत्थर।

थी। औरतों का दिल पल के पल में मोह लेते थे। फिर मामी ने मेरी मम्मी को ख़त लिखा—सीता ने ब्याह कर लिया है। लड़का अपनी ज़ात-बिरादरी का नहीं। नाम जीमल है। बाद में मामी मुझसे हँसकर कहती थीं, जमील और जीमल में क्या फ़र्क़ है, महज़ नुक़्तों ही का तो फ़र्क़ है !

"चंद रोज़ बाद उन्होंने मम्मी को भी राज़ में शरीक कर लिया और वह भी इस नुक़्तों के फ़र्क़ वाली थ्योरी को मान गईं। डैडी से उन्होंने यही कहा कि लड़का है तो हिंदू मगर बहुत आज़ादख़याल है। किसी मज़हब को नहीं मानता और आजकल कौन हिंदू लड़का मज़हब को मानता है ··· डैडी की समझ में यह बात आ गई क्योंकि वह जानते थे कि हमारे घर में भी दिल्ली आने के बाद श्याम भाई की वजह से तरक़्क़ीपसंदी की चर्चा रहने लगी थी ··· "

"यहाँ तुमने साबित कर दिया कि पूरी तरह उर्दू वाली नहीं बनीं। चर्चा उर्दू में मुज़क्कर[1] है।"

"ओह ··· सॉरी ··· चर्चा रहने लगा था," उसने एक-एक लफ़्ज़ अलग-अलग अदा किया।

"चंद महीने बाद मैंने और जमील ने इकट्ठे डैडी को ख़त लिखा और सारी बात बता दी ··· डैडी ने मुझे लिखा—मैं तुमसे ख़फ़ा ज़रूर हूँ, लेकिन अगर तुम खुश हो तो ठीक है। जमील को उन्होंने लिखा ··· वही जो सब बेटियों के बाप अपने दामादों से कहते हैं, ' ··· मेरी नाज़ों की पाली लड़की है। उसका दिल कभी मत दुखाना' ।"

फिर वह ख़ुद ही हँसी, "बेचारे डैडी ··· डैडी बेहद लिटरेरी आदमी हैं। उन्होंने जमील को उस ख़त में *रामायण* quote की थी—'जिस तरह हिमालय ने गिरिजा महेश को, समंदर ने लक्ष्मी हरि को सौंपी थी उसी तरह जनक ने सीता राम को सौंपी ··· और इसी तरह बेटे हम अपनी सीता तुम्हें सौंपते हैं ···' जमील ख़ुद तुलसीदास के हमवतन ठहरे ··· यह पढ़कर फड़क उठे। आमिल लोग तो काफ़ी आज़ाद-ख़याल होते हैं। मगर मम्मी ने अपने मायकेवालों से, जो कट्टर आर्यसमाजी हैं, यह ख़बर आज तक छिपाए रखी है कि मैंने एक मुसलमान से शादी कर ली है। वह अब तक यही समझते हैं कि लड़का यू.पी. का हिंदू है। जयमल नामी।

---

1. पुल्लिग।

"जब राहुल पैदा हुआ था तो मम्मी, डैडी, मामा, मामी सभी बहुत खुश हुए और इस बात से ज़्यादा खुश थे कि जमील इतने आज़ादख़याल हैं कि उन्होंने अपने बेटे का हिंदू नाम रखने में कोई हर्ज न समझा।

"दो साल बाद जमील को तीन महीने की फ़रलो[1] मिली तो हम लोग दिल्ली आए। फ़रख़ंदा बाजी, बिलक़ीस वग़ैरह मुझसे इतनी मुहब्बत से मिलीं कि मैं शर्मिंदा हो गई। मम्मी ने अपने मायकेवाले अरोड़ों को पहले ही समझा दिया था कि लड़का लखनऊ का बाशिंदा है इसीलिए इतनी अच्छी उर्दू बोलता है और बात-बात पर लाहौल कहता है और खुदा की क़सम खाता है। हम शरणार्थी लोग यू.पी. वालों से पहले ही नाखुश थे इसलिए ख़ानदान वाले उसुलन इस बात पर ख़फ़ा रहे कि लड़की ग़ैर-सिंधियों में क्यों गई। दिल्ली हम चंद रोज़ ही ठहरे। फिर चाँदपुर और तुलसीपुर चले गए। मैंने फ़ैज़ाबाद और लखनऊ देखा। कश्मीर की सैर की। उसके बाद वापस अमरीका।

"उसी साल एक लड़का कलकत्ते से एक्टिंग सीखने के लिए न्यूयार्क आया, उसका बहुत लंबा-चौड़ा नाम था—अबुल-फ़साहत क़मरुल-इस्लाम चौधरी ··· "

"क़मरुल-इस्लाम चौधरी ··· ? अंग्रेज़ी शायर ··· जो आजकल हिंदुस्तान का टी.एस. एलियट कहला रहा है ?"

"जी हाँ ··· वही ··· उस वक़्त वह बिलकुल मशहूर नहीं हुआ था और अदाकारी के मैदान में क़िस्मत-आज़माई कर रहा था। कई तरक़्क़ीपसंद बंगाली फ़िल्मों में काम कर चुका था और अंग्रेज़ी मे नज़्में बहुत अच्छी लिख रहा था। वह भी हमारे ग्रुप में शामिल हो गया। जब से लंदन में उसकी किताब छपी है, मैंने सुना है, वह Angry Young Man बन गया है।"

"उसके बाद ?"

"उसके बाद ··· आप तो लगता है जैसे कहानी लिखने बैठे हैं।"

"फ़िज़ूल की बातें मत करो ··· आगे सुनाओ।"

"उस ज़माने में ··· ख़ैर छोड़िए ··· अब उसके ज़िक्र का क्या फ़ायदा ··· "

"नहीं ··· नहीं ··· ज़रूर बताओ ··· मुझसे कोई बात छिपाओ नहीं।"

---

1. सरकारी कर्मचारियों को आधी तनख़्वाह पर मिलनेवाली लंबी छुट्टी।

"आप मेरा साइकोलाजिकल इलाज कर रहे हैं ? कहीं इस ख़याल में न रहिएगा।"

"लाहौल-विला-कूवत ..."

"अच्छा ख़ैर ... फिर वही हुआ ... न जाने क्या हुआ ... मैं यूनिवर्सिटी में अपने काम में मसरूफ़ थी। घर वापस आकर राहुल की देखभाल करती। खाना बनाती। दोस्तों का हलक़ा[1] भी वही था। सारी बातें पुरानी जैसी थीं। मगर जाने क्यों, जमील आहिस्ता-आहिस्ता रिएक्शनरी बनते गए। ख़ैर, मैं इसको बरदाश्त कर लेती मगर उन्होंने शराब हद से ज़्यादा पीना शुरू कर दी। जब वह रात गए शराबख़ानों से लौटते और खाना बनाके उनके इंतज़ार में राह देखा करती, उस वक़्त क़मर मेरे पास बैठा रहता।"

"और तुमसे हमदर्दी करता। यह हमदर्दी का रैकेट भी खूब होता है।"

"आप खुद इस वक़्त उस रैकेट में शामिल नहीं हैं ?"

इरफ़ान ने गुस्से से उसे देखा, "अल्लाह की क़सम, तुम बिलकुल नाक़ाबिले-बरदाश्त हो ... क़िस्सा सुनाओ ... "

"जाइए, नहीं सुनाते ... अच्छा, ख़ैर ... ," उसने संजीदगी से बात जारी रखी। "नहीं, हमदर्दी की बात नहीं ... इरफ़ान, बस जाने क्या हुआ, इनसान वाक़ियात और वक़्त के धारे में बहता चला जाता है और उसे कुछ पता नहीं चलता कि क्या होनेवाला है। अस्ल में मेरी और क़मर की दोस्ती इस तरह शुरू हुई कि एक रोज़ कैंपस पर क़मर ने मुझसे कहा कि मैं शाम को उसके अपार्टमेंट पर आऊँ। उसकी एक दोस्त जो कालिज में इलोक्यूशन सिखाती है, उससे मिलने आ रही है। मैं उससे मुलाक़ात करके बहुत खुश हूँगी ... मेरे और जमील के ओक़ात[2] बिलकुल मुख़्तलिफ़ थे। वह खाना यू.एन. ही में खाते और अकसर शाम को घर आए बग़ैर वहीं से दोस्तों के साथ शराबख़ाने चले जाते ... जमील दूसरी औरतों से फ़्लर्ट नहीं करते थे। इस बात का मुझे आज तक विश्वास है। वह मुझसे हमेशा वफ़ादार रहे। मग़र उसके बावजूद न जाने क्या हुआ ... हालाँकि आम तौर पर घर दूसरी औरतों की वजह से बर्बाद होता है।"

---

1. मंडली, घेरा; 2. (काम आदि के) समय।

"या दूसरे मर्दों की वजह से।"

"जी हाँ। बहरहाल हम दोनों को एक-दूसरे पर इतना मुकम्मल एतमाद था कि उसमें किसी क़िस्म के शको-शुबहे की गुंजाइश का सवाल ही पैदा नहीं होता था ... " उसका गला रुँध गया।

"सिगरेट लो ... "

"शुक्रिया ..." उसने सिगरेट जला लिया, "मैं सिगरेट महज इसलिए नहीं पीती कि यह औरत की समाजी और इक़्तसादी[1] आज़ादी और मर्दों से हमसरी[2] का सिंबल है। बस अमरीका में कालिज में दाख़िल होते ही इसकी आदत पड़ गई थी। आपको बुरा तो नहीं लगता ?"

"नहीं ... नहीं ... ," कार की रफ़्तार एकदम तेज़ हो गई। उसके सिगरेट पीने या न पीने पर मैं एतराज़ करनेवाला कौन ? उसने मुझसे यह सवाल क्यों किया ?

"हम क्या कह रहे थे ?"

"हैं ... ?"

"ओह, माफ़ कीजिएगा। इतने बरस जमील के साथ रहकर मुझे मुस्तक़िल 'मैं' के बजाय 'हम' कहने की आदत पड़ गई थी। आप अवधवाले 'हम' बोलते हैं ना ... मैं बहुत एहतियात से 'हम' कहती थी और 'हमारे के यहाँ' और 'बहुत' के बजाय 'बुहत' ... जमील के लहज़े में उर्दू बोलने की नक़ल करती। नमस्ते कहना छोड़कर बाक़ायदा आदाब अर्ज़ कहती थी। जिस लगन से मैंने अपने-आपको जमील के कल्चर में ढालने की कोशिश की, बहुत कम किसी लड़की ने अपने पति के लिए इतना कुछ किया होगा ... मैंने महज़ इसीलिए शराब भी ज़्यादा पीनी शुरू कर दी ताकि शाम को उनके साथ-साथ रह सकूँ। मगर जब मैं उनके साथ बार में जाती तो वह ख़फ़ा हो जाते कि क्यों हर वक़्त साये की तरह मेरे साथ लगी रहती हो।

"तुलसीपुर जब हम गए, मुहर्रम का ज़माना आ गया। जमील के घर पर बड़े ज़ोर का मुहर्रम होता था। मैं भी काली सारी पहनकर ख़ूब अपनी सास-ननदों के साथ मजलिसों में शामिल हुई हालाँकि मैं हर मज़हब को

---

1. आर्थिक; 2. बराबरी।

ला-यानी[1] समझती हूँ। जब मुझे इस्लाम ही से कोई दिलचस्पी नहीं तो शिया-सुन्नी क़िस्से से क्या मतलब होता! मगर जमील शिया घराने के फ़र्द[2] थे, लिहाज़ा मुझे सारी दुनिया के शिया बहुत अच्छे लगने लगे।"

"किसी अक़्लमंद आदमी ने बहुत ठीक कहा है–औरतें बेहद बोगस होती हैं।"

"बात तो ठीक है ··· " वह फिर सोच में डूब गई।

"अब क्या सोच रही हो ?"

"कुछ नहीं। मुझे वह तुलसीपुर का मुहर्रम याद आ गया। कैसा ख़्वाब का ऐसा वक़्त गुज़रा था! और वहाँ मैंने एक बात और अजीब देखी कि वहाँ मजलिसों में अकसर पंजाबी और सिंधी शरणार्थी औरतें भी शरीक होती थीं। फ़र्ख़ंदा बाजी ने बताया कि तक़रीबन सारी यू.पी. स्टेट में यही हो रहा है आजकल ··· देखिए कल्चर पैटर्न किस तरह बदलते हैं ! तुलसीपुर में उन सैयदों के घर ख़ाली पड़े हैं जो पाकिस्तान चले गए मगर कोई शरणार्थी उनमें नहीं रहता कि सैयदों के घरों की बेअदबी होगी ··· इस तरफ़ सिंध और पंजाब में सैयदों की बेहद इज़्ज़त की जाती है ना !"

"या अल्लाह !"

"जी ··· ?"

"मालूमात का समंदर है कि ठाठें मार रहा है ··· !!"

"आप बात तो करने नहीं देते।"

"मैं तो सिर्फ़ यह सोच रहा हूँ कि जमील ग़रीब भी दिल में क्या कहता होगा कि लड़की क्या, पूरी लाइब्रेरी की लाइब्रेरी से शादी की है।"

"वेरी फ़न्नी ··· हा हा हा।"

"क़िस्सा जारी रहे।"

"तो शाम को मैं क़मर के हाँ पहुँची। उसके कमरे में सब बोहीमियन जमा थे। इरफ़ान, उस लड़की जेनीफ़र क्रीन को देखकर मेरी तो सिट्टी गुम हो गई। और जब क़मर ने सबसे अपनी मंगेतर कहकर उसका तआरुफ़[3] करवाया तो हम लोग भौंचक्के रह गए। मगर हम सब इंटेलेक्चुअल थे। और

---

1. निरर्थक; 2. व्यक्ति; 3. परिचय।

इंटेलेक्चुअल लोग दुनिया से अनोखी, निराली बातें करना फ़र्ज़ समझते हैं। जेनीफ़र क्रीन इंतहा से ज़्यादा मोटी और बेहंगम[1] थी और क़मर काफ़ी हैंडसम लड़का है।"

"हाँ, मैंने इंडियन हाई कमीशन में उसकी एक फ़िल्म देखी है।"

"है ना हैंडसम ... ? और जेनीफ़र क्रीन ख़ौफ़नाक हद तक मोटी थी। उसकी शक्ल बहुत प्यारी थी, इसलिए और ज़्यादा बेतुकी मालूम होती। ऐसा लगता जैसे किसी ग्लेशियर के पीछे से सर निकाले जलपरी झाँक रही हो ... यह क़मर को बोस्टन की किसी थिएटर वर्कशॉप में मिली थी। फिर उसके पीछे-पीछे न्यूयार्क आ गई। एक्टिंग की बड़ी क़ाबिल उस्ताद समझी जाती थी। उसकी नज़्में *न्यू वर्ल्ड राइटिंग* और *बडसन रिव्यू* में छपती थीं। उस चीज़ का हम सब पर बड़ा रोब था। वह और जेनीफ़र ऐसा अजीबुल-ख़िलक़त[2] जोड़ा मालूम हुआ कि हम सब बे-इख़्तियार हँस पड़े और बहुत ख़ुशियाँ मनाई गईं। शराब के दौर चले। जेनीफ़र चूँकि ख़ुद बोहीमियन थी, इसलिए अपने मोटापे का ख़ुद मज़ाक़ उड़ाती थी। सबको सामने बिठाकर अपनी नफ़सियाती[3] उलझनों का तजज़िया[4] करती थी और क़मर से मुसिर[5] थी कि वह उसके सामने किसी और लड़की पर आशिक़ हो जाए ताकि वह हसद[6] और ट्रेजेडी के जज़्बात का तजज़िया करके बेहतर नज़्में लिख सके।

"क़मर ने उससे शादी तो नहीं की मगर वह क़मर ही के एपार्टमेंट में मुंतक़िल[7] हो गई। हम लोगों ने इस बात का बिलकुल नोटिस नहीं लिया क्योंकि आपको मालूम है कि ये old morality के ... "

"हाँ, हाँ। मालूम है। क़िस्सा मुख़्तसर करो ... "

"साल-भर बाद क़मर कलकत्ते वापस चला गया। चंद रोज़ बाद वह भी इंडिया गई और वहाँ पहुँचकर उसने सचमुच क़मर से शादी कर ली ... मगर उसके बाद ... आप बोर तो नहीं हो रहे ?"

"मैं बेवक़ूफ़ी के सवालों के जवाब नहीं दिया करता। कहानी सुनाए जाओ।"

---

1. बेढब; 2. दुनियाभर में अजीब; 3. मनोवैज्ञानिक; 4. विश्लेषण; 5. अड़ी हुई; 6. ईर्ष्या; 7. स्थानांतरित।

"मगर यह तो बड़ी लंबी कहानी है।"

नादिर ने बराबर आकर ज़ोर से हार्न बजाया। वो मुल्तान पहुँच चुके थे।

मुल्तान शहर में दाख़िल होते हुए नादिर ने ज़ोर से नारा लगाया :

और दीवाने-'शरर' मुल्तानी
मूँछ सफ़ेद और मुँह पे जवानी
और दीवान ..."

"किस क़दर बेतुके हैं आप वल्लाह, ... " इरफ़ान ने खिड़की में से सर निकालकर दाद दी। "आगे इरशाद हो।"

"आगे याद नहीं," नादिर ने हँसते हुए जवाब दिया।

वो सर्किट हाउस पहुँच गए। कार से उतरते हुए नादिर ने बात जारी रखी, "कमाल है, इस वक़्त मैं सोच रहा हूँ कि बचपन की बाज़ बातें ज़ेहन पर किस बुरी तरह नक़्श हो जाती हैं। इरफ़ान भाई, आप कुछ रौशनी डालिए। आप तो बड़े भारी माहिरे-नफ़सियात[1] हैं।"

"वाक़ई ?" सीता ने खुशदिली से मुँह बनाकर कहा। "जभी यह रास्ते-भर मुझसे मेरे बचपन की बातें पूछ रहे थे।"

"मैंने बचपन में *नैरंगे-ख़याल* में एक नज़्म पढ़ी थी जो देविकारानी के अंग्रेज़ी फ़िल्म 'कर्मा' के मुतल्लिक़ किसी ने लिखी थी। बेहद पुरलुत्फ़। अकबर के देहली दरबार की क़िस्म की। उसका बस एक ही शेर याद रह गया ... कुछ और भी था ... बिलक़ीस याद है ... ?" नादिर ने पूछा।

"जमील भैया को सारी नज़्म अज़बर[2] थी। उनके तो हज़ारों शेर नोके-ज़बान पर रहते हैं ...।" फिर वह सीता की तरफ़ देखकर अचानक चुप हो गई।

नादिर हड़बड़ाकर मौक़े को सँभालना चाहा, "और दीवाने-'शरर' मुल्तानी ... और दीवाने-'शरर' मुल्तानी," उसने बेवक़ूफ़ों की तरह अलापना शुरू किया। वो सब बरामदे में दाख़िल हुए।

---

1. मनोवैज्ञानिक; 2. कंठस्थ।

"कुछ और चंडूख़ाने के शेर सुनाऊँ भाईजान ?" नादिर ने घबराते हुए सरगर्मी से पूछा।

"ज़रूर सुनाओ," सीता ने मादराना[1] शफ़क़त[2] से उसे देखा। बेचारा ¨ मेरा देवर!

"बिलक़ीस, नेशनल एंथेम शुरू करो," नादिर ने पुकारा।

"कहा मजनूँ से यह लैला की माँ ने ¨ ?" बिलक़ीस ने बालों से गर्द झाड़ते हुए उसी तनदही से दरियाफ़्त किया। फिर उसने मुस्तैदी से गाना शुरू किया, "कहा मजनूँ से यह लैला की माँ ने।"

"क्या कहा ?" नादिर ने क़व्वालों के अंदाज़ में पूछा।

"कि बेटा गर तू कर ले एम.ए. पास ¨ ," बिलक़ीस ने तान लगाई।

आरामकुर्सी पर बैठते हुए इरफ़ान ने सीता से कहा, "अब मुल्तान की हिस्ट्री शुरू हो जाए।"

"शट अप !"

"अजी कहा मजनूँ ने यह अच्छी सुनाई।" बिलक़ीस जोशो-ख़रोश से गाए जा रही थी।

"यही ठहरी जो शर्ते-वस्ले-लैला[3] ¨ तो इस्तफ़ा ¨ अजी तो इस्तफ़ा।"

अटैचीकेस मेज़ पर पटख़ते हुए नादिर ने गर्दन हिला-हिलाकर 'नेशनल एंथेम' के टीप का बंद उठाया :

अल्लाह अगर तौफ़ीक़[4] न दे इनसान के बस का ¨
अहे वा ¨ फ़ैज़ाने-मुहब्बत[5] आम सही, इरफ़ाने-मुहब्बत[6] ¨
इरफ़ाने मुहब्बत ¨
इरफ़ान ¨ इरफ़ान ¨ इरफ़ान ¨

दूसरे रोज़ धूप बहुत तेज़ थी और गर्द के झक्कड़ चल रहे थे और शम्स तबरेज़ के मक़बरे के बरामदों में ख़ौफ़नाक सुर्ख़ आँखोंवाले क़लंदर और

---

1. मातृवत; 2. स्नेह, वात्सल्य; 3. लैला से मिलन की शर्त; 4. सामर्थ्य; 5. प्रेम की दया; 6. प्रेम का अंतर्ज्ञान।

ग़लीज़[1] बुर्क़ों में मलबूस औरतों और चरस के दम लगाते हुए लोफ़रों और तवायफ़ों का हुजूम था। हर शख़्स ख़ौफ़नाक था। लरज़ा-ख़ेज़[2] शक्लोंवाले, कान में बड़े-बड़े बाले पहने हुए फ़कीर और 'शाहदौला के चूहे' और भाँत-भाँत की नौजवान भिखारनें।

"यही आपकी सूफ़ीज़्म की कल्चर है," इरफ़ान ने तंज़िया[3] आवाज़ में सीता से कहा।

मुल्तान से रवाना होकर जब वो दोबारा सीधी सड़क पर आए तो इरफ़ान ने कहा :

"शह्रज़ाद ! अपनी दास्तान शुरू करो।"

"और कहाँ तक सुनाऊँ, अंजाम तो आपको मालूम है।"

"नहीं, मुझे अंजाम मालूम नहीं। मालूम करना चाहता हूँ।"

"ताकि आप अपना हुक्म लगा सकें।"

"ताकि मैं अपना फ़ैसला कर सकूँ।"

"उफ़्फ़ो ··· ! आप ग़ैर इश्तराकी[4] लोग किस क़दर रोमैंटिक होते हैं ! हाँ तो मैं कहाँ तक पहुँची थी ?"

"जेनीफ़र ने कलकत्ते जाकर क़मर से ब्याह कर लिया।"

"हाँ ··· और अभी उनके ब्याह को छः महीने ही गुज़रे होंगे। एक रोज़ मैं बावर्चीख़ाने में राहुल के लिए दलिया तैयार कर रही थी कि दरवाज़े की घंटी बजी। मैंने किवाड़ खोले। सामने क़मर खड़ा था। अरे, मैंने कहा, तुम कैसे आ गए। तुमने कलकत्ता और न्यूयार्क घर-आँगन बना रखा है ··· तब उसने एक सख़्त ड्रामाई बात कही ··· वह बड़ी गंभीर बंगाली रोमैंटिक आवाज़ में बोला, सीता मैं तुम्हारी वजह से वापस आया हूँ !!

"पहले तो मैं समझी, वह अपने किसी ड्रामे का डायलाग बोल रहा है। मैंने उसे मज़ाक़ में टालना चाहा मगर वह बहुत संजीदा था।

"बस ··· इसके बाद ··· " वह आहिस्ता-आहिस्ता कहती रही, "जाने किस

---

1. गंदे; 2. कँपा देनेवाली; 3. व्यंग्यमय; 4. कम्युनिस्ट-विरोधी।

तरह मैं एक और धारे में बहने लगी। जमील मुझसे बाज़ दफ़ा तीन-तीन दिन तक बात न करते थे। सुबह को चुपचाप दफ़्तर जाने के लिए तैयार हुए ··· बच्चे को प्यार किया ··· वह अपने बच्चे पर आशिक़ थे–और आधी रात के बाद घर लौटे ··· पहले-पहले मुझे ख़याल आया कि मैं जमील की बेपरवाई का इंतक़ाम ले रही हूँ, मगर अस्ल बात यह थी ··· कि ··· "

"कि ··· ?"

"कि मैं वाक़ई क़मर की ओर खिंचती ही चली गई–जैसे साँप की ओर उसका शिकार खिंचता चला जाता है।

"एक रोज़ मुझे बताए बग़ैर क़मर जमील के पास उनकी बार में गया और उनसे कहने लगा, 'जमील मुझे तुम्हारी बीबी से इश्क़ हो गया है ···'।

"गुड गॉड ··· नो ··· " इरफ़ान ने कहा।

"जमील भी पहले यही समझे कि क़मर अपने ड्रामे का डायलाग बोल रहा है, मगर जब सारी बात उनकी समझ में आई तो उन्होंने ··· "

"ज़ाहिर है," इरफ़ान ने उसकी बात काटी। "उन्होंने पहले क़मर की ठुकाई की होगी, फिर घर आकर तुम्हारी ठुकाई की होगी अच्छी तरह ··· "

"आपको कैसे मालूम ?" सीता ने हैरत से पूछा।

"मेरा मतलब है, अगर मैं जमील की जगह होता तो यही करता।"

"उन्होंने बिलकुल यही किया। उन्होंने क़मर को भी ख़ूब घूँसे लगाए और घर आकर मुझे बहुत मारा। मैं कभी सोच भी नहीं सकती थी कि जमील ऐसे मधुर और नर्म मिज़ाज के आदमी पर इतना जुनून सवार हो सकता है। उन्होंने मुझे ख़ूब मारा !"

"शाबाश मेरे शेर ··· ," इरफ़ान ने कहा। "और उस वक़्त जमील ने यह भी कहा होगा कि अभी-अभी मेरे घर से निकल जाओ ··· और रात का वक़्त था और बाहर बारिश हो रही थी।"

सीता हक्का-बक्का होकर उसे देखने लगी। "जी हाँ, बिलकुल यही हुआ था," उसने धीरे से जवाब दिया।

"देखो सीता, ··· " इरफ़ान ने रसान[1] से कहा, "तुम जो कहती हो हर बात

---

1. आहिस्तगी से, धीमी आवाज में।

मुख़्तलिफ़, ओरिजिनल, अनोखी और गहरी होनी चाहिए ··· सीता, सारी ज़िंदगी हज़ारों-लाखों बार दुहराई हुई दास्तान है। ऐसा हमेशा हुआ है और हमेशा होता रहेगा। लोग इसी तरह मुहब्बत में गिरफ़्तार होंगे। एक-दूसरे से मायूस होंगे। इसी तरह दिल टूटेंगे। इसी तरह दुख उठाए जाएँगे। तुम या जमील या क़मर अनोखी अजूबा-ए-रोज़गार[1] हस्तियाँ नहीं हो। तुम मुझे सतही और ग़ैर-जज़्बाती समझती हो। मगर मैं जानता हूँ, किस तरह तुम जमील के घर से (जो तुम्हारा घर था) निकली होगी। किस तरह उसने राहुल को तुम्हें देने से इनकार किया होगा। किस तरह तुम मदद माँगने क़मर के पास गई होगी और शायद उसने भी तुम्हें सहारा देने से इनकार किया हो ··· ऐसी बातें तुम लोगों के साथ नहीं होना चाहिए थीं क्योंकि तुम और जमील और क़मर बड़े ग़ैर-मामूली दिलो-दिमाग़ के लोग थे मगर ज़िंदगी की चक्की में सब एक साथ पिसते हैं। इसमें इंटेलेक्चुअल और ग़ैर-इंटेलेक्चुअल की कोई तफ़रीक़[2] नहीं ··· "

वह सर खिड़की में टिकाकर सामने सड़क को देखती रही। अब पंजाब के सरसब्ज़[3] खेत शुरू हो चुके थे। सुर्ख़ और स्याह लहँगे पहने किसान औरतें पगडंडियों पर से गुज़र रही थीं। मिंटगुमरी ज़िले से आगे गुरूबे-आफ़ताब[4] की रौशनी में आसमान बिलकुल सुर्ख़ अंगारा ऐसा हो गया। सड़क पर मुकम्मल सन्नाटा था। जोहड़ों पर पनडुब्बियाँ चक्कर काट रही थीं। एक किसान बड़ा-सा पग्गड़ बाँधे और सफ़ेद तहमद पहने बैलों की जोड़ी हँकाता घर जा रहा था। बहुत देर तक घंटियों की सुरीली आवाज़ शाम के गुलरंग सन्नाटे में तैरा की। सीता ने हाथ बढ़ाकर रेडियो खोल दिया। रेडियो सिलोन से लता का गीत शुरू हो गया जिसमें गिटार बड़ी जानलेवा आवाज़ में बज रहा था।

"बंद करो इसे," इरफ़ान ने झुँझलाकर कहा।

सीता ने फ़ौरन तामील की और स्विच ऑफ़ करने के बाद फिर सर खिड़की में रख दिया।

"रोओ मत," इरफ़ान ने त्यौरी पर बल डालकर कहा।

उसने सिसकी भरी और छँगुलिया से आँख का कोना साफ़ किया।

---

1. दुनिया में अजीबो-गरीब; 2. भेद; 3. हरे-भरे; 4. सूर्यास्त।

"मैं तुम्हारे लिए जो कुछ मुमकिन होगा, करूँगा सीता। मगर बताओ, भला मैं क्या कर सकता हूँ ?"

"इरफ़ान, मुझे मेरा राहुल चाहिए। अगर आपको मुझसे ज़रा-सी भी हमदर्दी है तो जमील से मेरा बच्चा वापस दिलवा दीजिए।"

"राहुल जमील से हिला हुआ है ?"

"वह उसे पागलों की तरह चाहते हैं। अमरीका से आनेवाले दोस्तों ने मुझे बताया है कि दफ़्तर से सीधे घर आकर बस उसी को खिलाते रहते हैं। एक निग्रो बुढ़िया उसकी देखभाल के लिए रख ली है, शाम को घर पर ही तनहा बैठकर ड्रिंक करते रहते हैं। मगर यह उनकी दूसरी शादी से पहले की बात है। अब तो उन्होंने उसे स्कूल के बोर्डिंग में डाल दिया है। किसी तरह मुझे मेरा बेटा वापस दिला दीजिए इरफ़ान ··· "

"तुमने उनके घरवालों से कहा ?"

"मैं उनसे क्या कह सकती हूँ ?"

"क़ानूनी मश्विरा किया ?"

"मैं कुछ नहीं कर सकती ··· मैंने फ़रख़ंदा बाजी से ज़िक्र किया था। वह बेचारी हर तरह से मदद करने को तैयार हैं। उन्होंने जमील को अनगिनत ख़त लिखे मगर यह एक उलझा हुआ मामला है क्योंकि जमील उनके भाई हैं। उन्होंने मुझे तलाक़ दिए बग़ैर दूसरी शादी कर ली ··· अभी थोड़े दिन हुए।"

"अरे, तुमने सिविल मैरेज नहीं की थी ?"

"नहीं। मुसलमान होकर मेरा निकाह पढ़ाया गया था क्योंकि जमील के बाबा ने उनसे कहा था कि अगर उन्होंने अमरीका में किसी ग़ैर-मुस्लिम से सिविल मैरेज की तो वह उनको आक़[1] कर देंगे क्योंकि वह मुज्तहिद[2] हैं। जमील ने मुझको यह बात बताई। मैं उनके इश्क में इस शिद्दत[3] से मुब्तला[4] थी कि मैंने जवाब दिया, कोई हर्ज नहीं। उनकी यह शर्त पूरी कर दीजिए। बूढ़े माँ-बाप का दिल दुखाने की क्या ज़रूरत है और फ़र्क़ क्या पड़ता है मुस्लिम और ग़ैर-मुस्लिम ··· मैं तो इन झगड़ों को मानती ही नहीं सिरे से ··· निकाहनामे पर मेरा इस्लामी नाम शायद सईदा बेगम लिखा गया है। मैंने

---

1. कुल नाम, संपत्ति आदि से वंचित; 2. शिया धर्मगुरु; 3. तीव्रता; 4. ग्रस्त।

बेहद इसरार करके बिलकुल शरई मेह्र लिखवाया जो सिर्फ़ चंद डालर बनता था। चूँकि जमील ने मुझे तलाक़ नहीं दी, इसलिए उस स्पेनिश लड़की को मुसलमान करके ही ब्याह किया होगा।

"वह मुझे तलाक़ न देकर अच्छी सज़ा देना चाहते हैं। कुसूर सरासर मेरा था। मैंने उन्हें धोखा दिया था। मैं कई महीने तक मुतवातिर[1] दोपहर को या रात को, जब भी मौक़ा मिलता, क़मर के घर चली जाया करती थी। उसके दोस्तों को भी मालूम हो चुका था कि मैं उसकी मिस्ट्रेस बन चुकी हूँ।

"लेकिन जिस वक़्त जमील ने मुझे घर से निकाला मैं बहुत देर बाहर बारिश में साइडवाक पर खड़ी रही। अगर उस वक़्त वह एक मर्तबा भी दरवाज़ा खोलकर सिर्फ़ इतना कह देते—सीता, बारिश में मत भीगो ... अंदर आ जाओ ... तो मैं ... तो मैं वापस जाकर उनके क़दमों से लिपट जाती ... उम्र-भर उनको धोखा न देती। मगर दरवाज़ा उसी तरह बंद रहा। अंदर से राहुल के रोने की आवाज़ आ रही थी। वह बेडरूम की रौशनी जलाकर उसे सुलाने की कोशिश में मसरूफ़ हो गए थे। उनका साया मैंने खिड़की पर पड़ते देखा। वह राहुल की पलंगड़ी पर झुके उसे सुला रहे थे। उसे कंबल ओढ़ाने के बाद वह सर दोनों हाथों में थामकर सोफ़े पर बैठ गए। मैं देर तक साँस रोके खिड़की के अंदर देखा की—शायद वह मुझे अंदर बुला लें। मगर वह उसी तरह बुत बने अंदर बैठे रहे और उसके बाद रौशनी बुझा दी।

"आपने ठीक अंदाज़ा लगाया था। मैं वहाँ से टैक्सी लेकर क़मर के घर पहुँची। उस वक़्त उसके यहाँ महफ़िल गर्म थी। उसने मुझे ताज़्जुब से देखा—इतनी बारिश में क्यों आई ? ... कैसी हो ?

"मैंने उसे सारी बात बताई। वह ख़ामोश हो गया। फिर उसने कहा—मैंने ग़लती की थी ... मैं तुमसे कभी नहीं निभा पाऊँगा ... मैं बहुत ग़ैर-ज़िम्मेदार आदमी हूँ। वापस जाओ और जमील से कहो, तुम्हें माफ़ कर देंगे। मैं भी उनसे माफ़ी माँग लूँगा। हम दोनों जज़्बात के सैलाब में बह गए थे, सीता रानी—ज़िंदगी का अस्ल सुकून तुम्हें एक solid आदमी ही के घर में मिल सकता है ... वह जाने क्या-क्या डायलाग बोलता रहा। मैं बाहर आ गई।

---

1. लगातार।

"चंद रोज़ मैंने अपनी दोस्त ग्रेस के अपार्टमेंट में गुज़ारे और फिर मामी से किराये का रुपया लेकर दिल्ली चली आई। अब साल-भर से मैं दिल्ली में हूँ।"

"तुमने बच्चे के लिए जमील को लिखा? खुला[1] की कोशिश नहीं कर सकतीं ... ?"

"इरफ़ान, ये सब इतनी डरावनी बातें हैं, मैं कभी सोच भी नहीं सकती थी कि जिस आदमी को मैंने अपनी ज़िंदगी, अपना दिल, दिमाग़, रूह सभी कुछ सौंप दिया था, एक रोज़ उससे अलहदगी हासिल करने के लिए क़ानूनी झगड़े करने पड़ेंगे। मैं झगड़ा ज़्यादा नहीं बढ़ाना चाहती थी क्योंकि डैडी को सब तफ़सील मालूम होती तो उनका सदमे के मारे हार्ट फ़ेल हो जाता। एक बैरिस्टर दोस्त के ज़रिये अलबत्ता जमील को ख़त लिखवा दिया था तो उन्होंने जवाब दिया कि उस औरत की इख़लाक़ी[2] हालत ऐसी नहीं कि एक मासूम बच्चे की परवरिश कर सके ... और इरफ़ान, उनका यह प्वाइंट शायद ठीक भी था ... कम-अज़-कम दुनिया की नज़रों में ... "

"व्हाट रबिश ... "

लाहौर स्टेशन पर इंडिया जानेवाली ट्रेन पर सवार होने से पहले प्लेटफ़ॉर्म की सलाख़ों के उधर बैठे हुए कांस्टेबिल ने काग़ज़ात की ख़ानापुरी के लिए सवालात शुरू किए तो एक ख़ाने पर आकर उसने पूछा :

"मज़हब ... ?"

सब गड़बड़ा गए। बिलक़ीस फ़ार्म मुकम्मल करवाके ट्रेन के क़रीब खड़ी रिश्तेदारों से बातें करने में मशग़ूल थी। नादिर और इरफ़ान सीता के साथ पुलिस की मेज़ पर मौजूद थे। कांस्टेबिल ने पासपोर्ट खोलकर दोबारा देखा और वीज़ा पर निगाह दौड़ाई ...

नाम : मिसेज़ सीता जमील।

सफ़र का मक़सद : अज़ीज़ों से मिलने पाकिस्तान आई थीं।

---

1. छुटकारा (इस्लाम में स्त्रियों को विवाह से मुक्ति माँगने का अधिकार); 2. नैतिक।

शौहर की क़ौमियत : जम्हूरिय-ए-हिंद[1] का शहरी।[2]

उसने फिर एक मर्तबा सीता पर नज़र डाली। अजीब-सा नाम है। माथे पर बिंदी लगा रखी है। पाकिस्तान से इंडिया जा रही है। ख़ासा पुर-असरार[3] मामला था।

"मज़हब ?" उसने दोबारा सवाल किया।

"यह सोचना पड़ेगा। चलिए, फ़्री थिंकर लिख दीजिए," इरफ़ान ने हँसते हुए कहा।

कांस्टेबिल ने लिख दिया।

"हा हा हा ⋯," नादिर ने क़हक़हा लगाया। "भाभीजान फ़्री थिंकर ⋯ ! सारे शगुन बड़ी ख़ाला से पूछ-पूछकर तुलसीपुर में करती थीं। जब जमील भैया बीमार पड़ गए थे ⋯ हा हा ⋯।"

"हा हा हा ⋯," इरफ़ान भी खोखली हँसी हँसा।

"हा हा हा ⋯" सीता ने भी उसका साथ दिया।

8

ट्रेन लाहौर से देहली पहुँची गई। बिलक़ीस उसी रोज़ पालम जाकर बंबई रवाना हुई।

सीता क़रोलबाग़ वापस पहुँची। दूसरे रोज़ हिमा से मिली। तीसरे रोज़ से दफ़्तर जाने लगी। उसकी मसरूफ़ और ख़ाली ज़िंदगी के मा'मूलात[4] का सिलसिला वहीं से दोबारा शुरू हो गया, जहाँ उसे छोड़कर वह तीन हफ़्ते के लिए पाकिस्तान गई थी।

बिलक़ीस के बंबई से लौटने के बाद 'मुद्राराक्षस' शुरू होनेवाला था और मॉडर्न थिएटर के इराकीन[5] उसकी तैयारियों में बेहद मसरूफ़ थे।

'फ़र्स्ट नाइट' के मौक़े पर सीता थिएटर हाल की सीढ़ियों पर खड़ी चंद दोस्तों से बातें कर रही थी जब उसने महसूस किया कि सुतून[6] के पीछे से एक

---

1. भारतीय गणराज्य; 2. नागरिक; 3. रहस्यमय; 4. रोज़मर्रा के नियम; 5. सदस्यगण; 6. खंभा।

आदमी उसे बड़े ध्यान से देख रहा है। सूरत कुछ मानूस[1] -सी थी मगर उसकी समझ में नहीं आया कि कौन है। वह इतमीनान से बातों में मुनहमिक[2] रही। जब सब लोग अंदर जाने लगे तब भी उस आदमी ने एक-दो बार मुड़कर उसे उचटती निगाहों से देखा। खेल के इख़्तताम[3] पर जब वह बिलक़ीस को मुबारकबाद देने के इरादे से ललिता के ड्रेसिंगरूम में गई उस वक़्त वह आदमी वहाँ पहले से मौजूंद था और चार-पाँच लोग उसे घेरे हुए थे। अपने अंदाज़ से वह कोई बड़ी अहम हस्ती मालूम होता था। ललिता ने सीता का उससे तआरुफ़[4] कराया–"प्रोजेश कुमार चौधरी !"

प्रोजेश कुमार चौधरी–मुल्क का अज़ीम[5] मुसव्विर[6] । आलमगीर शोहरत[7] का एक्सप्रेशनिस्ट आर्टिस्ट ... जिसकी तसवीरें उसने नुमाइशों और रिसालों और किताबों में देखी थीं। जिसके मुतल्लिक़ अमरीका के आर्ट मेगज़ीनों में मज़मून[8] पढ़े थे ... प्रोजेश कुमार चौधरी ... इस समय जीता-जागता उसके सामने मौजूद था !!

"हलो सीतादेवी," वह कह रहा था। "क़मर से तो आपका बहुत ज़िक्र सुना है। बड़ी खुशी हुई कि इस वक़्त आपसे मुलाक़ात हो गई ... आइए, इधर बैठ जाएँ !"

वो मलबूसात[9] के अंबार के पास स्टूलों पर टिक गए। प्रोजेश बेहद इख़लाक़ से गुफ़्तगू करता रहा।

यह सोचकर कि वह हिंदुस्तान के सबसे बड़े मुसव्विर से बातें कर रही है, उसे बड़ी अजीब-सी सनसनी महसूस हुई।

प्रोजेश ख़ासी पुख़्ता उम्र का इनसान था। उसकी शख़्सियत बहुत दिलकश थी और औरतों को मोहने का फ़न[10] भी उसे खूब आता था।

"बचपन से मैं आपका नाम सुनती आ रही हूँ। कोलंबिया में हम लोगों ने आपकी तसवीरों की नुमाइश भी की थी, 'इंडिया इवनिंग' के सिलसिले में एक मर्तबा !" सीता ने कहा।

"अच्छा !" वह बड़ी शफ़क़त[11] और अपनाइयत[12] से मुस्कुराया।

---

1. परिचित; 2. मग्न; 3. समापन; 4. परिचय; 5. महान; 6. चित्रकार; 7. विश्वव्यापी प्रसिद्धि; 8. लेख; 9. कपड़ों; 10. कला; 11. वात्सल्य; 12. अपनापन।

"बचपन से आपका नाम सुनती आ रही हूँ ⋯ " यह क्या रस्मी और अहमक़ाना बात कह दी मैंने। मगर यह वाक़िया था कि उस वक़्त वह यकबारगी बेहद नर्वस हो गई थी। मशहूर शख़्सियतों से मरऊब होना[1] उसकी बहुत बड़ी कमज़ोरी थी और उसे इस कमज़ोरी का एहसास भी था। पल की पल में उन सब मशहूर लोगों का जुलूस उसके ज़ेह्न में मँडलाया जिनकी वह लड़कपन से हीरो-वर्शिप करती आई थी ⋯

"मेरा मतलब यह नहीं कि ⋯ मैं बहुत छोटी हूँ ⋯ " दूसरे लम्हे उसने सँभलकर कहा।

"क्यों नहीं ⋯ तुम तो मेरी बेटी बराबर होगी।"

"ख़ैर यह तो ग़लत है ⋯ बेटी ?" उसने ज़रा रुककर पूछा।

"हाँ, अगर मेरे कोई बेटी होती तो तुमसे कोई चार-पाँच साल ही छोटी रही होती उम्र में।"

सीता को मालूम था कि जब से अपनी हंगेरियन बीवी को उसने तलाक़ दी थी (जो ख़ुद बड़ी मशहूर संगतराश[2] थी) प्रोजेश कुमार चौधरी ने दूसरी शादी नहीं की थी। जिस तरह गोर्की सारी दुनिया को अपनी यूनिवर्सिटी समझता था, प्रोजेश सारी दुनिया की ख़ूबसूरत औरतों को अपनी हरमसरा की मुमकिन कनीज़ें तसव्वुर[3] करने का क़ायल था और ऐसा सोचने में वह हक़-ब-जानिब[4] था क्योंकि बहुत कम औरतें उसकी शख़्सियत[5] के सेह्र[6] से बच सकती थीं। पिछले बीस साल से उसके बेतकल्लुफ़ दोस्तों के हलक़े में उसके मुख़्तलिफ़ 'पीरियड' मशहूर थे। 1928 से लेकर 1941 तक, जब इलाहाबाद की कश्मीरी-नज़ाद[7] आर्टिस्ट प्रेमा बख़्शी पर आशिक था। वह ज़माना उसकी मुसव्विरी[8] का 'कश्मीर पीरियड' कहलाता था। उसके बाद यके-बाद-दीगरे[9] चेकोस्लोवाकियन, गुजराती और राजस्थानी अदवार[10] जारी रहे। 1946 से 1952 तक जब नामवर हिंदी अदीबा[11] कुमारी राजरानी मिश्र ने उससे मुतास्सिर[12] होकर तीन ज़ख़ीम[13] नावेल लिखे, वह प्रोजेश कुमार चौधरी का 'गंगा-जमुनी दौर' समझा गया। 1952 से अब तक उसके अलाहदा-अलाहदा[14]

---

1. रोब में आ जाना; 2. मूर्तिकार; 3. कल्पना; 4. सही; 5. व्यक्तित्व; 6. जादू; 7. कश्मीरी मूल की; 8. चित्रकला; 9. एक के बाद एक; 10. युग; 11. लेखिका; 12. प्रभावित; 13. भारी-भरकम; 14. अलग-अलग।

मरहटी, फ्रांसीसी, रूसी और पंजाबी पीरियड शुरू होकर ख़त्म हो चुके थे। इसी दौरान में उसकी हंगेरियन बीवी आई भी और चली भी गई। इधर कुछ अरसे से उसकी जज़्बाती ज़िंदगी का कोई पीरियड मंज़रे-आम[1] पर नहीं आया था।

वह ललिता के ड्रेसिंगरूम में बैठा बहुत देर तक सीता से इधर-उधर की बातें करता रहा। सीधी-सादी ग़ैर-गुंजलक,[2] ग़ैर-माबादुत्तबइआती[3] बातें।

उसकी तबीयत में कितना इंकसार[4] था, कितनी मुलायमियत–सीता ने हैरत से सोचा, और जब प्रोजेश ने कहा कि हफ़्ते[5] की रात को मेरे साथ खाना खाओ तो उसने फ़ौरन मंजूर कर लिया। "क़मर और माधुरी भी आ रहे हैं," प्रोजेश ने इज़ाफ़ा किया।

"ओह ... हाउ वंडरफुल ... मैं क़मर से बहुत ज़माने से नहीं मिली ... ," सीता ने गर्मजोशी से जवाब दिया।

हफ़्ते की शाम को जब वह प्रोजेश कुमार चौधरी के हमराह[6] रेस्तराँ में दाख़िल हो रही थी तो उन दोनों को इकट्ठे देखकर बरामदे में खड़ी हुई किसी लड़की ने चुपके से अपने साथी से कहा :

"शूगर डैडी !!"

सीता का चेहरा सुर्ख़ हो गया। शुक्र है, प्रोजेश ने यह लचर रिमार्क नहीं सुना, उसने सोचा।

वह दोनों अंदर जाकर एक कोने में बैठ गए। हाल कुमकुमों[7] से जगमगा रहा था। आर्केस्ट्रा कोई ताज़ातरीन अमरीकन धुन बजाने में मसरूफ़ था। लोग आकर मेज़ों पर बैठ रहे थे या बाहर जा रहे थे। प्रोजेश अपने किसी शनासा[8] से बात करने के लिए उठकर दूसरी मेज़ पर चला गया। सीता अपनी जगह पर बैठी रेस्तराँ के मजमे को देखती रही। कैसे-कैसे लोग, नई हिंदुस्तानी स्टेज के अदाकार, उर्दू के शायर और अदीब ... नए दौलतबंद सिंधी और पंजाबी जो दस साल क़ब्ल[9] इसी शहर में पाकिस्तान से शरणार्थी बनकर आए थे। बाहर कनाट सर्कस के रास्तों पर मोटरों का ज्वार-भाटा उमड़ रहा

---

1. दृश्यपटल; 2. अस्पष्टता से रहित; 3. पराप्राकृतिक बातों से रहित; 4. विनम्रता; 5. शनिवार; 6. साथ; 7. बल्बों 8. परिचित; 9. पहले।

था। मरकज़ी हुकूमत[1] के आला ओहदेदार,[2] फ़िल्म सेमिनार के लिए आए हुए बंबई और कलकत्ते के मशहूर एक्टर और एक्ट्रेसें और डाइरेक्टर ... कांग्रेस और सोशलिस्ट और कम्युनिस्ट पार्टियों के नेता ... इसी नई सोसाइटी के मुतल्लिक़ रिसर्च करके उसने पी.एच.डी. डिग्री ली थी ... चंद मिनट बाद प्रोजेश मेज़ पर वापस आया और नर्म-नर्म आवाज़ में उससे बातें करता रहा। इन कमबख़्त बंगालियों की आवाज़ में कितना जादू होता है।

थोड़ी देर में क़मर और माधुरी आ गए ... माधुरी की माँग में सिंदूर था।

"मिसेज़ चौधरी ... ," प्रोजेश ने सीता से तआरुफ़ कराया।

"मुबारक हो क़मर," सीता ने मुस्कुराकर कहा।

"थैंक्स ... सीता ... हम लोगों ने इतनी जल्दी में शादी की है कि सब दोस्तों को ख़बर भी नहीं कर सके ... और तुम तो पाकिस्तान चली गई थीं !"

क़मर ने बड़ी मुहब्बत और खुलूस से सीता से बातें शुरू कीं, जिस तरह दो पुराने दोस्त एक-दूसरे से मिलते हैं।

उसी वक़्त प्रोजेश ने एक रूसी दोस्त को अपनी मेज़ पर बुला लिया जो उर्दू में रिसर्च करने के लिए मास्को से अलीगढ़ आई हुई थी। कुछ देर बाद दो और रूसी पार्टी में शामिल हो गए। यह दोनों भिलाई में इंजीनियर थे। ये लोग 'हिंदीवाले' थे और निहायत सक़ील[3] उर्दू और निहायत शुद्ध हिंदी बोल रहे थे।

जूँ-जूँ रात गहरी होती गई, प्रोजेश के मेहमानों की तादाद में इज़ाफ़ा होता गया। डिनर के इख़्तताम[4] पर जब सीता बाहर निकलने लगी तो क़मर और माधुरी ने उसे बड़ी गर्मजोशी से आइंदा इतवार को अपने घर मदऊ[5] किया।

क़मर और माधुरी की शादी को एक महीना भी नहीं हुआ था। वह दोनों सुंदरनगर के एक फ़्लैट में रह रहे थे। माधुरी सरकारी अफ़सर थी और अपनी कार चलाती थी। इस वजह से क़मर को अपनी माली कामयाबी के बावजूद कार ख़रीदने की ज़रूरत नहीं पड़ी थी। इन दिनों वह दोनों अपना घर इंतहाई आर्टिस्टिक अंदाज़ से सजाने में जुटे हुए थे और ज़्यादातर शाम

---

1. केंद्र सरकार; 2. उच्च अधिकारी; 3. कठिन; 4. समापन; 5. आमंत्रित।

को बाहर जाने के बजाय वो अपने क़रीबी दोस्तों को अपने यहाँ मदऊ कर लेते थे जहाँ सब मिलकर खाना पकाने में माधुरी की मदद करते।

इतवार की शाम हस्बे-वादा[1] वह प्रोजेश के हमराह क़मर के घर पहुँची। क़मर घंटी की आवाज़ सुनकर बहुत खुश-खुश, दौड़ता हुआ नीचे इस्तक़बाल[2] के लिए आया। ऊपर पहुँचकर उसने महेमानों को सिटिंगरूम में छोड़ा और उनकी ख़ातिरें करने में मसरूफ़ हो गया। प्रोजेश ने जो बहुत बड़ी पेंटिंग क़मर को शादी के तोहफ़े में दी थी, उसके नीचे दीवान पर बैठे हुए सीता ने देखा कि कामयाबी ने क़मर को एक हद तक मुख़्तलिफ़[3] शख़्स बना दिया था। उसके अंदाज़ में खुदएतमादी[4] आ गई थी। शायद वह अब इतना लपाड़ी भी नहीं रहा था। मेहमानों से बातें करते-करते वह कभी-कभी नज़रें उठाकर बड़े प्यार से माधुरी को देख लेता था ... माधुरी ने उस पर बहुत अच्छा असर डाला था। यह ज़ाहिर था कि वह उसकी बोहीमियनिज़्म दूर करने में तनदही से मसरूफ़ थी।

क़मरुल-इस्लाम चौधरी इस वक़्त एक कामयाब, नामवर, दौलतमंद इनसान था और मसरूर[5] और मुतमइन[6]—कामयाबी रूह के लिए कितनी उम्दा शै है।

उस वक़्त वह बड़ी बेनियाज़ी[7] और बेपरवाई से अपने बर्तानवी अमरीकन पब्लिशर्ज़ का ज़िक्र कर रहा था और सीता ने देखा कि उसकी गुफ़्तगू में कहीं पर भी गुरूर या इतराहट या खुदसताई[8] की झलक नहीं थी। कामयाबी इनसान को इंकसार भी सिखला देती है। चंद रोज़ बाद वह मास्को जा रहा था। उसकी नई तमसील[9] मशरिक़ी बर्लिन में स्टेज की जानेवाली थी। हाल ही में उसने अपना पहला नॉवेल मुकम्मल किया था। इस नॉवेल को छपवाने की उसे जल्दी नहीं थी क्योंकि नज़्मों के मजमूए[10] की इशाअत[11] से उसे इतनी शोहरत मिल गई थी कि अब उसे मज़ीद[12] शोहरत की चंदाँ[13] परवाह नहीं रही

---

1. वादे के मुताबिक; 2. स्वागत; 3. भिन्न; 4. आत्मविश्वास; 5. प्रसन्न; 6. संतुष्ट; 7. उदासीनता; 8. आत्मप्रशंसा; 9. नाटक; 10. संग्रह; 11. प्रकाशन; 12. और अधिक; 13. ज़रा भी।

थी ··· कामयाबी इनसान को क़ाने[1] बना देती है।

घटी बजी और सतीश गोपाल और जेनीफ़र क्रीन अंदर आए। जेनीफ़र सीता को देखते ही नारा लगाकर उससे लिपट गई–"डार्लिंग ··· तुमको इतनी सदियों बाद देखा है ··· कैसी हो ··· ? मैं अब मिसेज़ गोपाल हूँ और तुम ··· ?"

सतीश गोपाल ने मुस्कुराकर सीता को नमस्ते किया। सीता उससे एक बार बिलक़ीस के हाँ मिल चुकी थी। वह बड़ा खुश-इख़लाक़[2] और मिलनसार क़िस्म का पंजाबी लड़का था। महकम-ए-इत्तलाआत[3] में काम करता था और उर्दू में शे'र कहता था।

"हिंदुस्तान की रूह के अंदर झाँकने की तुम्हारी प्रोजेक्ट अभी मुकम्मल नहीं हुई ··· ?" खाने के लिए जापानी वज़ा[4] की लंबी चौकी के नज़दीक कुशन पर बैठे हुए सीता ने जेनीफ़र से दरियाफ़्त किया।

"बंगाल के बाद पंजाब का जायज़ा लेना बेहद ज़रूरी था," जेनीफ़र ने इतमीनान से फुसक्कड़ा मार फ़र्श पर बैठते हुए जवाब दिया।

"अभी तो हिंदस्तान की बहुत सारी स्टेट्स और बाक़ी हैं जेनीफ़र डीयर," सीता ने कहा।

"खुदा मेरी मदद करे !" जेनीफ़र ने आँखें घुमाकर छत को देखते हुए जवाब दिया।

"सीताजी !" सतीश ने उसे मुख़ातिब किया, "क़मर साहब अब मुसिर[5] हैं कि मैं उनके नॉवेल का उर्दू तर्जुमा करूँ ··· आपने पढ़ लिया इसे ··· ?"

"अभी तो नहीं।"

क़मर फ़ौरन मसौदे का फ़ाइल निकाल लाया।

"नाम तो बड़ा अच्छा है। बादलों का शहर ··· ," प्रोजेश ने उनवान[6] पर नज़र डालकर कहा।

खाने के बाद क़मर मसौदा लेकर सीता के पास आ बैठा। "सीता, मैं किसी रोज़ यह नॉवेल तुम्हें खुद पढ़कर सुनाऊँगा ··· सुनोगी ··· ? तुम्हें न्यूयार्क की वह तूफ़ानी रात याद है जब बरसती बारिश में तुम मेरे पास आई थीं और

---

1. संतोषी; 2. अच्छे व्यवहार वाला; 3. सूचना विभाग; 4. आकार-प्रकार; 5. अड़े हुए; 6. शीर्षक।

मैं कुछ न कह सका था ... याद है ना ... ? मैंने उस तूफ़ानी रात का बाब[1] अपने ख़ूने-जिगर से लिखा है," उसने आहिस्ता से कहा।

सीता ने नफ़रत से उस पर नज़र डाली–तुम ज़िंदगियों से इसीलिए खेलते हो कि बाद में उनके मुतल्लिक़ नॉवेल लिख सको ... तुम इंटेलेक्चुअल लोग दरअस्ल कितने बड़े फ्रॉड हो–उसने दिल में कहा।

जेनीफर अब कहवा बनाने में माधुरी की मदद करने बावर्चीख़ाने में जा चुकी थी और दोनों किसी बात पर ख़ुश-ख़ुश हँस रही थीं। सतीश फुलकारी के टुकड़े पर बैठा बुक-केस की किताबें देखने में मसरूफ़ था ... और क़मर से कोई बात कह रहा था।

एक लम्हे के लिए सीता का सर चकरा गया। यह बोहीमियन इंटेलेक्चुअल लोग शादियों के सिलसिले में एक क़िस्म की म्यूज़िकल चेयर खेल रहे थे और कितने नाक़ाबिले-एतबार[2] थे–क्योंकि ख़ुद उन्हें अपनी ज़िंदगियों पर एतबार न था।

यकलख़्त उसे इरफ़ान याद आया ... और उस याद ने उसे बेहद दिल-गिरफ़्ता[3] किया। इस लम्हे वह न जाने कहाँ होगा ... लाहौर, पेशावर, पिंडी ... वाक़ई उसने ठीक कहा था। वह और इरफ़ान दो मुख़्तलिफ़ कुर्रों पर[4] ज़िंदा थे।

इरफ़ान ने उसकी रवानगी के वक़्त लाहौर के प्लेटफ़ॉर्म पर नीची आवाज़ में कहा था :

"तुम मुझे ग़ैर-जज़्बाती समझती हो मगर अब तुम्हारे जाने के बाद मुस्तक़िल यह शेर पढ़-पढ़कर आँसू बहाया करूँगा ... आँसू बहाना क्या, मानी दहाड़ें मार-मारकर रोऊँगा ... "

"कौन-सा शेर ?"

"अर्ज़ करता हूँ–

वो कब के आए भी और गए भी, नज़र में अब तक समा रहे हैं,
ये चल रहे हैं, वो फिर रहे हैं, ये आ रहे हैं, वो जा रहे हैं।"

---

1. अध्याय; 2. अविश्वसनीय; 3. उदास; 4. भिन्न-भिन्न ग्रहों पर।

9

पाँच-छः महीने गुज़र गए ...

एक रोज़ काफ़ी रात गए बिलक़ीस खाना खाकर हाथ धोने के लिए गुसलख़ाने की तरफ़ जा रही थी जब ज़ोर-ज़ोर से फ़ोन की घंटी बजी। "सीता होगी। वही इस तरह वक़्त-बेवक़्त फ़ोन करती है ... ," बिलक़ीस ने छोटी ख़ाला से कहा और लांज में जाकर रिसीवर उठाया। उसका ख़याल ठीक था। हिमा के गार्डन हाउस से सीता बोल रही थी।

"बिली ... मैं कल सुबह को कोलंबो जा रही हूँ।"

"क्या कहा ? क्वालालंपुर ... ? ख़ुदा के लिए ... क्यों भई ... ?"

"कोलंबो," सीता की आवाज़ में नक़ाहत[1] थी।

"मगर क्यों ?"

"मुझे अभी मालूम हुआ कि जमील वहाँ यू.एन. के किसी काम से आए हुए हैं।"

"तो ... ?"

"मैं जाकर आख़िरी बार उनसे प्रार्थना करूँगी कि राहुल मुझे दे दें।"

"यह जंगली बतख़ का तआक़ुब[2] है सीता डियर ... और वहाँ क्यों जाओ ... शायद वह दिल्ली भी आएँगे ... इतने क़रीब आकर यह कैसे हो सकता है कि वह यहाँ न आएँ ... मगर उन्होंने हमें कोलंबो आने के मुतल्लिक़ कुछ नहीं लिखा।"

"वह वहाँ सिर्फ़ हफ़्ते-भर के लिए आए हैं और सीधे जकार्ता चले जाएँगे और फिर वापस न्यूयार्क ... मैंने यू.एन. इनफ़ार्मेशन आफ़िस से सब मालूम कर लिया है।"

"और कोलंबो में तुम उन्हें पकड़ लोगी ?"

"हाँ, मैं सब इंतज़ाम कर लूँगी।"

"या अल्लाह ... ! तुम रोज़-ब-रोज़ ज़्यादा पुर-असरार[3] होती जा रही हो सीता डियर ... वह किस तरह ? बड़ी रिसोर्सफुल हो भाई।"

---

1. कमज़ोरी; 2. पीछा; 3. रहस्यमय।

"वह तुम्हारे वाले महाशय भी आजकल वहीं पर हैं। किसी कांफ़्रेंस के चक्कर में गए हैं।"

"मेरे वाले महाशय कौन ?"

"वही," वह ज़रा झिझकी। "इरफ़ान।"

"तुमको कैसे मालूम ?"

"मैं ··· मुझे उन्होंने लिखा था।"

"अच्छा ··· आप उनसे ख़तो-किताबत भी करती रही हैं ? तुम वाक़ई ज़बरदस्त डार्क हार्स हो सीता रानी। अगर कहीं ख़ुदा-न-ख़ास्ता[1] मैं उनसे शादी करनेवाली होती तो इसी वक़्त आकर तुमसे डुएल लड़ती !"

"चूँकि मुझे मालूम है कि तुम उनसे शादी नहीं कर रहीं, इसलिए मैंने उनके ख़तों का जवाब देने में कोई हर्ज नहीं समझा।"

"ओह ··· नेवर माइंड ··· मैं मज़ाक़ कर रही थी। तुम किस क़दर बोर भी बनती जा रही हो। मुझे तुम्हारी तरफ़ से फ़िक्र हो गई है ··· चियर अप।"

"तो ··· वह ··· इरफ़ानसाहब बड़े समझदार आदमी हैं। मैं उनसे कहूँगी कि जमील को समझा-बुझाकर राज़ी करने की कोशिश करें ··· तुम्हारे नाते ··· उन्होंने पाकिस्तान में वादा किया था कि हर मुमकिन मदद करेंगे ··· उसके अलावा मैं डेढ़ साल काम करते-करते थक गई हूँ ··· ज़रा सैर भी कर लूँ ···"

"तो सैर करने के लिए यहाँ जगहें कम हैं। कश्मीर या केरल चली जाओ। इतनी दूर जाकर रुपया बरबाद करने की क्या ज़रूरत है ··· ? फिर तुमने वही बेहूदा बात कही ··· मेरा नाता कैसा ?"

"मेरा मतलब यह कि वह तुम लोगों के फ़ैमिली फ्रेंड हैं ··· ।"

"दूसरी बात यह कि जमील भैया दूसरों-तीसरों के समझाने से समझने के बजाय और ज़्यादा चिढ़ जाएँगे। तुम उनका गुस्सा नहीं जानती हो ··· मैं उनकी बहन हूँ ··· मैं जानती हूँ ··· "

"मैं उनकी बीवी हूँ बिलक़ीस।"

"गुड गॉड ··· सीता तुमको अक़्ल की बात बताना बिलकुल बेकार है। सीधे

1. ईश्वर न चाहे।

सुभाव यह क्यों नहीं कहतीं की चूँकि तुम्हारे लिए पाकिस्तान जाकर इरफ़ान से मिलना तक़रीबन नामुमकिन है और हम सबके लिए ackward भी। इसलिए तुम महज़ उनसे मुलाक़ात करने कोलंबो जा रही हो ··· तुम किसको बेवकूफ़ बनाना चाह रही हो सीता डियर ··· ?"

"बिलक़ीस !" सीता ने गुस्से से कहा, "तुम मुझसे ऐसी बातें क्यों कर रही हो ?"

"इसलिए कि तुम दिन-ब-दिन ज़्यादा अहमक़ होती जा रही हो। लोग यहाँ तुम्हारे स्कैंडल बयान करते हैं तो शर्म तो हम लोगों को आती है।"

"गुड नाइट बिलक़ीस !" सीता ने गुस्से से लरज़ते हुए[1] रिसीवर पटख़ दिया।

"किससे लड़ रही थीं ?" हिमा ने बच्चे को लोरी देते हुए अपने कमरे से बड़ी मीठी आवाज़ में पूछा।

"तुम सब लोग मिलकर मुझे खा जाओगे," सीता ने ज़ह्र भरे लहजे में जवाब दिया और बैग उठाकर तीर की तरह गैलरी से बाहर निकल गई।

10

"वाणी और विनायक को मेरा प्रणाम जिन्होंने अलफ़ाज़ और उनके मानी ईजाद किए ··· वाल्मीकि, हनुमान, भवानी और शंकर, राम और सीता को मेरा प्रणाम ··· हरिहर ··· जिसके कारण यह दुनिया हक़ीक़ी[2] नज़र आती है ··· जिस तरह रस्सी को साँप समझ लिया जाता है। हरिहर ··· जिसके चरण ही ऐसी नाव हैं जिनके ज़रिये संसार–पैदाइश और मौत –के समंदर को पार किया जा सकता है ··· विष्णु ! जिसका चेहरा हाथी का ऐसा है, जो कालियुग की बदी को जलाकर राख कर देता है ··· मुझ पर अपना रहम कर ···

"दूध के समंदर में रहनेवाले खुदा जो नील कँवल के मानिंद नीला है–मुझ पर रहम कर ··· गुरु रामानंद के क़दमों की धूल से जो अमृत है, मैं

---

1. काँपते हुए; 2. वास्तविक।

अपनी ख़िरद[1] की आँखों को साफ़ करूँगा ··· संतों के कर्म कपास के फूल ऐसे हैं ··· खुश्क और सफ़ेद और मुलायम ··· मेरा गुरु जो दुनिया में मुजस्सम[2] प्रयाग है ··· जहाँ से गंगा बहती है, जो राम की भक्ति है ··· जो ध्यान है ··· जो सरस्वती की मानिंद है ··· हरि और हर की कहानी त्रिवेणी ऐसी है ··· धर्म बरगद का मज़बूत दरख़्त है–बद-नफ़स[3] इस दुनिया में केतु की तरह तबाहकुन[4] हैं और कुंभकरण की तरह सन्नाते हैं ··· खुदा और बंदा, दौलत और इफ़लास,[5] बादशाह और भिखारी, काशी और मगध,[6] गंगा और कर्मनाशा[7], मारवाड़ और मालवा[8],बरहमन और क़साई–वेदों ने इनका फ़र्क़ बताया है ··· मैं सफ़ेद काग़ज़ पर वही लिखता हूँ जो सच है ··· मलय की जो लकड़ी उसे बड़ा बेशक़ीमत समझा जाता है, उसे महज़ लकड़ी कौन समझता है ? शारदा[9] की बूँदें सीपी में गिरते ही पूर्णमासी की रात को सदफ़[10] बन जाती हैं।

"अवध के मुकद्दस[11] शहर और मुकद्दस सरयू को मेरा प्रणाम। सीता और राम जो इस तरह हैं जैसे लफ़्ज़ और उसके मानी, पानी और उसकी मौज[12]। रघुपति की भक्ति बरसात का मौसम है। राम के भक्त धान के उगते हुए पौधे ··· राम नाम के हुरूफ़[13] सावन-भादों के महीने–पुरखुलूस मुहब्बत वह जंगल है जिसमें राम और सीता घूमते हैं। ज़हीन सवालात कश्तियाँ है। उनके जवाब माहिर मल्लाह ··· राम के अलफ़ाज़ मज़बूत घाट हैं।

"मनु बादशाह जो नस्ले-इनसानी[14] का बाप है उसका पोता हरि-भक्त था। मनु और उनकी बीवी ने राजपाट तजकर तपस्या के लिए जंगलों का रुख़ किया। मियाँ और बीवी जंगल में इस तरह चलते थे गोया ख़िरद[15] और अक़ीदा[16] हमराह हों। ओम् नमो भगवते वासुदेव का जप करते वह जब गोमती किनारे पहुँचे और हज़ारों साल इबादत करते रहे तब खुदावंदे-आलम[17] ने उनसे कहा, माँगो तुम्हारी क्या ख़्वाहिश है ··· मनु ने कहा– खुदावंदा, मैं तुझ ऐसा बेटा चाहता हूँ ··· खुदावंदे-आलम ने कहा–मैं लासानी[18] हूँ– मेरा जैसा

---

1. बुद्धि; 2. साकार; 3. बुरी आत्माएँ; 4. विध्वंसक; 5. निर्धनता; 6. काशी नेकी है, मगध बदी; 7. गंगा की एक शाख़ जिसके मुतल्लिक़ अक़ीदा है कि उसको छूने से सारे कर्म का नाश हो जाता है; 8. मारवाड़ सहरा है, मालवा सरसब्ज़; 9. बारिश; 10. मोती; 11. पवित्र; 12. लहर; 13. अक्षर; 14. मानवजाति; 15. बुद्धि; 16. आस्था; 17. विधाता; 18. अद्वितीय।

दूसरा कोई नहीं। मैं यह अलबत्ता कर सकता हूँ कि तेरे बेटे के रूप में दुनिया में आऊँ ··· ।"

"अरी हिमा ··· ," अम्माँ ने *रामायण* के सफ़्हे पर उँगली रखकर अपने कमरे से आवाज़ दी। "अरी क्या सीता चली गई ? उसे खाना तो खिला दिया होता।"

हिमा ने कोई जवाब नहीं दिया; वह बेडरूम अंदर से बंद किए बच्चे को सुलाने में मसरूफ़ थी। सारा गार्डन हाउस ख़ामोश पड़ा था। शहज़ाद अभी नई दिल्ली से वापस न आया था। अम्माँ ने ऐनक लगाकर दोबारा पढ़ना शुरू किया।

"महाराजा सत्यकेतु के बेटे के राज में सारे देश में दूध की नदियाँ बह गईं। वह राजा बेहद नेक और बहादुर था। एक रोज़ वह विंध्याचल के पहाड़ों में हिरन का शिकार खेलने गया और एक बेहद हसीन जंगली सूअर का पीछा करते-करते एक ख़ोह में जा पहुँचा जहाँ एक शहज़ादा, जोगी के भेस में रहता था। उसे राजा ने मैदाने-जंग में शिकस्त दी थी और तब से वह उसका दुश्मन था। राजा उसको पहचान न सका और नक़ली जोगी ने कहा, मेरा नाम एकतनु है। इब्तिदा-ए-आलम[1] से मैं एक ही जिस्म में रहता आया हूँ कि तपस्या से इनसान बड़ी कुदरत[2] हासिल कर लेता है। सादा-लौह[3] राजा ने उससे कहा, "गुरु, ऐसी दुआ दो कि मैं और मेरा राज-पाट अमर हो जाए। उस चालाक संन्यासी ने कहा, "यह जभी मुमकिन है जब तुम ब्राह्मणों को ताबे[4] करो; ब्राह्मणों के श्राप से सारी ताक़तें ज़ेर हो जाती हैं। तुम मेरे हाथ का बना हुआ खाना रोज़ाना एक लाख ब्राह्मणों को खिलाओ और वह तुम्हारे ताब-ए-फ़रमान[5] हो जाएँगे। जोगी की मदद से राजा ने ब्राह्मणों की ज़ियाफ़त[6] की। जैसे ही ब्राह्मणों ने खाना शुरू किया, आसमान से आवाज़ आई–ख़बरदार ! इस भोजन को हाथ न लगाना। इसमें ब्राह्मण का मास पका है। लिहाज़ा ब्राह्मणों ने राजा को श्राप दिया कि उसका अगला जन्म राक्षस की सूरत में होगा। तब आकाश से आवाज़ आई, 'ब्राह्मणो ! तुमने बग़ैर सोचे-समझे श्राप दिया है। राजा बेक़सूर, मगर ब्राह्मणों का दिया हुआ श्राप वापस नहीं लिया जा

---

1. सृष्टि का आरंभ; 2. सामर्थ्य; 3. भोले-भाले; 4-5. अधीन; 6. दावत।

सकता था। चुनांचे अगली मर्तबा राजा राक्षस की सूरत में पैदा हुआ। उसके दस सर थे और बीस हाथ, और वह बेहद बहादुर और जंगजू[1] था, और उसका नाम रावण था। उसके वज़ीर[2] ने उसके छोटे सौतेले भाई विभीषण के रूप में जन्म लिया जो बड़ा विष्णु-भक्त और आक़िल[3] था। जब रावण ने बड़ी तपस्या की तो ब्रह्मा ने पूछा, माँग तेरी क्या ख़्वाहिश है। रावण ने कहा–मैं चाहता हूँ कि सिर्फ़ इनसान या बंदर के हाथ मारा जाऊँ। ब्रह्मा ने कहा–तेरी यह आरज़ू पूरी होगी।

"समंदर के वस्त[4] में एक पहाड़ है। उस पर ब्रह्मा ने एक मज़बूत क़िला बनाया जो इंद्र के शहर अमरावती से भी ज़्यादा ख़ूबसूरत था और लंका कहलाता था। उसके चारों ओर समंदरी पानी की ख़ंदक़ थी और उसकी दीवारें सोने की थीं। जिनमें हीरे-जवाहरात जड़े थे। रावण ने उस लंका को अपनी राजधानी बनाया और उसमें इतमीनान से रहने लगा। इशरत,[5] दौलत, बेटे, अफ़वाज[6] फ़तहो-नुसरत,[7] ताक़त, ज़हानत, सबकुछ उसका था। उसका भाई कुंभकरण जो बेहद पेटू था, साल में छः महीने सोता था।

"अपनी ताक़त के नशे में आकर एक रोज़ रावण ने सारी कायनात के ख़िलाफ़ ऐलाने-जंग कर दिया। सारी दुनिया उसकी महकूम[8] हो गई। नेकी इस जहान से रुख़सत हो गई।

"तब ख़ुदावंदे-आलम ने कहा–मैंने मुद्दतें गुज़रीं, कश्यप और आवती से उनकी एक आरज़ू पूरी करने का वादा किया था। अब मैं सूर्यवंशी ख़ानदान में पैदा होता हूँ और मेरा नाम राम होगा।"

"अवध के शहर में रघुवंशी राजा दशरथ हुकूमत करता था जो वेदों का माहिर और नेक और अक़्लमंद और विष्णु का बंदा था।"

बाहर मोटर आकर रुकी। शहज़ाद आहिस्ता-आहिस्ता सीटी बजाता अंदर आया। फिर उसके क़दमों की चाप उसके बेडरूम में बिछे हुए क़ालीन में डूब गई।

अम्माँ ने कई वरक़ उलटे और आगे पढ़ना शुरू किया–

"और जब दोनों शहज़ादे इस ख़ूबसूरत शहर के बाहर पहुँचे जहाँ दरिया

---

1. लड़ाकू; 2. मंत्री; 3. बुद्धिमान; 4. मध्य; 5. समृद्धि; 6. सेनाएँ; 7. विजय; 8. अधीन।

के किनारे और बहुत-से शहज़ादों ने ख़ेमे लगा रखे थे तब विश्वामित्र ने कहा, रघु ! हम यहाँ ठहरेंगे।

"जब मिथिला के राजा को मालूम हुआ कि ऋषि विश्वामित्र तशरीफ़ लाए हैं तो वह खुद उनसे मिलने के लिए आए और उन्होंने पूछा – ऐ महाराज, बतलाइए ये दोनों खूबसूरत लड़के जिनमें से एक साँवला है और एक गोरा, आपके साथ कौन हैं ? क्या ज़ाते-मुतलक़[1] जिसे वेदों में 'यह नहीं है' कहा गया है, दुई[2] के रूप में ज़ाहिर हो गई है ? और विश्वामित्र ने बताया कि यह दोनों आक़िल और बहादुर भाई राम और लक्ष्मण हैं।

"और शहर की औरतें जो खिड़कियों की जालियों से झाँक रही थीं, उन्होंने एक-दूसरे से कहा–वह साँवले बदन और कँवलनयनों वाला जिसने तीर-कमान उठाया हुआ है, कौशल्या का बेटा राम है और गोरी रंगत वाला जो उसके पीछे-पीछे चल रहा है, उसका वफ़ादार भाई और सुमित्रा का बेटा लक्ष्मण है–और ये दोनों यहाँ धनुष तोड़ने के मुक़ाबले का नज़ारा करने आए हैं।

" ··· और सीता गौरी की पूजा के लिए बाग़ में आईं और राम ने उनकी पायल की झंकार पर नज़रें उठाईं और उनकी नज़रें सीता के चेहरे पर ऐसे जमीं जैसे चाँद चकोर को देखता है, और लक्ष्मण ने कहा–भैया, यह जनक की बेटी सीता है जिसको हासिल करने के लिए धनुष तोड़ने का मुक़ाबला किया जा रहा है।

"दरख़्तों के कुंज से सीता ने राम पर निगाह डाली और उनकी नज़रें राम पर ऐसे जमीं जैसे चकोर ख़िज़ाँ के चाँद को देखता है ··· उन्होंने राम को आँखों के ज़रिये दिल में दाख़िल करके पलकों के किवाड़ बंद कर दिए।

"जब राम सीता को ब्याहकर अयोध्या लौटे ··· ।"

"अम्माँ," हिमा ने दरवाज़े में आकर कहा। "आनंद रोए जा रहा है, ज़रा आकर चुप कराइए।"

"लड़की, तू मुझे कभी चैन से बैठकर पाठ नहीं करने देती !" किताब हाथ में लिए बड़बड़ाती हुई वह दूसरे कमरे में गईं और आनंद को गोदी में

---

1. निरपेक्ष सत्ता; 2. द्वैत।

लिटाकर दूसरे घुटने पर किताब रख ली और हिलकोरे देकर उसे सुलाते हुए बोलीं, "ले, तू भी सुन ⋯ राम-नाम सुनकर देखूँ तो तू कैसे अच्छी माँ को तंग करता है !" फिर उन्होंने मज़ीद[1] चौपाइयाँ पढ़ना शुरू कीं।

" ⋯ दशरथ की रग़बत[2] एक जंगल की मानिंद थी जिसमें राहत मसरूर[3] परिंदों की तरह उड़ती फिरती थी। इस जंगल में भील शिकारन–कैकई–अपने अलफ़ाज़ के शिकरे[4] छोड़नेवाली थी ⋯ उसने कहा–महाराज, एक मर्तबा आपने मुझे वचन दिया था कि मैं जो भी फ़रमाइश करूँगी, आप उसे पूरी करेंगे ⋯ सूर्यवंशी रजा अपने क़ौल से नहीं फिरा करते ⋯ अब मेरी एक आरज़ू पूरी कीजिए ⋯ राम के बजाय मेरे बेटे भरत को गद्दी पर बिठाइए और राम को चौदह बरस का बनबास दीजिए ⋯ "

"बच्चे ने ज़ोर से अपना मुन्ना-सा हाथ मारा और किताब पट से बंद होकर नीचे गिर पड़ी। अम्माँ ने उसे उठाकर पढ़ना जारी रखा :

" ⋯ राम और लक्ष्मण के दरमियान सीता इस तरह थीं जैसे ज़ाते-मुतलक़ और इनसानी रूह के दरमियान फ़रेबे-नज़र[5] ⋯ घने जंगलों में ऋषियों के हुजूम राम के साथ-साथ चले और चित्रकूट पहुँचकर मंदाकिनी नदी के किनारे राम ने क़याम किया।"

"अम्माँ, बिशनसिंह पूछ रहा है, सुबह को खाना क्या बनेगा ?" उमाजी ने डाइनिंगरूम में से आवाज़ दी। बच्चा अब सो चुका था। उसे टोकरी में लिटाकर वह बड़बड़ाती हुई दूसरे कमरे में गईं। कुछ देर बाद वापस आकर उन्होंने झाँककर नज़र डाली और अपने बेडरूम में चली गईं। हिमा अब गुसलख़ाने से निकलकर चेहरे पर कोल्ड क्रीम लगाने के बाद सोने की तैयारी कर रही थी कि उसे फिर अम्माँ की आवाज़ सुनाई दी :

"हिमा ⋯ इधर आ ⋯ "

"जी अम्माँ," उसने गैलरी में आकर पूछा। अम्माँ आँखों पर हाथ रखकर पलंग पर लेट चुकी थीं।

"अभी पड़कर मत सो," उन्होंने कहा।

"जी अम्माँ।"

---

1. और आगे; 2. प्रेम; 3. प्रसन्नचित्त; 4. एक हिंसक पक्षी; 5. दृष्टि-भ्रम।

"मेरी आँखों में दर्द हो रहा है ··· तू थोड़ी देर यहाँ बैठकर मुझे राम-नाम सुना।"

"बहुत अच्छा अम्माँ," हिमा ने एक लंबा साँस भरा और कुर्सी खींचकर फ़रमाँबरदारी से बैठ गई ···

"कहाँ से पढ़ूँ ?"

"कहीं से पढ़ ··· बनबास का क़िस्सा पढ़ !"

"अच्छा।"

"काली घटा के मानिंद साँवले-सलोने राम गोदावरी के किनारे पहुँचे तो लक्ष्मण ने कहा–भैया, मुझे ज्ञान और बेताल्लुक़ी[1] और फ़रेबे-मजाज़[2] के मुतल्लिक़ बतलाइए ··· "

"और आगे चलो।"

"उफ़्फ़ोह ··· अच्छा, अनुसूया ने कहा ··· यह पढ़ूँ ?"

"हाँ यह पढ़ो," अम्माँ ने आँखें बंद कर करवट बदलते हुए कहा।

"अनुसूया ने कहा–सुनो राजकुमारी, माँ और बाप और भाई, सब अपने दोस्त और मददगार हैं, मगर जो मुसर्रत उनसे हासिल होती है, महदूद[3] है ··· शौहर से रिफ़ाक़त[4] की मुसर्रत अथाह है। वह औरत कमीनी है जो अपने शौहर की इज़्ज़त न करे। हिम्मत, उसूल, दोस्त और बीवी– ये चार चीज़ें आड़े वक़्त परखी जाती हैं। शौहर अगर बूढ़ा हो या बीमार या अहमक़ या अंधा या बद-मिज़ाज या सख़्त मुसीबत में मुब्तला[5] ··· अगर उस समय बीवी ने उसकी इज़्ज़तो-तौक़ीर न की तो वह नरक में जलेगी। वेदों और पुराणों के मुताबिक़ औरत के चार दर्जे हैं। बेहतरीन औरत वह है जो समझे कि उसके शौहर के अलावा दुनिया में और कोई मर्द नहीं। दूसरे दर्जे पर वह औरत है जो शौहर के अलावा सारे मर्दों को बाप और भाई और बेटा समझे ··· वह औरत सबसे कमतर है जो महज़ मौक़े के फ़ुक़दान[6] की वजह से पाकदामन[7] रहे ··· "

"और आगे चलो ··· "

" ··· एक रोज़ रावण की बहन सूर्पणखा गोदावरी के किनारे आई और

---

1. निस्पृहता; 2. जगत के अस्तित्व का भ्रम; 3. सीमित; 4. मैत्री; 5. ग्रस्त; 6. अभाव; 7. पवित्र।

उसे दोनों शहज़ादे नज़र आए। ऐ गरुड़ ! औरत, खूबसूरत मर्द को देखकर इस तरह पिघल जाती है जैसे सूरज के सामने रेतीला पत्थर ... "

"आगे चलो।"

"जब लक्ष्मण ने तैश में आकर सूर्पणखा की नाक काट ली ... यहाँ से सुनाऊँ ?"

"हूँ ... "

"तो वह रोती हुई राक्षसों के पास पहुँची और उनका सरदार धूमकेतु चौदह हज़ार राक्षसों की फ़ौज लेकर राम और लक्ष्मण पर हमला करने के लिए रवाना हुआ।

"उस समय जंगल में गीदड़ चिल्लाते थे ... भूतों, बदरूहों और मसानों ने खोपड़ियाँ जमा कीं ... खूँख़ार इफ़रीतों[1] ने उन खोपड़ियों के ढोल बजाए और चुड़ैलें उनकी ताल पर नाचीं। सूर्पणखा ने अपने भाई से कहा ... "

"आगे चलो ... जहाँ सीताहरण होता है ... "

"और सतवंती सीता ने देखा कि एक सुनहरा हिरन जंगल में भागा जा रहा है। नाथ ! उन्होंने कहा–इसका शिकार करके उसकी खाल मेरे लिए ला दीजिए ... रघुपति समझ गए कि यह हिरन कौन है, और देवताओं का मक़सद पूरा करने के लिए उन्होंने तीर-कमान उठाई। रघुपति ने लक्ष्मण से कहा–भाई, जंगल में राक्षस घूम रहे हैं। ध्यान और फ़हम[2] और ताक़त के ज़रिये सीता की हिफ़ाज़त करते रहना ... राम को देखते ही हिरन तेज़ी से भागा और रांम ने उसका पीछा किया ... और बहुत दूर निकल गए ... "

"जब हिरन राम के तीर से घायल होकर गिरा तो उसने एक फ़लक-शिगाफ़[3] चीख़ मारी ... और चीख़ की आवाज़ सुनते ही सीता ने घबराकर लक्ष्मण से कहा–भैया, तुम्हारे भाई पर कोई आफ़त आई है ... वह जिसके अबरू[4] के इशारे से सारी कायनात तख़लीक़ हुई, इस वक़्त खुद ख़तरे में घिरा है ... फ़ौरन जाओ ... और लक्ष्मण सरासीमा होकर[5] राम को ढूँढने चले गए।

"और रावण जोगी के भेस में सीता की कुटी पर पहुँचा और उन्हें ज़बरदस्ती उठाकर ले चला।

---

1. प्रेतों; 2. बुद्धि, समझदारी; 3. आकाशभेदी; 4. भौं; 5. घबड़ाकर, हताश होकर।

"सीता चीख़ी—रघुराई ··· रघुराई ··· रघुराई ··· "

हिमा को अब नींद आ रही थी। उसने आँखें मलकर अम्माँ को देखा कि शायद वह भी सो चुकी हों मगर वह उसी तरह बड़ी श्रद्धा से आँखें नीम-वा[1] किए, लेटी पाँव हिला रही थीं। ये चौपाइयाँ वह हज़ारों मर्तबा पढ़ चुकी थीं मगर जाने क्या मुसीबत थी ··· उसने जमाई लेकर फिर पढ़ना शुरू किया।

"रावण ने सीता को रथ पर बिठाला और तेज़ी से उड़ गया। सीता शिकारी के चंगुल में फँसी हुई ख़ौफ़ज़दा हिरनी की तरह चीख़ती-चिल्लाती आसमान पर से गुज़री। जब उसने नीचे एक पहाड़ी पर बंदरों को बैठे देखा तो हरि का नाम लेकर अपना दुपट्टा उनकी तरफ़ फेंका। रावण ने उसे अपनी राजधानी में ले जाकर अशोक के जंगल में क़ैद कर दिया।"

वह फिर जमाई लेने के लिए रुकी और पुरउम्मीद नज़रों से अम्माँ को देखने लगी कि शायद अब वह बस करने को कहें।

"अब हनुमानजी वाली चौपाइयाँ पढ़ो ··· ," उन्होंने आँखें बंद किए-किए इतमीनान से फ़रमाइश की।

"ओ के अम्माँ", हिमा ने ठंडा साँस लेकर जवाब दिया।

" ··· और बंदरों ने लंका तक पहुँचने के लिए पुल बनाया और रघुराज ने उस पर खड़े होकर समंदर पर निगाह की और मगरमच्छ और समंदर की सारी मख़लूक़[2] उनके दर्शन के लिए बाहर निकल आई और पुल पर इस क़दर भीड़ लगी कि बंदरों को हवा में उड़ना पड़ा।

"बंदरों ने साहिल[3] पर पहुँचकर ख़ूब फल खाए ··· "(हाउ स्वीट ··· ! हिमा हँस पड़ी। हूँ ··· अम्माँ ने गुस्से से हुंकार भरा ···) और पहाड़ों के टुकड़े तोड़-तोड़कर लंका की तरफ़ फेंके।

"सामने लंका थी ··· सोने का शहर ··· चौक और बाज़ार ··· और गलियाँ ··· और हाथी और घोड़े ··· और रथ और राक्षसों की फ़ौजें ··· और जंगल और फूल बन ··· और झीलें और तालाब और इनसानों और नागों और गंधर्वों की खूबसूरत बेटियाँ। हनुमान ने उस जगह की मज़बूत क़िलाबंदियाँ देखकर नरसिंह पर ध्यान लगाया और मच्छर की सूरत बनकर लंका में दाख़िल हुए

---

1. अधखुली; 2. जीव-जंतु; 3. तट।

और एक राक्षस ने जिसका नाम लंकनी था, ललकारकर कहा—तुम मेरी बग़ैर इजाज़त यहाँ क्यों आए ··· ? और हनुमान ने उसे एक घूँसा रसीद किया और ··· "

11

बैंग ··· बैंग ··· बैंग ··· इंजनों का शोर कम हुआ और हवाई जहाज़ बड़ी सहूलत[1] से रत्मालना एयरपोर्ट पर उतर गया। मद्रास से यहाँ तक गहरे बादलों की वजह से परवाज़[2] बहुत ख़राब रही थी। वह जहाज़ से उतरकर सीधी इंडियन एयरलाइंस के काउंटर पर गई और कोलंबो प्लान के दफ़्तर फ़ोन किया ··· "जी नहीं, यहाँ तो कोई मिस्टर इरफ़ान नहीं हैं ··· शायद किसी दूसरी इमारत में हों ··· ठहरिए, मालूम करके बताता हूँ ··· आप घंटा-भर बाद दोबारा ··· " उसका दिल धक से रह गया ··· अब क्या होगा?

"यू.एन. का दफ़्तर किधर है ?" उसने टैक्सीवाले से दरियाफ़्त किया।

ड्राइवर ने टैक्सी एक इमारत के सामने ले जाकर खड़ी कर दी ··· उसके अंदर वह बैठा होगा ··· जमील ··· अपने डेस्क पर अपने काम में मसरूफ़ होगा। अगर वह उस वक़्त बाहर निकल आए ··· तो क्या हो ? यकलख़्त उसे बहुत डर लगा और सीधी माउंट ल्योनिया होटल की तरफ़ रवाना हो गई।

उस रोज़ सारे कोलंबो में बड़ी खुशगवार धूप फैली हुई थी जिसमें सड़क के दोनों तरफ़ लगे हुए सुर्ख़ फूलों वाले घने दरख़्त और नारियल के झुंड और समंदर की लहरें—हर चीज़ जगमगा रही थी। माउंट ल्योनिया के नीचे साहिल पर अंग्रेज़ और अमरीकन आफ़ताबी गुस्ल[3] में मसरूफ थे। फ़िज़ा[4] पर अजीब-सी काहिली छाई हुई थी।

अपने कमरे में पहुँचकर कुछ देर बाद उसने दरीचा[5] खोला। सामने समंदर ठाठें मार रहा था। स्याहफ़ाम[6] सिंहाली आयाएँ चंद अंग्रेज़ बच्चों को रेत

---

1. सुविधा; 2. उड़ान; 3. सूर्यस्नान (सनबाथ); 4. वातावरण; 5. खिड़की या छोटा दरवाज़ा; 6. काली।

पर खिलाने में मसरूफ़ थीं। एक सिंहाली औरत बालों में फूल उड़से, मोंगे के हार बेचती दरीचे के नीचे से गुज़री ···

"बीड्ज़ मैडम ? वेरी नाइस वीड्ज़ ··· ," उसने ऊपर देखकर कहा।

उसने दरीचा बंद कर दिया और सिंगार-मेज़ के सामने आकर बैठ गई ··· अब क्या होगा ?

घंटे-भर बाद दरवाज़े पर दस्तक हुई और सफ़ेद सीरोंग में मलबूस बैरे ने अंदर आकर एक कार्ड पेश किया–"इरफ़ान अहमद काज़मी ··· "

"ओह !! थैंक यू !!!" बूढ़ा सिंहाली बैरा बड़ी शफ़क़त से मुस्कुराया। वह जल्दी-जल्दी बाल दुरुस्त करके नीचे चली गई।

इरफ़ान टैरेस पर रंगीन छतरी के नीचे बैठा किसी सिंहाली से बातें कर रहा था। उसे देखकर वह कुर्सी से उठा।

"मिस्टर रतनसिंह जयसूर्य ··· मिसेज़ ··· अर ··· डा. मीरचंदानी ··· " उसने सिंहाली से तआरुफ़[1] कराया।

"मिस्टर जयसूर्य यहाँ के एक बड़े अहम सिंहाली अख़बार के एडीटर और मेरे बहुत पुराने दोस्त हैं।"

सीता ने मुस्कुराकर हाथ जोड़े। तीनों बैठ गए। सीता ने ज़रा बेचैनी से चारों तरफ़ नज़र डाली। अधेड़ उम्र के जयसूर्य उसे बड़ी दिलचस्पी से देख रहे थे। इरफ़ान से अपनी बात ख़त्म करने के बाद उन्होंने सीता को रात के खाने पर मदऊ किया और इजाज़त चाहकर वहाँ से रुख़सत हुए।

इरफ़ान ने पहलू बदलकर सिगरेट जलाया।

"तो आप तशरीफ़ ले आईं ··· "

"जी हाँ।"

इतने दिनों बाद यह बड़ी **unceremonious** सी मुलाक़ात थी।

"तुमने यह लिखा ही नहीं कि अचानक यहाँ क्यों नाज़िल हो रही हो। मैं समझा, तुम भी किसी सरकारी काम के लिए आनेवाली हो। कोलंबो इंटरनेशनल कांफ्रेंसों का शहर है।"

"ख़त में पूरी दास्तान क्या लिखती ! आपको खुद ही अच्छी तरह मालूम

---

1. परिचय।

है।"

"वाक़िया यह है कि अब मैं सोचता हूँ कि मुझे तुम्हारे मुतल्लिक़ कुछ भी नहीं मालूम।"

उसका दिल डूब-सा गया। दूसरे लहजे उसने सँभलकर पूछा, "आपको कैसे पता चला कि मैं यहाँ हूँ ?"

"मैं भी यहीं ठहरा हुआ हूँ ··· तुमने यह भी नहीं लिखा था कि किस रोज़ पहुँच रही हो। बहरहाल तुम्हें तलाश करने में ज़्यादा दिक़्क़त नहीं हुई।"

"जमील से मुलाक़ात हुई ?"

"जमील यहीं हैं ··· ? तुम उनसे मिलने आई हो ··· ? बड़ी सख़्त डॉर्क हार्स हो ··· " उसने ऐशट्रे में सिगरेट बुझाते हुए कहा। दफ़अतन[1] वह बड़ा मायूस नज़र आया।

"आपका क्या ख़याल था ? मैं इतनी दूर चलकर महज़ आपके दर्शन के लिए आई हूँ !"

"You have hopes !" उसने हँसकर जवाब दिया।

यकलख़्त[2] माहौल का खिंचाव दूर हो गया। वह भी ख़ूब हँसा–हा हा हा ···

"आप उनसे जाकर मिलिए ··· आज ··· अभी ··· फ़ौरन–यू.एन.वालों से मालूम कर लीजिए कि वह कहाँ ठहरे हैं ··· "

"क्या पता वह भी यहीं हों ··· "

वह सफ़ेद पड़ गई। फिर उसने जल्दी-जल्दी कहना शुरू किया, "आप उनसे राहुल के मुतल्लिक़ बात कीजिए और उनसे कहिए कि एक बार मुझसे मिल लें ··· सिर्फ़ एक बार ··· "

वह अपनी घबराहट छिपाने के लिए चंद लम्हों तक कोट की जेब में सिगरेट केस तलाश करने के बाद कहने लगा, "मैं उनसे आज तक नहीं मिला हूँ, सीता ··· मेरी उनसे इतनी बेतकल्लुफ़ी कैसे हो सकती है कि मैं छूटते ही उनके ख़ालिस निजी मामले में इस तरह जाकर टाँग अड़ाऊँ !"

"मगर आपने कहा था ··· "

1-2. अचानक।

"हाँ ... हाँ ... बिलकुल ठीक है ... मैं ज़रूर उनसे मिलूँगा ... अभी कोई तरकीब सोचते हैं। तुम इस वक़्त तो ज़रा रिलैक्स करो ... सिगरेट लो ... "

"मैं किस तरह रिलैक्स कर सकती हूँ ?"

"यह भी ठीक है," वह फिर मुँह लटकाकर ख़ामोश हो गया।

सामने से ख़ूबसूरत डचबर्गर लड़कियों का एक परा[1] गुज़रा। उनमें से एक लड़की नीला फ़्राक और नीली पिक्चर हैट और सफ़ेद दस्तानों में बिलकुल गैंज़ब्रू की पेंटिंग मालूम हो रही थी ... हिंदुस्तानी सारियों में मलबूस सिंहाली और तामिल औरतें, क़ीमती सूटों में मलबूस स्याहफ़ाम मर्द, संजीदा शक्लों वाले अंग्रेज़, बेफ़िक्रे अमरीकन इधर-उधर चल-फिर रहे थे। टैरेस के नीचे समंदर शोर कर रहा था।

"शाम को क्या कर रही हो ?"

"कुछ नहीं ... "

"जयसूर्य की पार्टी में चलो ... गालफ़ेस।"

"मैं यहाँ सोशल मुलाक़ातों के लिए नहीं आई।"

"तो क्या जंगल में बैठकर तपस्या करोगी ?"

यह आदमी भी क्या बोगस था ... अब क्या होगा ... अब क्या होगा !

वह उठ खड़ी हुई।

"अब कहाँ का इरादा है ?"

"जहन्नम का ... "

"अरे-रे-रे ख़फ़ा हो गईं ... इतनी जल्दी।"

अब क्या यह भी जमील का शेरनी और बिल्ली के बच्चेवाला जुमला दुहरानेवाला था।

ओ माई गॉड ...

वह रेलिंग पर झुककर साहिल[2] की तरफ़ देखने लगी, "आप यहाँ से कब वापस जा रहे हैं ?"

उसने चंद लम्हों बाद मौज़ू तब्दील किया।[3]

"दस-पंद्रह दिन और लगेंगे।"

---

1. झुंड; 2. तट; 3. विषय बदला।

"वापस लाहौर ?"

"नहीं, मेरा तबादला पेरिस हो गया है। कराची पहुँचकर अगले महीने पेरिस रवाना हो जाऊँगा।"

"हाउ वंडरफुल ··· लकी यू ··· ।"

"पेरिस जाना कोई ख़ास वुडरफुल बात तो नहीं ··· और लकी तो मैं ज़िंदगी में आज तक किसी सिलसिले में नहीं रहा।"

"वहाँ कितने अरसे रहिएगा ?"

"पता नहीं ··· फ़िलहाल तो दो साल के लिए जाना है ··· अच्छा, अगर तुम डिनर पर नहीं चल रही हो तो मुझे इजाज़त दो। मुझे अभी ज़रा कांफ़्रेंस के चंद लोगों से भी मिलना है। मैं जल्द-अज़-जल्द तुम्हारे पतिदेव को पकड़ने की फ़िक्र करता हूँ। और फिर उन्हें कल्टीवेट करने की कोशिश करूँगा ··· तुम्हारी ख़ातिर।"

"लोगों को कल्टीवेट करना तो आपको ख़ूब आता है। कोशिश की क्या ज़रूरत है ··· " सीता ने ज़रा तल्ख़ी[1] से जवाब दिया।

वह हँसा। "अच्छा ख़फ़ा मत हो ··· चीयर अप। कल सवेरे ही से कांफ़्रेंस का इजलास[2] है। अगर मौक़ा मिला तो फ़ोन करूँगा। तुम ब्रेकफ़ास्ट के लिए नीचे आओगी ?"

"जी नहीं।"

"अच्छा, तो मैं कांफ़्रेंस में जाने से पहले फ़ोन करूँगा ··· गुड नाइट ··· "

"गुड नाइट ··· "

वह लंबे-लंबे डग भरता टैरेस से उतरकर बाहर चला गया। वह रेलिंग पर सर रखकर समंदर को देखती रही जहाँ सूरज डूब रहा था और किनारे पर बिकनी में मलबूस एक अंग्रेज़ औरत क़हक़हे लगाती आगे-आगे भाग रही थी और एक मोटा अंग्रेज़ हाँपता-काँपता रेत पर उसके पीछे-पीछे दौड़ रहा था।

दूसरे रोज़ वह शहर का चक्कर लगाकर सहपहर[3] के क़रीब लौटी तो रिसेप्शन काउंटर पर उसके नाम इरफ़ान का पर्चा रखा था। "मुझे इस नंबर

---

1. कड़वाहट; 2. सत्र; 3. तीसरे पहर।

पर फ़ोन कर लो ··· बेहद ज़रूरी बात है ··· ।"

उसने अपने कमरे में जाकर धड़कते दिल के साथ फ़ोन किया।

इरफ़ान अपने कमरे से बोल रहा था : "भई सीता ··· सुनो ··· घबराना मत ··· कल रात बड़ा क़िस्सा हो गया। जयसूर्य के डिनर में जमील साहब भी आए थे। बहुत देर तक उनसे तआरुफ़ न हो सका। वह दूर एक कोने में बैठे मैनोशी में मसरूफ़ थे। उसके बाद पार्टी में शामिल हो गए मगर किसी से एक लफ़्ज़ बात नहीं की ··· जयसूर्य ने मुझे बताया कि वह कल से डिप्रेस्ड हैं क्योंकि उन्हें इत्तला मिली है कि उनकी बीवी एक पाकिस्तानी के साथ भाग आई है और माउंट ल्योनिया में ठहरी है। और सीता उनकी ख़फ़गी[1] और रंजीदगी[2] हक़-ब-जानिब[3] है ··· यह वाक़िया भी है।"

"जी ··· !"

"यह वाक़िया भी है कि तुम माउंट ल्योनिया में ठहरी हो ··· हा हा हा ··· अच्छा, अब भला यह मालूम होने के बाद मैं उनसे क्या बात करता ! मैं तो डिनर ख़त्म होने से पहले ही कान दबाकर भाग आया।"

"आप इतने ··· इतने डरपोक निकले।"

वह फिर हँसा, "अरे भाई, मैं मज़ाक़ कर रहा हूँ। अब एकदम यह कोई आग़ा हश्र का ड्रामा तो नहीं हो रहा है कि मैं भी उनके सामने जाकर डायलाग बोलना शुरू कर दूँ ··· तौफ़ीक़[4] किस हाल में है और शेर लोहे के जाल में है। ज़रा एक-दो दिन में मौक़ा-महल[5] तलाश करके उनसे बात करूँगा। आदमी काफ़ी टेढ़े मालूम होते हैं। अपने बाक़ी ख़ानदानवालों से बिलकुल मुख़्तलिफ़ ··· कल रात टैरेस पर मुझे तुमसे बातें करता देखकर डिनर पर बहुत-से लोगों ने मुझसे पूछा कि वह कौन परीज़ाद थी जिसके साथ आप चाय पी रहे थे ··· वग़ैरह ··· तुम जानती हो, गासिप की आदत इनसानी फ़ितरत[6] में दाख़िल है। उसे बदला नहीं जा सकता ··· अब कांफ्रेंस में जा रहा हूँ ··· शाम को अगर कहो तो तुम्हारे कमरे में आकर सारी रिपोर्ट दूँ। नीचे पब्लिक में तुमसे मिलना ज़रा मख़्दूश[7] है।"

---

1. नाराज़गी; 2. क्षोभ; 3. उचित; 4. सामर्थ्य; 5. उपयुक्त अवसर; 6. मानव-स्वभाव; 7. ख़दशे का कारण।

"जी नहीं, रात को दस बजे के बाद फ़ोन कर लीजिएगा।"

"अच्छा।"

रात को उसका फ़ोन नहीं आया। तीसरे दिन वह सीढ़ियाँ उतरकर बाग़ में जा रही थी, जब हाल की तरफ़ से आता हुआ वह मिल गया। "भाई सीता, मुझे माफ़ करना," उसने जल्दी-जल्दी कहा। "मैं रात फिर बहुत देर में वापस आया ··· सुनो ··· इधर आओ ··· मैं आज लंच पर जमील साहब से मुलाक़ात कर रहा हूँ ··· " वह एक गुलमुहर के नीचे खड़े हो गए ··· "सुनो, यहाँ पर एक जगह सान मीशेल* है। झील के अंदर एक जज़ीरा[1] है जहाँ एक रेस्तराँ है। मैं शाम को वहाँ आ जाऊँगा। तुम भी तशरीफ़ ले आओ। सारी रिपोर्ट गोश-गुज़ार कर दूँगा।"[2]

"वहाँ तो कोई हिंदुस्तानी-पाकिस्तानी नहीं मिलेंगे ?" उसने ज़रा ख़ायफ़[3] होकर पूछा।

"मेरे ख़याल में तो कोई हिंदुस्तानी-पाकिस्तानी उतनी दूर नहीं जाएगा। शाम का वक़्त ज़्यादातर लोग शहर के नाइट क्लबों में गुज़ारना ज़्यादा पसंद करते हैं ··· अच्छा, तुम छः बजे वहाँ ज़रूर पहुँच जाना।"

"अकेली ··· ?"

"अरे सारी दुनिया घूम चुकी हो, वहाँ अकेले नहीं पहुँच सकतीं ··· हद है।"

"अच्छा, अच्छा ··· ," सीता ने जवाब दिया। वह तेज़ी से रविश पर से गुज़रता ढलवान पर उतर गया।

टैक्सी कोलंबो के मज़ाफ़ात[4] से निकलकर सीधी सड़क पर रवाना हो गई जिसके दोनों तरफ़ ऊँचे-ऊँचे दरख़्तों के घने झुंड थे और जंगल के अंदर पहुँचकर बल खाते हुए रस्तों से गुज़रती झील के किनारे जा रुकी। दरख़्तों के नीचे दो-तीन मोटरें खड़ी थीं। वह उतरकर लकड़ी के बोट हाउस में गई। उसे देखकर कश्तीवाले ने मोटरबोट सीढ़ियों से लगा दी। फूँस की छतवाले

---

1. द्वीप; 2. कान में डाल दूँगा; 3. भयभीत; 4. उपनगर।

* San Michel.

इस सुनसान बोट हाउस में जलती हुई सुर्ख़ लालटेन बड़ी पुर-असरार[1] मालूम हुई। इतने में तीन-चार लोग और आ गए और सब कश्ती में जा बैठे। वो तामिल मर्द और औरतें थे और सब बड़े चुपचाप बैठे थे। बोट ने घड़-घड़ करते हुए पानी पर चलना शुरू कर दिया। झील पर मुकम्मल ख़ामोशी तारी[2] थी। दो किनारों पर नारियल और चंदन के झुरमुट खड़े थे। आसमान का रंग सुर्ख़ हो गया था। झील के वस्त[3] में सान मीशेल के टापू पर रौशनियाँ जल रही थीं। कुछ देर बाद बोट घाट से लगी। वह लकड़ी का तवील[4] कारीडोर तय करके रेस्तराँ की तरफ़ गई। रविश के ऊपर दोरूया[5] जापानी कंदीलें जल रही थीं। अंदर रेस्तराँ में चंद सिंहाली कैथोलिक लड़कियाँ और लड़के रक़्स[6] में मसरूफ़ थे। बरामदे में इक्का-दुक्का लोग खड़े थे। बड़ा उदास और डिप्रेसिंग माहौल था। आरकेस्ट्रा अनीता ब्राइट का उदास नग़्मा बजा रहा था और एक डचबर्गर लड़की माइक्रोफ़ोन के सामने खड़ी गा रही थी :

O come along with me
To my little corner of the world
And dream a little dream
In my little corner of the world

उसने चारों तरफ़ देखा। इरफ़ान कहीं नहीं था। वह सीढ़ियाँ उतरकर जज़ीरे के दूसरे किनारे की तरफ़ गई जहाँ एक चोबी[7] पैविलियन जो झील के ऐन वस्त में लकड़ी के खंभों पर एस्तादा[8] था, एक छोटे-से पुल के ज़रिये जज़ीरे से मुलहक़[9] था। वह उस पैविलियन में दाख़िल हुई। यह भी सुनसान पड़ा था। एक सिरे पर कोई सिंहाली जोड़ा रेलिंग से टिका पानी की लहरों को देख रहा था। अब सूरज डूब चुका था। झील का पानी क़िरमिज़ी हो गया था। चंद लम्हों में यह सुर्ख़ी रात की स्याही में तब्दील हो गई।

"सीता।"

उसने मुड़कर देखा।

इरफ़ान कोने की मेज़ पर से उठकर आया, "तुमने देखा नहीं, मैं इस तरफ़ बैठा था।"

---

1. रहस्यमय; 2. छाई हुई; 3. मध्य; 4. लंबा; 5. दो रुख वाली; 6. नृत्य; 7. लकड़ी का; 8. खड़ा हुआ; 9. लगा हुआ।

वे रेलिंग के बराबर बिछी हुई कुर्सियों पर बैठ गए। सीता झुककर लहरों को देखने लगी, "कितनी ख़ूबसूरत जगह है।"

"हाँ, हाँ, ख़ूबसूरत तो है मगर अब काम की सुनो।"

"फ़रमाइए," सीता ने नज़रें उठाकर उसे देखा। वह बहुत 'बिज़नेस लाइक' नज़र आने की कोशिश में मसरूफ़ था। दूर रक़्सगाह[1] में लड़की की आवाज़ लाउडस्पीकर पर गूँज रही थी :

You will soon forget that there is any other place
And if you care to stay in my little corner of the world
Then we can hide away in my little corner of the world

"कल से आज तक बहुत-से वाक़ियात हो गए," इरफ़ान ने सिगरेट जलाकर जल्दी-जल्दी कहना शुरू किया। "एक तो यह कि यह बात काफ़ी फैल गई है कि तुम यहाँ आई हुई हो और बड़ी अजीब-सी बात है ना कि तुम और तुम्हारे साहब-बहादुर दोनों इसी शहर में मौजूद हैं और लोग-बाग जाने क्यों मुझे रक़ीबे-रूसियाह[2] समझने पर तुले हुए हैं। यह तो अच्छा-ख़ासा हंगामा हो गया। तुमने पहले इसके मुतल्लिक़ क्यों नहीं सोचा ? अब कांफ़्रेंस के बाद शाम की महफ़िलों में लोगों को यह बेहद उम्दा गासिप हाथ आ गई है और इंडो-पाकिस्तान झगड़ों के पेशे-नज़र यह सूरते-हाल और भी ज़्यादा तशवीशनाक[3] है। चंद हज़रात को तो यह यक़ीने-कामिल[4] है कि मैं जमील की बीवी को उड़ा लाया हूँ और उसे माउंट ल्योनिया में छिपा रखा है। आज एक साहब कह रहे थे कि मियाँ, परेशान क्यों होते हो, दूसरे की बीवी का अग़वा करना ख़ालाजी का घर नहीं।"

सीता ने एक झुरझुरी-सी ली, "अब क्या होगा ?"

वह हँसा, "होगा क्या, इंडो-पाकिस्तान ताल्लुक़ात मज़ीद[5] ख़राब होंगे। मुमकिन है कोई क्राइसिस भी हो जाए जिस पर हमारे वज़ीरे-ख़ारिजा[6] का कोई बयान छपेगा। तुम्हारे यहाँ लोकसभा में सवालात किए जाएँगे, अख़बारों में धड़ाधड़ ख़बरें छपेंगी। देखती जाओ, अभी तो इब्तदा-ए-इश्क़[7] है भाई ... ।"

---

1. नृत्यघर; 2. कलमुँहा प्रतिद्वंद्वी; 3. चिंताजनक; 4. पूरा विश्वास; 5. और अधिक; 6. विदेश मंत्री; 7. प्रेम का आरंभ।

"आप किसी वक़्त भी मज़ाक़ से बाज़ नहीं आते ! पर बताइए, अब मैं क्या करूँ ?"

"मैं पूछता हूँ, तुम यहाँ आईं क्यों ? अगर जमील से मिलना था तो अमरीका चली जातीं।"

"अमरीका चली जाती ! और वहाँ तक जाने का किराया आप दे देते," उसने गुस्से से कहा।

"आज लंच पर जमील साहब से मुलाक़ात नहीं हो सकी। वह हज़रत आए ही नहीं। चुनांचे तीसरे पहर को बक़ौल-शख़्से[1] सर पर कफ़न बाँधकर जयसूर्य के हमराह गालफ़ेस गया जहाँ मौसूफ़[2] क़यामफ़रमा[3] हैं। भाई अपने कमरे में क़िलाबंद हस्बे-मामूल[4] मैनोशी में मसरूफ़ थे। मैंने जयसूर्य को अंदर भेजकर कहलवाया कि मैं इस सारे क़िस्से की तशरीह[5] करके उनकी यह ख़ौफ़नाक ग़लतफ़हमी दूर करना चाहता हूँ। जयसूर्य जवाब लाया कि इरफ़ान साहब से कह देना कि क़मरुल-इस्लाम चौधरी की जैसी ठुकाई मैंने न्यूयार्क में की थी वह आज तक नहीं भूला होगा। लिहाज़ा अपनी जान की ख़ैर मनाते हो तो मेरे सामने न आना।"

पैविलियन में हवा का खुनक[6] झोंका दाख़िल हुआ जिससे सीता के बाल उड़ने लगे। उसने अपनी स्याह लटें लपेटकर सर ढाँप लिया।

"तुम्हें पता है, ... " वह आहिस्ता-आहिस्ता कह रहा था, "तुम अपनी कश्तियाँ जला चुकी हो। क़मर का क़िस्सा जो था सो था, जमील को प्रोजेश चौधरी की ख़बरें भी पहुँच चुकी हैं।"

वह सफ़ेद पड़ गई।

"आपको किसने बताया ?"

"मुझे बराबर तुम्हारा ख़याल रहता है और अगर तुम बुरा न मानो ... क्योंकि तुम adult बनने की कोशिश बहुत करती हो मगर हो नहीं ... तुम्हें यह भी खूब मालूम है कि मुझे तुममें काफ़ी दिलचस्पी है। ग़ालिबन तुम इसका मदावा नहीं कर सकतीं[7] कि लोग तुममें अदबदाकर दिलचस्पी लें। यह दूसरी

---

1. किसी के कहे अनुसार; 2. श्रीमान; 3. ठहरे हुए; 4. हमेशा की तरह; 5. स्पष्टीकरण, व्याख्या; 6. ठंडा; 7. इससे बच नहीं सकतीं।

बात है कि अपनी हद तक तुम भी उसका दिल नहीं तोड़ना चाहतीं।"

"आपने इस वक़्त यह इस क़दर ज़लील और कमीनेपन की बात कही है कि मैं इसका जवाब नहीं देना चाहती। मैं आपको अपना दोस्त समझकर कोलंबो आई थी।"

"दोस्त ··· ? दोस्ती क्या बला है ··· ? डैम ··· "

शाम के गहरे सन्नाटे में जज़ीरे[1] से आती हुई मौसीक़ी[2] अब साफ़ सुनाई देने लगी। रक़्सगाह के अंदर लड़की वही गाना दोबारा गा रही थी :

I always knew, I'd find some one like you so

Welcome to my little corner of the world

वह यकलख़्त उठ खड़ा हुआ। "अब रात काफ़ी हो गई है; कोलंबो वापस जाओ। तुम पहली कश्ती से किनारे पर वापस चली जाओ; मैं बाद में वापस आ जाऊँगा। क्या पता, वाकई रेस्तराँ में कोई मुझे या तुम्हें पहचान ले। रात पड़े यहाँ मजमा ज़्यादा हो जाता है ··· गुड नाइट।"

वह उसे पैविलियन के चोबी पुल तक पहुँचाने भी नहीं आया। वह रविश पर आई। घाट की सिम्त[3] जाने के लिए रक़्सगाह के रास्ते पर से गुज़री तो रेस्तराँ के सिंहाली मैनेजर ने जो डी.जे. पहने बिलकुल पेंगुइन लग रहा था, सामने से आकर उससे कहा, "मिस ! आप बहुत जल्दी वापस जा रही हैं। डिनर के लिए नहीं ठहरिएगा ?" क़रीब से गुज़रती हुई दो तामिल ख़वातीन[4] ने उसे ग़ौर से देखा। वह तेज़-तेज़ क़दम उठाती कारीडोर तक पहुँची। कारीडोर के सिरे पर एक और सिंहाली जोड़ा रेलिंग पर झुका खड़ा था। रात के आसमान की वुसअत[5] और सन्नाटे के मुक़ाबिल में उनका सिलहवेट[6] बहुत अलमनाक और बेबस मालूम हुआ। उनके सर के ऊपर एक सुर्ख़ और सब्ज़ जापानी क़ंदील जल रही थी। चारों खूँट[7] बेपायाँ[8] तनहाई थी।

घाट से उतरकर वह मोटरबोट में बैठ गई। अंदर रूसी सिफ़ारतख़ाने के चंद मर्द और औरतें बैठे हुए थे। उस जगह का सेह्र[9] ऐसा था कि शायद बात करते हुए भी डर लगता था कि यह सेह्र टूट न जाए।

---

1. द्वीप; 2. संगीत; 3. तरफ़; 4. महिलाओं; 5. व्यापकता; 6. Silhoutte (धरती पर पड़ती छाया); 7. चारों तरफ़; 8. असीम; 9. जादू।

दूसरे रोज़ इरफ़ान उसे लांज में मिला, "मैंने आज फिर सिलसिल-ए-जुंबानी[1] की कोशिश की थी मगर वह मुलाक़ात पर तैयार नहीं हैं। लाहौल-विला-कुव्वत; तुमने मुझे किस मुसीबत में फँसा दिया।"

"मुझे अफ़सोस है कि मैंने आपको मुसीबत में फँसाया। मेरा ख़याल था हम तीनों मुतमद्दन[2] अफ़राद[3] हैं और इसी सतह पर यह ख़ालिस human मामला आपके सलाह-मश्विरे से तय हो सकेगा।"

"फिर तुमने अड़ंग-बड़ंग उड़ाना शुरू किया," इरफ़ान ने चिढ़कर जवाब दिया। "मैं अगले छः दिन तक कांफ़्रेंस के काम में बेहद मसरूफ़ रहूँगा। तुम यहाँ इतना वक़्त बेकार कैसे गुज़ारोगी। बेहतर यह है कि स्कैंडल का ज़ोर कम करने के लिए कम-अज़-कम एक हफ़्ते के लिए कैंडी वग़ैरह चली जाओ। अगले मंगल से मुझे फुरसत है। उसके बाद बैठकर हम कुछ सोच सकेंगे।"

"मगर जमील !"

"उनकी फ़िक्र न करो ... वह भी अभी हफ़्ता-दस दिन और ठहर रहे हैं, लेकिन तुम अब ख़ुदा के लिए यहाँ से रफ़ूचक्कर हो—किसी अमरीकन टूरिस्ट बुढ़िया को हमराह ले लो। होटल उनसे भरा हुआ है, वह साथ हो जाएगी और तुम जी भरकर उसकी मालूमाते-अम्मा[4] में इज़ाफ़ा करती रहना।"

"अच्छा," उसने एक बार फिर फ़रमाँबरदारी से जवाब दिया।

"मैं अमरीकन एक्सप्रेस से बात करके अभी तुम्हारे लिए बहुत सख़्त फ़र्स्ट क्लास टूर का इंतज़ाम करवाए देता हूँ।" उसने काउंटर पर जाकर टेलीफ़ोन का रिसीवर उठाया।

12

सवा छः फ़ीट ऊँचे और नीली आँखों और सुर्ख़ी-माइल[5] ज़र्द बालोंवाले डाक्टर लेज़ली विंसेंट मार्श ने रेस्ट हाउस की बरसाती में पहुँचकर कार रोक ली और एक मर्तबा पीछे मुड़कर देखा कि शायद वह सब्ज़ रंग की हिलमैन जिसमें वह

---

1. रिश्ता मिलाना; 2. सभ्य; 3. व्यक्ति; 4. सामान्य ज्ञान; 5. लाली मिले हुए।

ख़ूबसूरत लड़की बैठी थी, उसी तरफ़ आती हो। वह कोलंबो के मज़ाफ़ात[1] से लेकर यहाँ तक उसका तआकुब[2] करता रहा था। उसका ख़याल था कि शायद वह भी इस रेस्ट हाउस पर आकर ठहर जाएगी। मगर जंगल के दरमियान से गुज़रनेवाली बल खाती हुई सुर्मई सड़क सुनसान पड़ी थी। वह कार से उतरकर बरामदे में आया। बैरे ने नाश्ते की ट्रे उसके सामने लाकर रख दी। उसने स्याह क़हवे की एक प्याली ख़त्म करने के बाद टाइपराइटर खोला और मज़मून टाइप करना शुरू कर दिया। 'जुनूबी[3] एशिया में कम्युनिज़्म का असर' अपनी किताब का दूसरा बाब उसे जल्द-अज़-जल्द मुकम्मल करके रिसाले के एडीटर को हारवर्ड भेजना था और वक़्त बहुत कम था। उसे अभी यहाँ से मग़रिबी बंगाल और केरल भी जाना था।

बरामदे में इक्का-दुक्का यूरोपियन टूरिस्ट बियर का ग्लास सामने रखे चुपचाप बैठे अख़बार पढ़ रहे थे। बाग़ में सुर्ख़ फूल खिले थे। आसमान बहुत शफ़्फ़ाफ़[4] और नीला था। उसने सामने के पुरसुकून मंज़र को देखा। एक गहरा साँस लिया और दोबारा टाइप करने में मसरूफ़ हो गया।

घंटे-भर बाद वह एक बार फिर ख़ामोश सुर्मई सड़क पर रवाँ था[5] जिसके दोनों तरफ़ रबर के झुरमुट थे और इलायची की झाड़ियों पर ज़र्द तितलियाँ उड़ रही थीं।

क्रोयंगाला में हाथी की शक्ल की मुहीब[6] स्याह चट्टान उफ़क़[7] पर नमूदार[8] हुई। यहाँ से चढ़ाई शुरू होती थी। दूर-दूर तक पाम के झुंड हवा में सरसरा रहे थे। एक छोटे-से क़स्बे के खूबसूरत बाज़ार में से गुज़रते हुए अचानक उसे वह सब्ज़ कार दोबारा दिखाई दे गई। कुछ देर तक वह आगे-आगे जाती रही और एक गाँव में फलों की दुकान के सामने रुककर फिर पीछे रह गई।

लेज़ली मार्श को खुद ही हँसी आ गई। वह क्या मसख़रापन कर रहा था ! उस लड़की ने पीछे पलटकर देख लिया तो यही समझेगी कि कोई दूसरा टूरिस्ट पीछे-पीछे आ रहा है, और वाक़िया भी यही था।

---

1. उपनगर; 2. पीछा; 3. दक्षिणी; 4. साफ़; 5. चल रहा था; 6. भयानक; 7. क्षितिज; 8. प्रकट।

गाँव के रास्तों के किनारे लगी हुई रंग-बिरंगी काग़ज़ी चर्ख़ियाँ हवा में तेज़ी से घूम रही थीं। कहीं-कहीं बुद्ध मंदिरों के फाटक पर सफ़ेद झंडे लगे थे जिनसे ज़ाहिर होता था कि वहाँ के पुरोहित का देहांत हो गया है। तारीक[1] जंगलों में पुर्तगाली और विलंदेज़ी[2] अह्द में बने हुए कैथोलिक चर्च पीछे खड़े थे। खूबसूरत काटजों की खिड़कियों में पर्दे लहरा रहे थे।

कुछ देर बाद मंज़र तब्दील होना शुरू हुआ और ज़मर्रुद के रंग की पहाड़ियाँ हद्दे-नज़र[3] तक फैलती चली गईं।

पोलोंरवा में 'पराक्रम समुद्र' के किनारे रेस्ट हाउस पर पहुँचकर उसने मुतवक़्क़ा[4] निगाहों से चारों तरफ़ देखा; वह यहाँ भी नहीं थी।

कमरे में जाकर उसने मुँह-हाथ धोया और लंच का आर्डर देने के बाद बाहर आकर शीशे की लांज में बैठ गया। लांज के तीन तरफ़ 'पराक्रम समुद्र' लहरें मार रहा था। अंदर मेज़ों पर बड़े-बड़े ज़र्द फूल गुलदानों में जगमगा रहे थे। दरीचों के क़रीब तीन-चार अमरीकन और यूरोपियन सय्याह[5] औरतें क़हवा पीते हुए आहिस्ता-आहिस्ता बातों में मसरूफ़ थीं। साये की तरह मवद्दाना[6] चलते हुए सिंहाली बैरे उनकी ख़ातिर करने में जुटे हुए थे।

डाइनिंग हाल में टूरिस्ट डिपार्टमेंट की एक लड़की ने मुस्कुराकर उसे नमस्ते किया।

"पोलोंरवा के खंडर देखने में कितनी देर लगेगी ?" उसने दरियाफ़्त किया।

"यह इस पर मुनहसिर है कि आपको उनसे कितनी दिलचस्पी है," लड़की ने बड़े इख़लास[7] से जवाब दिया।

"मैं आर्कियोलॉजिस्ट हूँ।"

"ओह ! तब तो आपको अनुराधापुरा भी ज़रूर जाना चाहिए।"

"अफ़सोस है कि इस मर्तबा अनुराधापुरा नहीं जा सकता। आर्कियोलॉजी मेरी हॉबी है, मगर इन दिनों मैं एक बिलकुल मुख़्तलिफ़ मौज़ू[8] पर किताब लिखने की ग़रज़ से यहाँ आया हूँ। तुम किसी सियासी पार्टी से ताल्लुक़ रखती

---

1. अँधेरे; 2. डच; 3. दृष्टि की सीमा; 4. आशा भरी; 5. पर्यटक; 6. आदरपूर्वक 7. साफ़दिली; 8. विषय।

हो तो मुझे कुछ बातें बताओ।" उसने खड़े होकर दूसरी कुर्सी, मेज़ के क़रीब खिसकाते हुए कहा, "तुम तामिल हो या सिंहाली ?"

"तामिल ⋯ मगर मैं किसी सियासी पार्टी से ताल्लुक़ नहीं रखती। माफ़ कीजिए, मुझे इस वक़्त कोलंबो वापस जाना है।" लड़की ने मुस्कुराकर जवाब दिया और नमस्ते करके आगे चली गई।

ख़ाना ख़त्म करके वह बाहर आया। बरामदे में श्रीलंका और पोलोंरवा का नक़्शा और पराक्रमबाहु अव्वल का फ़रमान फ्रेम में आवेजाँ[1] था : "बारिश का थोड़ा पानी भी इनसान के काम में आए बग़ैर समंदर तक न बहना चाहिए – पराक्रमबाहु।"

उसने 'जुनूबी एशिया में कम्युनिज़्म का असर' का मसौदा बंद करके पोर्टफ़ोलियो में से दूसरा मसौदा निकाला और नक़्शे के सामने सीढ़ियों में बैठकर जल्दी-जल्दी नोट लेने शुरू किए।

"ईसा की पैदाइश से पाँच सौ साल पहले हिंदुस्तान के प्रिंस विजय ने लंका पर हमला किया। उसके हमराह आए हुए लोग जो मगधी नस्ल के थे, सिंहाली कहलाए और उनकी मुनासबत से यह जज़ीरा सिंहल द्वीप कहलाया यानी शेरों का जज़ीरा। प्रिंस विजय ने लंका की शहज़ादी से शादी कर ली थी। लंका के क़दीम[2] बाशिंदे **Pre-Dravadian Astroloids** थे ⋯ छोटा नागपुर के इलाक़े से चलकर यह नस्ल मलाया, जावा और आस्ट्रेलिया तक फैल गई। लंका में इन लोगों की राजधानी का नाम लंकापुरा था। ग़ालिबन उसी को हिंदुओं की क़दीम एपिक *रमायण* में शुमाली[3] हिंद के आर्यों ने अपनी नस्ली बरतरी[4] के एहसास की बिना[5] पर स्याहफ़ाम[6] राक्षसों की क़ौम कहा है। (एशिया में नस्लो-रंग का इम्तियाज़[7] ⋯ मशरिक़ की कलर बार ⋯ इस मसले र मुझे मज़ीद काम करना पड़ेगा, उसने हाशिये पर लिखा और कैमल ारेट जलाकर पराक्रम समुद्र की मौजों को देखने लगा। उस कासनी सारी व लड़की का ख़याल दिमाग़ से निकालकर चंद लम्हों बाद दोबारा लिखना शु किया।) सिलोन के मौजूदा जंगली क़बाइल[8] जो उड़ीसा के जंगली क़बाइल

---

1. स आ; 2. प्राचीन; 3. उत्तरी; 4. जातीय श्रेष्ठता; 5. आधार; 6. काले; 7. भेद; 8. आ ी।

से बहुत मुशाबहत[1] रखते हैं, वेदा कहलाते हैं और उन ही ओरिजिनल बाशिंदों की औलाद हैं।

"सिंहाली बादशाह इक्कीस सदियों तक इस जज़ीरे पर हुक्मराँ रहे। अनुराधापुरा उनका दारुल-सल्तनत[2] था। अशोक का बेटा शहज़ादा महेंद्र पहला बुद्धिस्ट मिशनरी था जिसने अनुराधापुरा आकर सिंहाली बादशाह देवनाम पियातिस्सा को बुद्ध मत में दाख़िल किया। बाइबिल में जुनूबी लंका के साहिली[3] शहर तारशिश यागाल का ज़िक्र है जहाँ मलिका सबा और सुलेमान के लिए मोर और हीरे एक्सपोर्ट किए जाते थे।

"आठवीं सदी ईसवी तक लंका शुमाली हिंद की मौर्य और गुप्ता कल्चर से मुतास्सिर[4] रहा और नवीं सदी से जुनूबी हिंद के सियासी और तहज़ीबी[5] हलक़-ए-असर[6] में दाख़िल हो गया। दरिया-ए-कृष्णा के पच्छिम में उस वक़्त चोला और पांड्या और केरल की बादशाहतें क़ायम थीं। लंका के तख़्त के मुख़्तलिफ़ दावेदार अपनी ख़ानाजंगियों[7] के दौरान उन बादशाहों से मदद माँगते थे। ग्यारहवीं सदी में चोला लोगों ने अनुराधापुरा की बादशाहत को शिकस्त देकर जज़ीरे के बेशतर[8] हिस्से को चोला सल्तनत में शामिल कर लिया और पोलोंरवा को अपनी राजधानी बनाया। मगर उसी सदी में सिंहाली बादशाह पराक्रमबाहु अव्वल ने जुनूबी हिंद के तसल्लुत[9] से आज़ाद होकर दोबारा अपनी सल्तनत क़ायम की।

"लंका का पाय-ए-तख़्त[10] अनुराधापुरा तेरह सौ साल तक आबाद रहा ... यह रोम और क़र्त्ताजना और थेबीज़ से ज़्यादा लंबी मुद्दत है ... और फिर जंगल उसे खा गया। पोलोंरवा लंका के अज़ीमतरीन[11] बादशाह पराक्रमबाहु अव्वल के अहद में अपने अरूज[12] पर पहुँच चुका था। उसने शानदार थिएटर हाल, तसवीरख़ाने, स्तूप और मंदिर तामीर करवाए। उसने सारे जज़ीरे मे आबपाशी[13] का ऐसा ज़बरदस्त और हैरतअंगेज़[14] इंतज़ाम किया कि दूर-दरा कश्मीर के फ़रमाँरवा[15] यहाँ से इंजीनियर मँगवाते थे। (कोलंबो प्लान

---

1. समानता; 2. राजधानी; 3. तटीय; 4. प्रभावित; 5. सांस्कृतिक; 6. प्रभाव; 7. गृहयुद्धों; 8. अधिकांश; 9. आधिपत्य; 10. राजधानी; 11. महानतम; 12. चरमोत्कर्ष; 13. सिंचाई; 14. आश्चर्यजनक; 15. शासक।

वक़्त ही शुरू हो गया था—लेज़ली मार्श ने दिल में कहा।)

"पराक्रमबाहु ने यह अज़ीमुश्शान[1] मसनूई[2] समंदर तैयार करवाया, ..." लिखते-लिखते उसने समंदर की तरफ़ देखा और फिर सामने लगे हुए फ़रमान पर नज़र डाली। "बारिश का थोड़ा-सा पानी भी इनसान के काम आए बग़ैर समंदर तक न बहना चाहिए !"

"उसके बाद ज़वाल[3] आया ... ," लेज़ली मार्श ने लिखना जारी रखा, "और रफ़्ता-रफ़्ता अगली सदियों में पोलोंरवा भी जंगल के बढ़ते हुए सैलाब[4] में डूब गया।"

उसने घड़ी देखी। अब चलना चाहिए, वरना रात तक सगरिया नहीं पहुँचा जा सकता। किताबें और काग़ज़ात समेटकर उसने पोर्टफ़ोलियो में रखे और रेस्ट हाउस से बाहर निकला। चंद क़दम पर पराक्रमबाहु का अज़ीमुश्शान मुजस्समा[5] एक नीचे-से टीले पर खड़ा था ... उस मुजस्समे को सिंहाली संगतराशों[6] ने नौ सौ बरस पहले बनाया था। उसके साये में खड़े होकर लेज़ली मार्श ने खुद को बेहद हक़ीर[7] महसूस किया—मैं कौन हूँ ... दूर-दराज़ न्यू इंग्लैंड से आया हुआ लेज़ली विंसेंट मार्श ... जो इस वक़्त ब-जोमे-खुद[8] मशरिक़ को तहज़ीब सिखाने निकला है, जो समझता है कि मशरिक़ के सारे दुखों का इलाज सिर्फ़ उसके पास है ... मशरिक़ को अपने दुखों का खुद ही मदावा[9] करने का कोई हक़ हासिल नहीं।

मुजस्समे के क़रीब झबरे बालों और स्याह रंगत का एक नौजवान वेदा खड़ा दाँत निकोस रहा था और ग़ालिबन उससे बख़्शिश का तालिब[10] था। उसे ऐसा लगा जैसे यह वेदा क़दीम जंगलों, इन सरसब्ज़[11] पहाड़ों, इस लहरें मारती नीली झील, इस संगे-सुर्ख़[12] के मुहीब[13] मुजस्समे की रूह है, जो आज की "मुतमद्दिन"[14] दुनिया के तारीक लाशऊर[15] में से दफ़अतन नमूदार होकर उसका मज़ाक़ उड़ा रहा है।

कैमरा सँभालकर वह टीलों पर से उतरता साँय-साँय करते ऊँचे दरख़्तों के जंगल में दाख़िल हुआ जहाँ संगे-सुर्ख़ के खंडर चारों तरफ़ दूर-दूर तक बिखरे हुए थे।

---

1. अत्यंत शानदार; 2. कृत्रिम; 3. पतन; 4. बाढ़; 5. मूर्ति; 6. मूर्तिकारों, तक्षकों; 7. तुच्छ; 8. अपने घमंड में; 9. इलाज; 10. इच्छुक; 11. हरे-भरे; 12. लाल पत्थर; 13. भयानक; 14. सभ्य; 15. अवचेतन।

मुनक़्क़श सुतूनों[1] वाले पैविलियन के 'मून स्टोन' पर बैठकर वह अपना कैमरा फ़ोकस कर रहा था जब उसे अचानक वह नज़र आ गई। वह दूसरी तरफ़ से सीढ़ियाँ उतरकर पराक्रमबाहु के 'पचास कमरोंवाले महल' की सिम्त[2] जा रही थी। वह फ़ौरन उसके पीछे-पीछे हो लिया। घास पर बिखरी हुई ज़र्द पत्तियों पर उसके क़दमों की आहट सुनकर वह पीछे मुड़ी।

"हाइ ... ," लेज़ली मार्श ने मुस्कुराकर कहा।

"हाइ ... ," जवाबन वह भी मुस्कुराई।

वह उसके साथ-साथ चलने लगा। "यह इस क़दर ख़ूबसूरत जज़ीरा है कि समझ में नहीं आता, क्या किया जाए," उसने बात शुरू की।

"हाँ," कासनी सारी वाली लड़की ने जवाब दिया। "हमारी मुक़द्दस[3] किताब *रामायण* में लिखा है कि सब्ज़ और सुनहरा लंका इस क़दर दिल-फ़रेब था जैसे आकाश पर बाग़ लगा हो।"

"कितनी हसीन तर्ज़े-तामीर[4] है यह," लेज़ली मार्श ने महल को देखते हुए ठिठककर कहा। "मैं जब भी एशिया आता हूँ अपने-आपको बेहद हक़ीर महसूस करता हूँ।"

"तुमने जुनूबी हिंद के मंदिर देखे हैं ?"

"हाँ ... तुम भी हिंदुस्तानी हो ना ?"

"हाँ ... वह देखो ... सातमहल विहार—इसे रानी रूपवती ने बनाया था ... मैंने अभी गाइडबुक में देखा।"

"मेरा नाम लिज़ विंसेंट मार्श है। मैं हारवर्ड से आया हूँ।"

"मैं डाक्टर मीरचंदानी हूँ। मैंने 1954 तक कोलंबिया में पढ़ा है।"

"मिस मीरचंदानी या मिसेज़ मीरचंदानी ?"

"मीरचंदानी मेरा मेडेन नाम है।"

"तुम्हें मालूम है, मैं कोलंबो से लेकर यहाँ तक तुम्हारा तआक़ुब[5] करता आया हूँ। तुमने एक बार भी पीछे मुड़कर नहीं देखा।"

"हारवर्ड के लोग तो बहुत संजीदा और माक़ूलियत-पसंद मशहूर हैं !"

"हा हा हा ... तुम कोलंबिया में इंग्लिश डिपार्टमेंट के डाक्टर एडवर्ड मार्श को

---

1. नक़्क़ाशीदार खंभों; 2. तरफ़; 3. पवित्र; 4. निर्माण-कला; 5. पीछा।

जानती हो ? वह मेरा छोटा भाई है।"

खंडरों के चक्कर लगाते हुए उन्होंने अमरीका की बातें शुरू कर दीं। वह उसी पसमंज़र[1] से निकलकर आया था जिसमें वह खुद इतने अरसे रही थी और जहाँ उसने अपनी ज़िंदगी का बेहतरीन वक़्त गुज़ारा था। शायद इसीलिए उस अजनबी अमरीकन से उसने एक अजीब-सी यगानगत[2] महसूस की।

"एंथ्रोपोलॉजी और आर्कियोलॉजी मेरे महबूब मज़मून हैं। लेकिन यूनिवर्सिटी में पोलिटिकल साइंस पढ़ाता हूँ। आजकल एक किताब लिखने की ग़रज़ से यहाँ आया हूँ। तुम भी किताब लिखने आई हो ?"

"नहीं तो ··· वह देखो," उसने जल्दी से गाइडबुक खोली। "वह रानियों के नहाने के लिए कँवल की शक्ल का तालाब–यहाँ लिखा है कि ज़मीनदोज़ नाली के ज़रिये पराक्रम समुद्र से पानी लाकर उसमें भरा जाता था।"

वह सारे में घूमते फिरे–लंका-तिलक मंदिर ··· जेतवन विहार ··· रानी रूपवती का बनाया हुआ स्तूप ··· पराक्रमबाहु की मलिका सुभद्रा का बनाया हुआ केरी विहार ··· जुनूबी हिंद की तर्ज़ के टूटे-फूटे शिवाले ··· ईंटों से बनाया हुआ बेतहाशा ऊँचा गौतम बुद्ध जो सीधा खड़ा था और जिसके गोथिक वज़ा[3] के मंदिर की छत गिर चुकी थी। घास पर सुर्मई चट्टानों के दरमियान लेटा हुआ गौतम बुद्ध जिसे परिनिर्वाण हासिल हो चुका था और जिसके सिरहाने आनंद हाथ बाँधे अपने आक़ा की मौत पर उदास खड़ा था ··· एक वसीओ-अरीज़[4] चबूतरे पर पद्मासन में बैठा हुआ गौतम बुद्ध जिसके सामने दरख़्तों पर पुजारियों ने अपनी-अपनी मुरादें हासिल करने के लिए सफ़ेद कतरें बाँध रखी थीं ··· और जिसके चारों ओर सिंहाली औरतें आ-आकर सजदे में गिर रही थीं ··· मोरों और हाथियों और राजहंसों की रिलीफ़ वाले नफ़ीस[5] और सुबुक[6] मून स्टोन ··· लेज़ली एक-एक चीज़ देखकर बेहाल हुआ जा रहा था।

"वह देखो सातमहल प्रासाद," लेज़ली ने सामने इशारा किया। "उस ज़माने में लोग सात-सात मंज़िलें तामीर कर लेते थे। कमाल है !"

---

1. पृष्ठभूमि; 2. अपनापन; 3. शैली; 4. लंबे-चौड़े; 5. सुंदर; 6. हलके।

"*रामायण* में तुलसीदास ने लिखा है कि लंका के महल खुद विश्वकर्मा ने खुदा-ए-दौलत[1] कुबेर के रहने के लिए अपने हाथों से बनाए थे," सीता ने कहा।

"हैं ... हैं ? फिर से कहना," उसने फ़ौरन अपनी नोटबुक निकाली। सीता खिलखिलाकर हँस पड़ी।

"और यह भी लिखो ... विष्णु ने जादू का शहर बसाया था। उसमें शहज़ादी विष्णु मोहिनी रहती थी।" वह एक शिकस्ता[2] सुतून पर बैठ गई। लेज़ली ने नोटबुक बंद कर दी।

"तुम्हें एक बात बताऊँ ?" उसने कहा, "हिंदू देवमाला[3] और *रामायण* की कहानी पढ़कर मैं हमेशा सोचा करता था कि सीता कैसी होगी।"

"और वह तुमने आज देख ली," वह और ज़ोर से हँसी।

फ़िज़ूल ... फ़िज़ूल ...

वापसी पर उन्हें दूर से रनकोट विहार का अज़ीमुश्शान स्तूप नज़र आया जिसके वसीओ-अरीज़ गुंबद पर घना जंगल उग आया था। "कितनी डरावनी बात है !" सीता ने कहा। "इनसान जंगल के सामने बेबस रह जाता है।"

"हाँ !" लेज़ली ने उसे ग़ौर से देखते हुए जवाब दिया। "तुम बिलकुल ठीक कहती हो।"

रेस्ट हाउस के सामने पहुँचकर उसने सीता से कहा, "अगर तुम यह नहीं चाहती हो कि मैं दोबारा तुम्हारा तआकुब शुरू करूँ तो तुम मेरी कार में आ जाओ ... और अपने ड्राइवर से कह दो कि हमारे पीछे-पीछे आए।"

सीता ने ऐसा ही किया।

पोलोंरवा के खंडर अक़ब[4] में छोड़कर फिर वो सीधी सड़क पर आ गए। सीता ने सर पीछे डालकर आँखें बंद कर लीं। पिछले साल वह इरफ़ान के साथ बहावलपुर की गर्द-आलूद सड़क पर से गुज़र रही थी। इरफ़ान इस वक़्त कोलंबो में था, जमील भी कोलंबो में था। वह लेज़ली विंसेंट मार्श के साथ सगरिया जा रही थी।

रात हो गई।

---

1. धन के देवता; 2. टूटे हुए; 3. पुराण (माइथोलॉजी); 4. पीछे।

सावित्री ने कहा था–रात हमारे चारों ओर गहरी होती जाती है। सूरज डूब चुका है। रात के हैवान[1] चारों खूँट घूम रहे हैं और बड़ी बेरहमी से तंज़िया[2] क़हक़हे लगाते हैं। उनके चलने से पत्तियाँ खड़खड़ा रही हैं। जुनूब-मग़रिब[3] से आती हुई गीदड़ों की भयानक चीखें मेरे दिमाग़ को थर्रा रही हैं ⋯ मेरे दिमाग को ⋯ मेरे दिमाग़ को ⋯

रात की तारीकी में सगरिया रेस्ट हाउस पर गहरा सुकूत[4] तारी[5] था।

"तुम्हारा रिज़र्वेशन मौजूद है ?" लेज़ली ने कार से उतरते हुए पूछा।

"हाँ।"

"आपका कमरा उस तरफ़ के विंग में है डाक्टर मार्श," रेस्ट हाउस के मैनेजर ने सामने आकर कहा।

"अच्छा ⋯ थैंक्स।" वह अटैचीकेस उठाकर लंबे-लंबे डग भरता दूसरे बरामदे की सिम्त रवाना हो गया।

सुबह को जब वह अपने कमरे से निकली तो वह बरामदे में बैठा बड़ी तनदही[6] से टाइप कर रहा था।

"गुड मॉर्निंग !" उसने सर उठाकर कहा।

"गुड मॉर्निंग टू यू, प्रोफ़ेसर," सीता ने जवाब दिया और क़रीब की कुर्सी पर बैठ गई। वह टाइप करने में मसरूफ़ रहा।

"क्या लिख रहे हो ?"

लेज़ली ने टाइपशुदा काग़ज़ात उसकी तरफ़ खिसका दिए।

'जुनूबी एशिया पर कम्युनिज़्म का असर'। सिलोन में श्रीलंका फ्रीडम पार्टी का ढोंग। दूसरे बाब[7] का पहला उनवान[8] था ⋯ वह चंद सफ़हों पर नज़र दौड़ाकर कोफ़्त के साथ बाहर देखने लगी ⋯

"तुम्हारी बातों से लगा था कि तुम माकूल क़िस्म के डेमोक्रेट हो ⋯ ," चंद मिनट बाद उसने कहा।

लेज़ली टाइपराइटर बंद करके हँसने लगा। "मैंने कल शाम पोलोंरवा में तुमसे बहस करने के बाद तय कर लिया था कि इतने खूबसूरत लम्हात सियासी

---

1. पशु; 2. व्यंग्यमय; 3. दक्षिण-पश्चिम; 4. सन्नाटा; 5. छाया हुआ; 6. एकाग्रता; 7. अध्याय; 8. शीर्षक।

गुफ़्तगू में बरबाद नहीं करूँगा क्योंकि जब तुम तक़रीर शुरू कर देती हो तो दूसरे को कोई और बात नहीं करने देतीं और इस तरह बहुत क़ीमती वक़्त ज़ाया होता है। तुम ऐसी हसीन लड़कियों को इंटेलेक्चुअल बिलकुल नहीं होना चाहिए।"

सीता ने कोई जवाब नहीं दिया और उसके साथ ब्रेकफ़ास्ट की मेज़ की तरफ़ चली गई।

नाश्ता ख़त्म करके उसने घड़ी देखी।

"अब जल्दी से सगरिया देख आना चाहिए।"

"क्यों ? जल्दी क्या है ?" लेज़ली ने उसका सिगरेट जलाते हुए कहा। "मेरा तो जी चाह रहा है कि एक-दो दिन यहीं रहा जाए।"

"मुझे मंगल की सुबह कोलंबो पहुँचना है।"

"कोलंबो पहुँचने की इतनी जल्दी क्यों है ?"

"अंग्रेज़ों के बसाए हुए इस कोलोनियल शहर में क्या रखा है ?"

वह मेज़ पर माचिस की तीलियों से हरूफ़ बनाने में मुनहमिक[1] रही। एक बहुत कम-उम्र सिंहाली जोड़ा जिसके अंदाज़ से ज़ाहिर होता था कि वहाँ माहे-उस्ल[2] मनाने आया है, अपने कमरे से निकलकर काउंटर पर आया। लड़की कोलंबो ट्रंक काल कर रही थी।

"ममा हम लोग ख़ैरियत से हैं। बहुत अच्छा ... खाना ... ? हाँ, खाना बहुत अच्छा है ... हाँ ... हाँ ... मैंने ओवलटीन पिया है ... मैं रत्ना को बहुत-से पिक्चर पोस्टकार्ड भेजूँगी ... जार्ज से बात कीजिए।"

क़हवा ख़त्म करके लेज़ली उठ खड़ा हुआ। "जो तुम्हारी मर्ज़ी ... चलो, सगरिया देख आएँ।"

सगरिया की छः सौ फ़ीट ऊँची हैबतनाक[3] चट्टान की चोटी पर पहुँचते-पहुँचते बहुत वक़्त लग गया। हवा बहुत तेज़ थी और मद्धम धूप नीचे हद्दे-नज़र तक खेतों पर फैली हुई थी ... दूर उफ़क़[4] पर तेज़ नीली पहाड़ियाँ नज़र आ रही थीं।

चोटी पर पहुँचकर चारों तरफ़ देखते हुए उसने यकलख़्त लेज़ली से

---

1. मग्न; 2. मधुमास (हनीमून); 3. भयानक; 4. क्षितिज।

कहा, "एहसासे-जुर्म[1] सगरिया की चट्टान की तरह मुहीब[2] और अटल और स्याह और ख़ौफ़नाक है।"

"तुम बाज़ दफ़ा ऐसी गुंजलक[3] बातें करती हो कि उनके लिए बाज़ाब्ता फुटनोट्स की ज़रूरत महसूस होने लगती है ... बताओ दुनिया की किस लाइब्रेरी में तुम्हारी बातों के इशारे मिल सकेंगे ?" लेज़ली ने कहा।

सीता ने पलकें उठाकर उसे देखा।

फ़िज़ूल ... फ़िज़ूल ... फ़िज़ूल ...

एक और चट्टान की सतह पार करके वो फ़्रेस्कोज़ की तरफ़ जानेवाली आहनी[4] सीढ़ियों के नीचे पहुँच गए ... लेज़ली ने एक क़दम मुँडेर पर रखकर ऊपर देखा।

"अगर वहाँ से गिर जाए आदमी तो कैसा रहे ?" उसने हाथ पर आँखों से साया करते हुए फिर चारों तरफ़ देखा ... दफ़अतन उसने मुड़कर सीता से सवाल किया, "तुम एहसासे-जुर्म की क्या बात कर रही थीं ... ?"

"कुछ नहीं।" वह मुँडेर पर बैठ गई।

"मुझे ज़रूर बताओ ...," लेज़ली ने ज़िद्द की।

"रात मैं सगरिया की कहानी पढ़ रही थी।" सीता ने बात टालने के लिए कहना शुरू किया, "कि पाँचवीं सदी ईसवी में धत्वसेन लंका का राजा था।"

लेज़ली ने फ़ौरन नोटबुक निकाली और घुटनों के बल झुककर उसके सामने बैठ गया। "उसके दो बेटे थे ...," सीता ने हवा के थपेड़े से उड़ते हुए पल्लू को कमर के गिर्द लपेटते हुए कहा ... "केश्यप और मौग्लना। राजा की बेटी की शादी उसके सेनापति से हुई थी ... एक रोज़ राजकुमारी ने अपने बाप से कहा कि उसके शौहर ने उसे कोड़ों से मारा है ... धत्वसेन ने गुस्से में आकर उसकी सास को ज़िंदा जलवा दिया। सेनापति बादशाह पर खुद हमला नहीं कर सकता था। उसने केश्यप को अपने साथ मिला लिया और केश्यप ने बग़ावत करने के बाद बाप को ज़िंदा दफ़्न किया और खुद तख़्त पर बैठ गया। मौग्लना जान बचाकर हिंदुस्तान भाग आया मगर उसके बाद महाराजा केश्यप को एहसासे-जुर्म ने सताना शुरू कर दिया। उसे यक़ीन हो गया कि इंतक़ाम

---

1. अपराध-बोध; 2. भयानक; 3. अस्पष्ट; 4. लोहे की।

की देवी उसे उसके जुर्म की सज़ा देगी। लिहाज़ा उस मुस्तकिल ख़ौफ़ज़दा बादशाह ने सगरिया की इस ऊँची चट्टान की सतह पर महल-दोमहले और तालाब और हौज़ बनवाए और यहाँ रहने लगा। मगर अट्ठारह साल बाद ···," मुँडेर से उठकर उसने फिर ऊपर चढ़ना शुरू कर दिया। लेज़ली नोटबुक सँभाले साथ-साथ सर झुकाए बड़े ध्यान से कहानी सुनता जा रहा था ··· चलते-चलते एक सीढ़ी पर सीता का पैर रपटा।

"अरे अरे–सँभलकर चलो," उसने घबराकर कहा। "हाँ फिर ··· ?"

"अट्ठारह साल बाद मौग्लना फ़ौज लेकर हिंदुस्तान से लौटा और उस चट्टान के नीचे अपने भाई से जंग की और केश्यप ने मैदाने-जंग में खुदकुशी कर ली ··· "

उन्होंने ख़तरनाक आहनी ज़ीना चढ़ना शुरू किया और चंद मिनट में ऊपर पहुँच गए। चोटी के बिलकुल किनारे-किनारे 'गैलरी' थी जिसकी दीवार पर अजंता की नक़ल में फ़्रेस्को बने थे।

"फूल बरसाती हुई अप्सरा का रिप्रोडक्शन इतनी बार देखा है कि इस वक़्त उसे सचमुच में देखकर यक़ीन नहीं आ रहा है ···," लेज़ली ने कहा।

"तुमने अजंता के फ़्रेस्को देखे हैं ?" सीता ने पूछा।

"नहीं ··· अब जाकर देखूँगा ··· ज़रा सोचो, ये ख़ूबसूरत तसवीरें किन फ़नकारों[1] ने कितने जोखिम में पड़कर बनाई होंगी !"

"अजंता देखने के बाद ये पांच-छ: छोटी-छोटी तसवीरें बिलकुल मसख़रापन मालूम होती हैं। मुझे तो बड़ी मायूसी हुई ख़्वाहमख़्वाह इतनी ऊपर चढ़कर आई ··· चलो, अब नीचे ग्रैफ़िटी देख लें ···," सीता ने गाइडबुक खोलकर कहा। लेज़ली तसवीरें देखने में महव[2] था। वह उसके नज़दीक जा खड़ी हुई।

"तुम्हारी तसवीर अगर किसी क़दीम संगलाख़[3] दीवार पर इसी तरह बनाई जाती तो कैसी लगती ?" लेज़ली ने पलटकर उसे ग़ौर से देखते हुए कहा, "जाने ये लड़कियाँ कौन रही होंगी ··· "

सीता ने बालों की लट पेशानी पर से हटाकर आहिस्ता से कहा, "वजूलता ··· बिजली की शहज़ादी ··· मेघलता ··· बादलों की शहज़ादी ···

---

1. कलाकारों; 2. खोया हुआ; 3. पथरीली।

अप्सराएँ ··· रंभा ··· मेनका ···"

फ़्रेस्कोज़ से आगे बढ़कर वह ग्रैफ़िटी की तवील दीवार के नीचे खड़े हो गए। नीचे शेर के अज़ीमुश्शान पंजों के दरमियान से निकलकर चंद सय्याह[1] सीढ़ियाँ चढ़ रहे थे। सिंहगिरि का हौलनाक साया दूर-दूर तक खेतों पर पड़ रहा था।

"इस दीवार पर सदियों पहले सगरिया आनेवाले सय्याहों ने जो कुछ लिखा था उसी तरह महफ़ूज़ है ··· ," सीता ने गाइडबुक खोलकर पढ़ना शुरू किया, "इस ग्रैफ़िटी पर, जो शीशे की दीवार कहलाती है, छः सौ अस्सी तहरीरें[2] मुनक्क़श[3] हैं जिन्हें हमारी-आपकी तरह सय्याहों ने लिखा होगा ··· बहुत-सी मज़ाकिया नज़्में सवाल-जवाब की सूरत में हैं।

"दोस्त ··· एक जगह लिखा है ··· इन सुनहरी लड़कियों की तसवीरें जगह-जगह से ख़राब हो गई हैं ··· कहीं-कही पे उनका रंग उड़ गया है ··· क्या अब कोई ऐसा बाक़ी नहीं जो उनके ज़माने में उनसे प्यार करता था ?

"एक किसी औरत ने लिखा है, 'सुनो सुनो ··· हम लड़कियाँ तुमसे मुख़ातिब हैं ··· तुम अहमक़ो, तुम जो सगरिया आए हो ··· गीत गाने और नज़्में लिखने के अलावा तुमने यह भी सोचा है कि हम औरतें हैं और हमें मुद्रा चाहिए' ··· "

कैंडी में शातू के दरीचे में से झील नज़र आ रही थी जिसके चारों तरफ़ पहाड़ियों पर सुर्ख़ छतों वाली कोठियाँ पाम के घने झुरमुटों में छिपी खड़ी थीं। पहाड़ियों पर बल खाते हुए सायादार ड्राइव्ज़ थे जिनके नाम साबिक़[4] बर्तानवी गवर्नरों की बीवियों के नाम पर रखे गए थे–लेडी होर्टन ··· लेडी ब्लैक्स ··· लेडी मैक केलम ··· आसमान के मुक़ाबिल बाइबिल रॉक एस्तादा[5] थी।

शातू का मालिक कोई रोमन कैथोलिक बैरिस्टर था जिसका आधा नाम पुर्तगाली, आधा सिंहाली और आधा तामिल था। निचली मंज़िल के ड्राइंगरूम में अपने फ़ेमिली ग्रुप आवेज़ाँ[6] थे। ऊपर खाने के कमरे में बैरिस्टर के किसी पुरखे की रौगनी तसवीर[7] सजी थी। तसवीर के नीचे उसका नाम लिखा था : "डान फ्रेंड्ज़ डि कोस्टा समरसिंघारविना मुदलियार।"

---

1. पर्यटक; 2. लेख; 3. नक़्क़ाशी की हुई; 4. भूतपूर्व; 5. खड़ी हुई; 6. सजा हुआ; 7. तैलचित्र।

"कोलोनियल मशरिक़ और साम्राजी मग़रिब का यह नाजायज़ इख़्तलात[1] मुझे हांगकांग से लेकर गोवा तक हर जगह देखने को मिलता है ... ," लेज़ली ने नैपकिन उठाकर दरीचे के क़रीब खाने की मेज़ पर बैठते हुए कहा।

"तुमने कैंडी की रक़्क़ासाओं[2] का नाच देखा है ?" सीता ने पूछा।

"हाँ ... मैं जंग के ज़माने में बर्मा जाते हुए चंद रोज़ के लिए यहाँ ठहरा था। इत्तफ़ाक़ से इसी शातू में ठहरा था ... जिस ज़माने में कैंडी, लार्ड माउंटबेटन के साउथ ईस्ट एशिया कमांड का हेडक्वार्टर था ... " फिर वह रुककर किसी सोच में डूब गया।

"क्या सोचते हो ?" सीता ने सलाद की प्लेट उसकी तरफ़ बढ़ाते हुए सवाल किया।

"कुछ नहीं ... " वह चौंककर बोला, "बर्मा में बुरी तरह ज़ख़्मी हुआ था और कई साल जंगी क़ैदी रहा था। मेरे दो छोटे भाई टोकियर पर बमबारी करते हुए मारे गए थे ... जंग बड़ी ख़ौफ़नाक चीज़ है हनी।"

"और तुम अब एक और जंग चाहते हो !"

"क्योंकि तुम्हारे इस खूबसूरत एशिया को कम्युनिज़्म से बचाना लाज़मी है हनी।"

सीता ने एक बार फिर ख़ामोशी से खाना शुरू कर दिया।

"चलो, अच्छे सय्याहों की तरह दाँत का मंदिर देख आएँ," खाने के बाद उसने ज़रा उकताकर लेज़ली से कहा।

कैंडी के मशहूर 'दाँत के मंदिर' में शाम की पूजा हो रही थी। उससे मिला हुआ कैंडी के आख़िरी बादशाह विक्रमराजसिंह का छोटा-सा चोबी[3] महल सुनसान पड़ा था। लेज़ली उसकी दीवारों के चोबी नक़्शो-निगार उँगलियों से छूता हुआ फिरा ... उस बादशाह को 1815 ई. में अंग्रेज़ों ने शिकस्त देकर लंका पर क़ब्ज़ा जमाया था ... सीता को याद आया—उसने कोलंबो म्यूज़ियम में श्री विक्रमराजसिंह की रानी का अतलसी ब्लाउज़ एक शोकेस में रखा देखा था जिसके शाने[4] पर खून का मद्धम-सा धब्बा था। ब्लाउज़ के नीचे एक पर्ची पर लिखा था—कैंडी को ताराज[5] करने के बाद राजमहल पर हमला करते हुए

---

1. घालमेल; 2. नर्तकियों; 3. लकड़ी का; 4. कंधे; 5. पराजित।

बर्तानवी सिपाहियों ने महारानी के कानों से जो बालियाँ नोची थीं, यह उसका ख़ून है ··· !

झाँसी की लक्ष्मीबाई ··· लखनऊ की मलिका हज़रतमहल ··· कैंडी की महारानी ··· शातू वापस आकर रात का खाना खाने के बाद लेज़ली से मज़ीद बातें करने के बजाय वह सीधी अपने कमरे में चली गई। वह उससे तीन दिन तक मुतवातिर[1] बातें करते-करते अब उकता गई थी।

रात गए तक लेज़ली के कमरे से टाइपराइटर की आवाज़ आया की। शायद वह उस वक़्त जुनूबी एशिया में कम्युनिज़्म के असरात का तीसरा बाब[2] लिख रहा था।

दूसरे रोज़ सवेरे वो कैंडी से रवाना हुए। शहर के बाहर महावेली गंगा में हाथी नहा रहे थे। चंद मील के फ़ासले पर सिलोन यूनिवर्सिटी की संगे-सुर्ख़ की ख़ूबसूरत इमारात दूर-दूर तक सरसब्ज़ पहाड़ियों पर बिखरी हुई थीं। सायादार रास्तों पर सूती सारियों में मलबूस साँवली-सलोनी लड़कियाँ किताबें उठाए इधर-उधर आ-जा रही थीं ··· जाने इन बेचारियों की क़िस्मतों में क्या-क्या लिखा है ··· कार में लेज़ली के पहलू[3] में बैठे हुए उसने सोचा–वह भी किसी ज़माने में इसी तरह ज़ौक़ो-शौक़[4] से किताबें सँभाले पढ़ने जाया करती थी ··· अब उसकी समझ में आया कि उसकी ससुराल की बड़ी-बूढ़ियाँ कुँवारी लड़कियों के सलाम के जवाब में "अल्लाह नसीबा अच्छा करे" क्यों कहा करती थीं ··· और बड़ी ख़ाला, मँझली ख़ाला, छोटी ख़ाला, तीनों उसके जवाब में उसे "बूढ़ सुहागन बनो" और "माँग से ठंडी रहो" की दुआएँ क्यों देती थीं ··· !!

कैंडी से आगे अचानक ज़्यादा बुलंद पहाड़ शुरू हो गए। पाम के झुंड अब ख़त्म हो रहे थे और उनकी जगह ऊँचे-ऊँचे अल्पाइन दरख़्तों ने ले ली थी।

तीसरे पहर को वो निवारा एलिया के हिल स्टेशन पर पहुँच गए–निवारा एलिया ··· 'रोशनियों का शहर' ···

अंग्रेज़ी कंट्री हाउस की वज़ा[5] का दोमंज़िला 'ग्रैंड होटल' एक फूलों से लदी हुई पहाड़ी पर एस्तादा[6] था। उस वक़्त हलकी-हलकी बारिश हो चुकी

---

1. लगातार; 2. अध्याय; 3. बग़ल; 4. रुचि और लगाव; 5. शैली; 6. खड़ा।

थी। हवा में पहाड़ी गुलाबों की तेज़ महक थी। हर तरफ़ डेज़ी और कार्नेशन के पौधे लहलहा रहे थे। होटल के अंदर से मद्धम मग़रिबी मौसीक़ी की आवाज़ आ रही थी।

"उफ़्फ़ोह ···," लेज़ली ने कार से उतरकर हवा को सूँघते हुए कहा। "मुझे यकायक ऐसा मालूम हो रहा है जैसे एशिया के तुंदो-तेज़ सेह्र[1] से बचकर एक बार फिर अपने महफ़ूज़[2] और सर्द मग़रिब में वापस आ गया हूँ।"

जितनी देर में सीता अपना सामान सँभालकर बरसाती में उतरी, वह हाल में जाकर काउंटर पर बैठे हुए क्लर्क से बात करने में मसरूफ़ हो चुका था ··· वह भी क़रीब आकर खड़ी हो गई। क्लर्क ने रजिस्टर खोला और लेज़ली को सवालिया नज़रों से देखने लगा।

"डबल रूम सर ?"

"हाँ ···" लेज़ली ने जवाब दिया।

"नाम ··· ?"

"मिस्टर एंड मिसेज़ लेज़ली मार्श ···," लेज़ली ने जवाब दिया। क्लर्क ने लिख लिया।

"तुम्हें कोई एतराज़ तो नहीं हनी ··· ?" उसने आहिस्ता से पूछा।

वह चुप रही।

दूसरी सुबह पहाड़ों पर बहुत गहरा कोहरा छाया हुआ था। धुँध छटी तो सीता हाउसकोट पहनकर दरीचे में गई और सुर्ख़ फूलों वाला पर्दा हटाकर बाहर देखने लगी।

"आज का क्या प्रोग्राम है ?" उसने पलटकर लेज़ली से पूछा।

"तुम ही बताओ," उसने शेव करते हुए सिंगारमेज़ के सामने से जवाब दिया। "मैं तुम्हारे हाथों में हूँ।"

सीता खिड़की के सर्द शीशे से नाक चिपकाए देर तक बाहर का मंज़र देखा की।

लेज़ली अब इंतहाई बेसुरी आवाज़ में जुनूबी प्लांटेशंस का एक उदास निग्रो नग़्मा गुनगुना रहा था। बाहर चोटियों पर बादल तैरते फिर रहे थे।

---

1. जादू; 2. सुरक्षित।

दूर पहाड़ों पर आबशार[1] तेज़ी से गिर रहे थे।

निवारा एलिया में ज़मीन एक फुट तक स्याह है। यहाँ के लोगों का अक़ीदा[2] है कि सीता को बचाने के लिए यहाँ आकर हनुमान ने सारे पहाड़ को आग लगा दी थी, जभी से यह ज़मीन जली हुई है ··· सीता यहीं खोई गई थी ··· रावण ने सीता को लाकर इसी जगह पर कै़द किया था।

दोपहर को सीता और लेज़ली पहाड़ों पर घूमते-फिरते एक आबशार के किनारे जा पहुँचे। "ज़रा यहाँ रुकना," सीता ने लेज़ली से कहा। आबशार से ज़रा हटकर एक छोटा-सा सफ़ेद रंग का मंदिर खड़ा था। वह कार से उतरकर चट्टानें फलाँगती मंदिर की सिम्त गई। लेज़ली भी कैमरा सँभालकर पीछे-पीछे लपका। मंदिर के नीचे पहाड़ी नदी का शोर मचाता हुआ पानी बह रहा था। अंदर से पुजारी निकला। अमरीकन टूरिस्ट को देखकर वह बेहद खुश हुआ कि आज खुदा-ए-दौलत के दर्शन हो गए। दस रुपए से क्या ही कम बख़्शिश देगा।

"यह सीता परमेश्वरी का मंदिर है," बालों का जूड़ा बनाए, सर पर हाथीदाँत की कंघी उड़से एक राह चलता सिंहाली सीता को बता रहा था। "देखिए मैडम ! ··· वह जो आबशार के बराबर में छोटी-सी सुरंग है उसके ज़रिये सीता को एला से खाना लाकर पहुँचाया जाता था ··· रावण यहाँ से अड़तीस मील दूर एला में रहता था।"

"गुड गॉड ··· " सीता ज़ोर से हँसी लेकिन लेज़ली बड़ी अक़ीदत[3] से अपनी नोटबुक में लिखता गया।

"ये सब बातें मेरी किताब में अवामी अक़ायद[4] के बाब में आएँगी। मैं साबित करूँगा कि तुम्हारी सारी कम्युनिज़्म के बावजूद पूरे एशिया में ··· हिंदुस्तान, पाकिस्तान, लंका, हर जगह अवाम किस शिद्दत[5] से अपने-अपने मज़ाहिब[6] के पाबंद हैं और अपनी मज़हबी रवायात[7] में कितना अटल और गहरा यक़ीन रखते हैं ··· अब इस बेचारे ग़रीब सिंहाली मज़दूर को देखो ··· यह कितने वसूक से[8] तुम्हें बतला रहा है कि रावण यहाँ से अड़तीस मील दूर एला

---

1. झरने; 2. आस्था; 3. श्रद्धा; 4. लोक-विश्वास; 5. तीव्रता; 6. धर्मों; 7. परंपराओं; 8. भरोसे से।

में रहता था ⋯ यह मशरिक़ की लाज़वाल[1] ताक़त है हनी, जिसे तुम्हारी इंडियन कम्युनिस्ट पार्टी या बर्मा के तख़रीबपसंद[2] या यहाँ के इश्तराकी[3] और हमसफ़र ⋯ कोई भी ख़त्म नहीं कर सकता।"

सीता चट्टान पर झुककर उस सुरंग के अंदर झाँकने की कोशिश में मसरूफ़ रही जिसके ज़रिये सीता के लिए खाना सप्लाई किया जाता था।

लेज़ली ने मंदिर की नीम-तारीक[4] कोठरी के अंदर जाकर पुजारी का इंटरव्यू शुरू कर दिया। पुजारी ने उसके माथे पर तिलक लगाया। डा. लेज़ली मार्श ने बड़े ज़ौक़ो-शौक़ से सुर्ख़ और सफ़ेद तिलक लगवाया ⋯ माथे पर तिलक लगाए हुए वह बेहद मसख़रा मालूम हुआ। बेचारा ⋯ बेवक़ूफ़ अमरीकन ⋯

निवारा एलिया के इस कंट्री हाउस के इस सुर्ख़ फ़ूलदार पर्दों वाले कमरे में, जिसके बाहर पहाड़ी गुलाब खिले थे और दूर से आबशारों की आवाज़ आती थी, वो चार दिन तक रहे।

13

" ⋯ और हनुमानजी राक्षस के महल के अंदर गए मगर सीता वहाँ नहीं थी। उस महल के बराबर एक महल था जिसके अंदर हरि का मंदिर बना था। यहाँ विभीषण रहता था जो हरिभक्त था और उसने हनुमानजी से कहा—मैं इस जगह पर इस तरह रहता हूँ जैसे दाँतों के बीच में ज़बान।

" ⋯ रघुपति ने लक्ष्मण से पूछा, भाई तुमने जनक की बेटी को जंगल में तनहा छोड़ दिया ⋯ जहाँ चारों तरफ़ राक्षस घूमते फिर रहे हैं ⋯ ?

"राम जंगल में पूछते फिरे—परिंदो, जानवरो, भौंरो, तुमने मेरी मृगनयनी सीता को कहीं देखा है ? ममोले, तोते, हिरन, मछलियाँ, बिजली, कँवल, ख़िज़ाँ का चाँद, साँप, 'काम' का तरकश, बतख़ें, हाथी, शेर—अब अपने-अपने हुस्न पर दोबारा नाज़ाँ[5] हो सकते हैं। सुनो जानकी ! बेल का फल, सोना और केला अब खुश हैं क्योंकि तुम जा चुकी हो ⋯ वो मुतमइन[6] हैं कि हुस्न में उनका

---

1. अनश्वर; 2. विध्वंसवादी; 3. कम्युनिस्ट; 4. आधी अँधेरी; 5. गर्वित; 6. संतुष्ट।

रक़ीब[1] अब कोई नहीं रहा।

"राम ने जंगल से गुज़रते हुए लक्ष्मण से कहा–देखो लक्ष्मण, जंगल कितना खूबसूरत है, कौन इसका हुस्न देखकर मुज़्तरिब[2] न होगा ? जब हिरन हमारी आहट पर भाग खड़े होते हैं तो उनकी हिरनियाँ उनसे कहती हैं, डरो नहीं ... तुम तो जन्म-जन्म के हिरन हो, लेकिन ये दोनों तो एक सुनहरे हिरन की तलाश में आए हैं ... भैया देखो, बसंत रुत कितनी खूबसूरत है ! कामदेव सीता के खो जाने की वजह से मुझे उदास देखकर जंगल और शहद की मक्खियों और चिड़ियों की अयानत[3] से मेरे ऊपर हमला करने आ रहा है। दरख़्तों पर फैली हुई बेलें उसकी फ़ौज के ख़ेमे हैं। केले और ताड़ के पत्ते उसके अलम,[4] फलों की झाड़ियाँ उसके तीर-अंदाज़, और कोयल की आवाज़ गोया उसके जंगली हाथी की चिंघाड़ है। बगुले और मैनाएँ कामदेव के ऊँट हैं। मोर और राजहंस उसके अरब घोड़े, पामोज़ परिंदे और जंगली तीतर उसके प्यादे हैं ... चट्टानें कामदेव के रथ हैं, आबशार उसके नक़्क़ारे, मुअत्तर[5] हवाएँ उसके जासूस ... ए लक्ष्मण ! जो कामदेव की फ़ौज का मुक़ाबला कर सके वह सचमुच बड़ा जरी[6] है। कामदेवता का सबसे बड़ा हथियार औरत है।

" ... अब सब्ज़ ज़मीन घास से इस तरह ढक गई है कि पगडंडियाँ दिखाई नहीं देतीं जिस तरह मुक़द्दस[7] सहीफ़े[8] बिद्दतियों[9] के मुबाहिसों[10] में छिप जाते हैं। अब्र-आलूद[11] रात के अँधेरों में जुगनू इस तरह चमक रहे हैं जैसे रियाकारों[12] का खुफ़िया जलसा हो रहा हो। थके हुए मुसाफ़िर इधर-उधर इस तरह आराम कर रहे हैं जैसे हिस्सियात[13] ज्ञान हासिल करने के बाद आराम करती हैं।

"लेकिन लक्ष्मण ! देखो ... सावन बीत गया। ख़िज़ाँ आ गई। ज़मीन अब फूलों की नुक़रई घास से इस तरह ढक गई जैसे बुढ़ापा आहिस्ता-आहिस्ता आता है। रास्तों पर बहता हुआ बारिश का पानी इस तरह खुश्क हो गया है जैसे आसूदगी[14] हवस[15] को ख़त्म कर देती है।"

---

1. प्रतिद्वंद्वी; 2. बेचैन; 3. सहयोग; 4. झंडे; 5. सुगंधित; 6. शूरवीर; 7. पवित्र; 8. मंत्र, जाप; 9. वितंडावादियों; 10. बहसों; 11. बादलवाली; 12. मक्कारों; 13. ज्ञानेंद्रियाँ; 14. संतुष्टि; 15. लोलुपता।

14

अँधेरे जंगल में छिपे हुए रेस्ट हाउस के नीचे कालीनी गंगा शोर करती हुई ऊदी चट्टानों पर बह रही थी। दरख़्तों पर परिंदे रात का बसेरा लेने से पहले ज़ोर-ज़ोर से चहचहा रहे थे। हवा नारियल के झुरमुट में साँय-साँय कर रही थी। सीता बहुत देर तक खिड़की में बैठी नदी की तारीक लहरों को देखती रही। निवारा एलिया से वापस लौटते हुए यहाँ पहुँचकर लेज़ली मार्श ने उसे खुदा हाफ़िज़ कहा था और अपने सफ़र पर आगे रवाना हो चुका था। निवारा एलिया में उसे केबिल मिला था कि उसे फ़ौरन कोलंबो लौटकर तीन दिन के अंदर कलकत्ता पहुँच जाना चाहिए।

सीता ने उसे खुदा हाफ़िज़ कहने के बाद अपने बेडरूम का दरवाज़ा अंदर से बंद कर लिया था। यह डाकबँगला सिलोन के घने जंगलों में छिपे हुए बाक़ी डाकबँगलों की मानिंद मॉडर्न और जगमगाता हुआ नहीं था। इसका फ़र्नीचर भी दक़ियानूसी था। फ़र्श पर मूँज की चटाइयाँ बिछी थीं। सिंगारमेज़ों के आईने बहुत धुँधले थे। कोई और ग़ैर-मुल्की सय्याह उस वक़्त वहाँ मौजूद नहीं था। वह सारे रेस्ट हाउस में बिलकुल तनहा थी। अमेरिकन एक्सप्रेस का ड्राइवर कार को गैराज में बंद करने के बाद शागिर्दपेशे[1] की तरफ़ जा चुका था। खाना खिलाते वक़्त बैरे ने दाँत निकोसकर उससे कहा था–"मैडम ! ब्रिज ऑन रीवर क्वाई की सूटिंग इसी जगह हुई थी। वह सामने वाली घाटी जिसमें गंगा बह रही है, वह ब्रिज इसी पर बनाया गया था ! एलेक गिंस और विलियम होल्डेन और सब बड़ा-बड़ा एक्टर इसी रेस्ट हाउस में ठहरा था। बड़ी रौनक़ रही थी मैडम !!" तो इस इत्तला से भी वह मुतास्सिर नहीं हुई थी। खाने के बाद वह कमरे में जाकर खिड़की में बैठी रही थी और उसके बाद रौशनी बुझाकर पलंग पर लेट रही थी।

रात गहरी होती गई–रात जो चंदन के जंगलों में आवारा थी, लौंग और इलायची की झाड़ियों में सो रही थी। रात जो कैंडी के मंदिर की सीढ़ियों पर बिखरे हुए सफ़ेद फूलों में लेटी थी। रात जो कालीनी गंगा के किनारे दरियाई

1. नौकरों के ठहरने की जगह।

घास में साँप की तरह सरसरा रही थी। रात जो तारीक जंगलों में छिपे हुए डच और पुर्तगाली गिरजाओं की तरह ख़ामोश थी। रात जो नदी की तह में संगलाख़[1] चट्टानों पर करवटें बदल रही थी। रात जो कैंडी के शाही हाथियों के शाही महावत की तरह बा-वक़ार[2] और मग़रूर थी। रात जो महावेली गंगा में नहानेवाले हाथियों की तरह स्याहफ़ाम और सुस्त-रौ[3] थी। कैंडी में टार्चलाइट जुलूस निकल रहा है। बुद्ध के दाँत का जलूस। बुद्ध का दाँत सोने-चाँदी में मुग़रक्क़[4] हाथी के जगमगाते हौदे के अंदर हीरे-जवाहरात के संदूक़चे में रखा हुआ है। घास पर लेटा हुआ बुद्ध दाँत निकोसे हँस रहा है। उसने नक़ली दाँत लगा रखे हैं। महात्मा बुद्ध के दाँत खाने के और हैं, दिखाने के और।

रात जो हंटरों की आवाज़ है, बाँसुरी की आवाज़, बैग पाइपर की आवाज़, सितारों की आवाज़।

प्रयाम मयूरः प्रति नृत्यति–मोर अपनी महबूबा की तरफ़ नाचता हुआ जा रहा है, प्रयाम–अरे, मैं तो सारी ज़बानें भूल गई, भला मैं कितनी ज़बाने जानती हूँ ? एक भी नहीं। मैं बिलकुल गूँगी हूँ।

अलफ़ाज़ के बादशाह ··· ऐ अलफ़ाज़ के तादशाह ··· वाणी और विनायक को मेरा प्रणाम। जिन्होंने अलफ़ाज़ और उनके मानी ईजाद किए। मैं विशाखदत्त हूँ, महाराजा भास्करदत्त का बेटा। मेरे सर पर बादलों की घन गरज है। मेरा प्रीतम बहुत दूर है। यह क्या हुआ ··· ? अरे भई, यह क्या हुआ ··· ? अमर बूटियाँ बर्फ़ीले पहाड़ों पर हैं। और सर पर कुंडली मारे नाग बैठा है, कुंडली मारे नाग।

अबुल-हिमाक़त क़मरुल-इस्लाम चौधरी ने मुझे चंडीदास का वह कौन-सा गीत सुनाया था ? “रात अँधेरी है और बादल गहरे। तुम ऐसी रात में कैसे आ सके ? वह फूल बन में खड़ा बारिश में भीगता है। मेरी सास-ननदें बहुत ज़ालिम हैं। चंडीदास कहे–सखी री ··· सखी री ··· ”

और महाबुद्धोपाध्याय श्री प्रोजेश कुमार चौधरी ने विद्यापति के कौन-से गीत के मानी बताए थे ? राधा की नीमबाज़[5] आँखों की पुतली ऐसी है जैसे

---

1. पथरीली; 2. प्रतिष्ठित; 3. धीमी चालवाली; 4. लिपटे हुए; 5. अधखुली।

कँवल के फूल पर भँवरा बैठा हो ⋯ हा हा हा ⋯ और हवा के झोंके ज़ोर से पंखड़ियों के अंदर सरक जाते हैं ⋯ नहाने के बाद उसकी आँखें काजल लगाकर ऐसी लगती हैं जैसे कँवल पर सिंदूर लगा हो ⋯ और ⋯ ई इ इ इ क ⋯ ई इ इ इ क ⋯

⋯ और वह रात को शबरंग[1] सारी पहनकर कृष्ण से मिलने जाती है।

अजी सुना दे, सुना दे, सुना दे कृष्णा, तू बंसरी की तान सुना दे कृष्णा ⋯ आँ-आँ-आँ ⋯ सुना दे ⋯

रामायण में लिखा है तुलसीदासजी ने कि नौजवान औरत शोले की लौ की मानिंद है। ऐ आत्मा ! तू इसका परवाना न बन ⋯ मगर कोई उल्लू का पट्ठा तुलसीदासजी की बात नहीं सुनता।

रतनपुरा में अगर मुझे वह चिंतामणि हीरा मिल जाए जो सारी ख़्वाहिशें पूरी कर देता है।

श्रीलंका के सारे पहाड़ तिरछे हो गए।

खुदा करे ख़िज़ाँ जो विष्णु के जिस्म के मानिंद ज़र्द है
तुम्हारी मुश्किलें दूर करे।
गहरे पानी हैबतनाक[2] मछलियों के तैरने से मुज़्तरिब[3] हैं।
तुम्हारा हुक्म ताज़ा फूलों के गजरे के मानिंद
मैंने अपने सर पर लिया है।

बेला फूले आधी रात, गजरा मैं कैके गरे डारूँ ⋯ अरे भाई, गजरा मैं कैके गरे डारूँ !

महाराज की जय हो। एक शख़्स जिसके पास पासपोर्ट नहीं था एक ख़त के साथ हमारे कैम्प से फ़रार होना चाहता था ⋯ उसे गिरफ़्तार कर लिया गया है।

थर्ड डिग्री किस तरह किया जाता है ? थर्ड डिग्री एफ़.बी.आई., सी.आई.डी., पीएच.डी., के.एल.एम.-पैन अमेरिकन ⋯ एयर इंडिया इंटरनेशनल।

पत्तियों से आरी[4] दरख़्त इस तरह खड़े हैं, जैसे किसी की अर्थी के साथ जाने के लिए तैयार हों।

---

1. रात के रंग की; 2. भयानक; 3. बेचैन, हलचल से भरे; 4. वंचित, रहित।

अब मैं शमशानों में जाकर प्रेतमंत्र जगाती हूँ ⋯ जय काली कलकत्ते वाली ⋯ मारीपुर के रास्ते में शमशानघाट था। उसमें बेचारे मुसलमान रिफ़्यूजियों ने झोंपड़ियाँ डाल लीं।

जय काली कलकत्ते वाली।

कायनात की इब्तदा[1] का असरार[2] काली के जिस्म के मानिंद तारीक है। शफ़क़[3] की सुर्ख़ी काली का ग़ैज़[4] है। तूफ़ान और वबाएँ[5] और मौत उसके साथी हैं–हम बंगालवाले सदियों से काली के क़ह्र का तमाशा देख रहे हैं ⋯ श्री प्रोजेश कुमार चौधरी का स्टेटमेंट टू दि प्रेस ⋯ बोगस एक्सप्रेशनिस्टिक तसवीरें बनानेवाला ⋯ बोगस बोगस बोगस। काली का तसव्वुर[6] एक्सप्रेशनिस्टिक है ⋯ बोगस !

मेरी रेखा खाँची बिलकुल बेकार गई।

अनुसूया ने कहा, सुनो राजकुमारी !

तक़दीस,[7] पतिव्रत, मासूमियत, वफ़ादारी, हाय हाय।

लेड़ीज एंड जेंटिलमेन ⋯ कामरेड्स पाइवते पैनू ⋯ ! आप सबकी इत्तला के लिए अर्ज़ है कि सीता आज की दुनिया के ख़ौफ़नाक जंगल में खो गई। उस सीता को आज की दुनिया का रावण उड़ाकर ले गया। हज़रात ! यह आज की दुनिया जो दो कैंपों में बँटी है ⋯ एंग्लो-अमेरिकन साम्राज की शिकार दुनिया जिसमें मासूमों को थर्ड डिग्री किया जाता है तो उन्हें कोई हनुमान बचाने नहीं आता ⋯ लता डियर माइक्रोफ़ोन फ़ेल हो गया ⋯ अरे कैलाशनाथ माथुर, ज़रा करंट तो मँगाओ जल्दी से–हाँ तो हज़रात, मैं कह रही थी कि आज की दुनिया में जहाँ हाइड्रोजन बम के रावण अपने बाण से शहरों को आन की आन में[8] भस्म करनेवाले हैं, जहाँ एशिया और अफ़्रीक़ा की सीताएँ अग़वा कर ली जाती हैं ⋯ अरे *रामायण* पढ़नेवाले बगुलाभगतो–तुमने 1947 ई. में कितनी मुसलमान सीताएँ उड़ाई थीं। ज़रा उनका हिसाब लगाओ ⋯ और ऐ मज़ीद और शिम्र पर लानत भेजनेवाले मुसलमान मुजाहिदो,[9] तुम ⋯ जो ⋯

सीता मीरचंदानी ⋯ रोल नं. 963 ⋯ ?

---

1. आरंभ; 2. रहस्य; 3. सांध्य-क्षितिज; 4. क्रोध; 5. महामारियाँ; 6. कल्पना, धारणा; 7. पवित्रता; 8. पल-भर में; 9. योद्धाओं।

यस प्लीज़ ...

जी हाँ, मेरा ही नाम सीता है।

आमार सहनेर ... आमार प्रियो सीता।

हाइ सीता ... हनी ...

सीता मेरी जान।

जाने-मन।

सीता डार्लिंगेस्ट !

बताओ, तुम्हारी सबसे बड़ी ख़्वाहिश क्या है ?

मेरी ख़्वाहिश ? वही कि श्रीलंका के जवाहरात के शहर रतनपुरा के सारे हीरे मुझे मिल जाएँ। फिर देखो, तुम सबका कैसा पटरा करती हूँ ...

हाय हाय, मैं बड़ी सख़्त पेटी बुर्जुवा हूँ।

हलो हलो हलो ... आवाज़ें ... कैसी-कैसी आवाज़ें ... टेलीफ़ोन के तारों की झनझनाहट ... रेल के पहियों की छक-छक-छकाछक ... मोटरबोट की घड़-घड़, तय्यारे[1] के इंजन की ज़ों-ज़ों, घों-घों, शाँय-शाँय, टाँय-टाँय फ़िश। चीं पटाख़ रें रें-खाँ रों धाँय-धाँय, छुआ छू ... धोबी की आवाज़ ... बिलक़ीस बिटिया, लादी ले लीजिए ... बेगम साहब आज क्या-क्या पक्केगा। तमाम उम्र रहा ग़मज़-ओ-अदा का शिकार।

डोल। बनारस के मंदिरों की रौशन चौकी ... क़ैसर की बरात का बैंड ... राजा की आएगी बरात ... संडे के संडे ... मुहर्रम का ताशा ... जाफ़र बाँदी का नौहा ... अरे बुलबुल को गुल पसंद, गुलों को हवा पसंद ... हम बू-तराबियों[2] को है ख़ाके-शिफ़ा[3] पसंद ... तुझको इरम[4] पसंद, हमें कर्बला पसंद ... हमें कर्बला ... हमें कर्बला पसंद ... रावण जलता है, सीता जलती है। लंका जलकर राख हो गया।

यह राहुल हँसा, राहुल की हँसी, जमील का क़हक़हा, शराब के गिलासों की खनखनाहट, दो बूढ़े मियाँ-बीवी जो ब्रोकलिन ब्रिज पर खड़े चुपके-चुपके किसी बात पर हँसते थे, बच्चों की तरह मसरूर[5] ...

---

1. हवाई जहाज़; 2. मिट्टी में लेटनेवाले (बू-तराब हज़रत अली के लिए इस्तेमाल किया जाता है); 3. उपचार की मिट्टी; 4. स्वर्ग; 5. प्रसन्न।

मैं मर जाऊँगी ··· मौत ··· और मेरी टाँगें पच्छिम की ओर कर दी जाएँगी ताकि मेरी आत्मा नाव में सवार होकर सिंध महासागर पर से गुज़र सके। चिता के शोले, मोमबत्तियाँ, ताज़ा फूल, क़ब्र की मिट्टी, तुलसीपुर का क़ब्रिस्तान जहाँ जमीला बाजी को दफ़्न करने ले गए थे। अरे जमीला बाजी कौन थीं ··· ? और उनके मियाँ जो धाँय-धाँय, सों-सों, भों-भों कर रहे थे। बिलक़ीस ने बताया कि उसी साल दूसरी शादी रचाने की फ़िक्र में लग गए। स्वाइन ··· आल मेन आर स्वाईन।

जमील डार्लिंग, मैं अब भी रात में अकसर वही परेशान ख़्वाब देखती हूँ कि मैं एम.ए. का पर्चा कर रही हूँ जो किसी ऐसी ज़बान में लिखा है जो समझ में नहीं आती। और तीन घंटे पूरे होनेवाले हैं ··· दो घंटे ··· एक घंटा ··· बीस मिनट ··· पाँच मिनट ··· एक मिनट ···

Give me five minutes more
Only five minutes more
Only five minutes more of your charm
Give me five minutes more
In-your-Arms

हाथी की शक्ल की चट्टान ··· ऊँची चोटी पर चढ़ने की कोशिश करो तो पाँव रपट जाता है। मैं सगरिया से भी ऊँची चट्टान पर जाकर छिपूँ तब भी पकड़ी जाऊँगी।

आपकी तारीफ़ ··· ?

जी मैं ··· ? मिसेज़ बीच लक्ज़री होटल।

और आप ··· ? श्री अशोका होटल ··· ? पधारिए, पधारिए, इंडिया दैट इज़ भारत ने महाराजाधिराज अशोक के सुतून दरियाफ़्त किए। अशोक चक्र दरियाफ़्त किया। अशोका होटल दरियाफ़्त किया।

और आपकी तारीफ़ ?

यह मेरी ननद हैं। ननद बिजली बसंत ··· बिलक़ीस अनवर अली ··· नंबर वन एक्ट्रेस, प्रोड्यूसर इंटेलेक्चुअल ··· ऐ जमुनी बेगम ··· उमराव बेगम ··· खेतू बेगम ··· सब जने इधर आओ। ऐ, यह कागा-नोचन क्या मची है ! जमील की दुल्हन, अपनी एड़ी देखो, कहीं नज़र न लग जाए। तुम पर टपकी पड़े भूरी बेगम। ऐसा पायँचा भारी करके बैठीं कि सब आईं दो घड़ी के लिए छुद्दा

उतारने ⋯ बूँदी बुआ–ए बूँदी बुआ, कल से जमील भैया का पिंडा फीका है ⋯ मेरे दिल को तो पंखे लग रहे हैं। रात मैंने मौला मुश्किलकुशा के नाम का रुपया धोके उठाया ⋯ और सुनो क्या-क्या खेतू बेगम ने बूँदी निगोड़ी पे तूतिए जोड़े। जैसे खुद तो बड़ी सतवंती बीवी हैं ⋯ उरूज की दुल्हन बड़ी धौंताल हैं। उनके भर्रे में कभी न आइएगा अम्माँ ⋯ वह किसी को क्या खिलाएँगी ⋯ माघ नंगी बैसाख भूखी ⋯ रात मौला मुश्किलकुशा ख़्वाब में तशरीफ़ लाए। जमील भैया, ऐ जमील भैया ⋯

Am a cow

मिस्टर सैंडमैन ⋯ मिस्टर सैंडमैन ⋯ मेरे जी के वृंदाबन में

In my little corner of the world

Tonight my love – Tonight my love

बुद्ध-समाधियों पर रात उतर आई है।

अरे, यह रात ने मुझ पर फिर हमला कर दिया ?

हवा कितनी तेज़ हो गई !

हवा पराक्रम समुद्र पर बहती आ रही है। कालीनी गंगा पे बह रही है। कोलंबो की सिम्त[1] फुसुर-फुसुर रोती हुई रवाँ है[2] ⋯ हवा।

हवा।

चाँद।

चाँद संदल की डालियों पर सोता है। उन लोगों की आँखों में जो पुरानी काटेजों में सो रहे हैं, सदियों की नींद है ⋯ डान फ़र्नांडीज़ डि कोस्टा समरसिंघारविना मुदलियार। रतनसिंह जयसूर्य। गुनपाल गुनवर्दन। उनकी आँखों में जंगल की नींद है। ज़िरह-बक्तर पहने पुर्तगाली, डच क़िलों पर हमला करने जा रहे हैं। अंग्रेज़ प्लांटर्स की रूहें महाहन्या की सड़क के किनारे खड़ी अमरीकन सय्याहों से मक्खन-चीनी माँग रही हैं। चाँद अब भी महावेली गंगा में नहा रहा है। हाथी, जो हज़ारों बरस की, जंगल में मुक़य्यद[3] रूहें हैं।

चाँद।

रात।

---

1. तरफ़; 2. जा रही है; 3. क़ैद।

रात सीता महारानी के बाल हैं। राम रघुराई का साँवला बदन है। काली का चेहरा है। तख़लीक़[1] से पहले की तारीकी।[2] हम सब हर वक़्त उसी तख़लीक़ से पहले की तारीकी में मुक़य्यद हैं और समझते हैं बड़ा इवाल्युशन हो गया। स्याह। स्याह। स्याह। रात।

मैंने अपनी नींद न्यूयार्क में खो दी। जंगलों में ताड़ के स्याह दरख़्त ऊँचे होकर सुर्ख़ आसमान से जा लगे। लंका-तिलक का खंडर दाँत निकाले हँसता है–ही-ही-ही ··· कँवल का तालाब बेख़्वाब[3] आँख की तरह खुला हुआ है ··· लीलावती ··· रूपवती ··· सीतावती ···

रनकोट विहार के स्तूप में हड्डियाँ एक-दूसरे से इंटरनेशनल सिचुएशन पर गुफ़्तगू कर रही हैं। पराक्रमबाहु अव्वल एशिया में कम्युनिज़्म का पाँचवाँ बाब लिख रहा है। जंगल ने मुझे खा लिया।

मेरे गहने कैसे-कैसे थे जो बड़ी ख़ाला ने मुझे रूनुमाई[4] में दिए। दुल्हन के गहने ··· रतनपुरा के सोनार जड़ाऊ चंदनहार बना रहे हैं ··· रौशनी-रौशनी–चमक-चमक-चमक ··· जंगल की आवाज़ें, चिड़ियों की, समंदर की, सड़कों की, हार्बर की, पहाड़ों के सन्नाटे की आवाज़ें।

आवाज़ ···

सिर्फ़ एक है।

यहाँ आओ ··· मेरे पास आओ ··· मेरे पास आओ ··· आओ ···

15

"मैं अभी-अभी आकर पहुँची हूँ ··· क्या न्यूज़ है ··· ?" सीता ने माउंट ल्योनिया में अपने कमरे से शाम के वक़्त फ़ोन किया।

"ओह ··· हलो सीता ··· ! तुम आ गईं !! हाउ वंडरफुल ··· इजाज़त हो तो ऊपर तुम्हारे कमरे में आ जाऊँ।"

"आइए।"

---

1. सृजन; 2. अँधेरा; 3. नींद से वंचित; 4. मुँह दिखाई।

वह पाँच मिनट बाद कमरे में मौजूद था। "तुम तो बेहद बश्शाश[1] मालूम हो रही हो। जंगल की हवा ने तुम पर बहुत अच्छा असर किया, आई ऐम सो ग्लैड।"

"बैठिए।"

वह पहली दफ़ा उसके कमरे में आया था और ज़रा घबराया हुआ-सा मालूम होता था। कमरे का एक चक्कर लगाकर वह कोने में पड़े हुए सोफ़े पर बैठ गया। वह पलंग के किनारे बैठी निटिंग में मसरूफ़ रही।

"क्या बुन रही हो ?"

"राहुल के लिए स्वेटर कोट ··· मैंने सोचा था मुकम्मल करके जमील को दूँगी कि ले जाकर राहुल को दे दें ··· मगर मुझे मालूम ही नहीं, अब वह कितना बड़ा है। पता नहीं, यह उसे आएगा भी या नहीं ··· अटकल से बुन रही हूँ।"

वह ख़ामोश हो गया। थोड़ी देर बाद उसने पूछा, "और बताओ, फिर क्या हुआ ?"

"फिर ··· ? फुर्र ···," वह खिलखिलाकर हँस पड़ी।

"तुम एक हफ़्ता बेतरह याद आईं। कांफ़्रेंस में किसी तरह जी न लगा मेरा ··· न जाने रिपोर्ट में क्या अंट-संट लिखकर आया हूँ ··· तुम्हारा सफ़र बहुत दिलचस्प रहा ?"

"बहुत दिलचस्प," उसने सलाइयाँ तब्दील कीं।

"अमरीकन बुढ़ियाँ कैसी थीं ?"

"अमरीकन बुढ़ियाँ तो नहीं, एक अमरीकन टूरिस्ट, पोलोंरवा से साथ लग गया था और वह बूढ़ा नहीं था।"

Bich–इरफ़ान ने यकलख़्त ज़ेरे-लब[2] कहा और चुप हो गया।

"आपने अपनी आदत के मुताबिक़ पूछा नहीं कि फ़िर क्या हुआ ···," चंद लम्हों की मुकम्मल ख़ामोशी के बाद सीता ने पूछा।

"तुम खुद ही बताओ।"

"अरे ··· वह अमरीकन ऑर्कियोलॉजिस्ट था।"

"फिर तो तुमने खूब उसके साथ लंका की तारीख़ डिस्कस की होगी ···

---

1. प्रफुल्लित; 2. होंठों ही होंठों में।

जैसे तुमने मुझे सिंध की हिस्ट्री पढ़ाई थी।"

"हाँ ... ," वह बेताल्लुक़ी से निटिंग में मशग़ूल रही।

वह कुछ देर उसे टकटकी बाँधे देखता रहा, फिर एकबारगी आग बगूला होकर सोफ़े से उठा। उसके हाथों से सलाइयाँ और ऊन झपटकर एक तरफ़ फेंकी और उसे खींचता हुआ दरीचे में ले गया।

"तारीख़ डिस्कस करने के अलावा और क्या हुआ ... ?" उसने गरजकर पूछा।

वह सफ़ेद पड़ गई।

"मैं पूछता हूँ, और क्या हुआ ! बोलती क्यों नहीं ?"

दफ़अतन वह गुस्से से सुर्ख़ हो गई। "शट अप ... आपको इस तरह के सवाल करने का क्या हक़ है ? आप हद से आगे बढ़े जाते हैं।"

वह होंठ काटता रहा। "हक़ तो तुम्हारे ऊपर क़ानूनी शौहर का भी कुछ नहीं है जिसे छोड़कर तुम दो साल से रंगरलियाँ मना रही हो।"

"शट अप इरफ़ान ... ," वह पूरी कुव्वत से चीख़ी।

"गेट दि हेल आउट ऑफ़ हियर ... गेट आउट ... गेट आउट ... वरना मैं अभी घंटी बजाकर बैरे को बुलाती हूँ।" वह सर-ता-पा[1] लरज़[2] रही थी।

एक लम्हे तक वह साकित[3] खड़ा उसे तकता रहा। फिर आहिस्ता-आहिस्ता क़दम रखता दरवाज़ा खोलकर कमरे से बाहर चला गया। दरवाज़े के बाहर जाकर उसने बड़ी नार्मल और नीची आवाज़ में सुकून के साथ कहा :

"बड़ी कोशिशों के बाद जमील ने मुलाक़ात का वक़्त दिया है। आख़िरकार वह आज रात को मिलने के लिए तैयार हो गए हैं। मैं उनसे गालफ़ेस होटल में डिनर पर मुलाक़ात कर रहा हूँ ... उसके बाद उनका जवाब तुम तक पहुँचा दूँगा ... गुड नाइट ... "

रात को बारह बजे के बाद उसके सिरहाने रखे हुए फ़ोन की घंटी देर तक बजती रही। मगर उसने फ़ोन नहीं उठाया।

---

1. सर से पैर तक; 2. काँप; 3. स्थिर।

16

वह रात-भर रोती रही थी। इतना वह अक्तूबर 1947 की उस रात भी नहीं रोई थी जिसकी सुबह वह और उसके ख़ानदान वाले कराची से काठियावाड़ रवाना हुए थे या जब न्यूयार्क में जमील ने उसे उसके घर से बाहर निकाला था। क़रोलबाग़ में वह अकसर रातों को जगकर राहुल के लिए चुपके-चुपके रोया करती थी और सुबह-सुबह आँगन में लगे हुए नलके पर जाकर आँखों पर खूब अच्छी तरह छपके मारती थी ताकि उसके बाप को उसके अलम[1] का पता न चलने पाए। मगर उस वक़्त माउंट ल्योनिया के उस खूबसूरत कमरे में उसके आँसू देखकर परेशान या रंजीदा या पशेमाँ[2] होनेवाला कोई न था। इसलिए वह इतमीनान से बिस्तर पर लेटी रही। उसके सामने सारा दिन, सारी ज़िंदगी, सारी दुनिया ख़ाली पड़ी थी। भयानक तारीक ख़ला[3] का तूफ़ानी समंदर जिसका कहीं पर कोई किनारा न था ··· आठ बजे के क़रीब बैरा नाश्ता लेकर आया। मेहरबान, शफ़ीक़[4] मुस्कुराहट वाला बूढ़ा सिंहाली जो उसकी सुर्ख़ आँखों को देखकर मुतफ़क्किर[5] नज़र आया क्योंकि वह भी दो जवान बेटियों का बाप था। ट्रे मेज़ पर रखकर वह चुपचाप बाहर चला गया।

दस बजे के क़रीब तैयार होकर उसने रिज़र्वेशन के लिए हवाई जहाज़ के दफ़्तर फ़ोन किया और नीचे टैरेस पर उतर आई। समंदर पर तेज़ धूप फैली हुई थी और उसकी चमक आँखों को बुरी लग रही थी। साहिल पर चंद अंग्रेज़ बच्चे रेत के क़िले बनाने में मसरूफ़ थे। बहुत दूर मूँगों के हार बेचनेवाली औरत सर झुकाए एक सिम्त को जा रही थी और गीली रेत पर उसके पैरों के निशान बड़े वाज़ेह[6] नज़र आ रहे थे। दिन बड़ा उजाड़ था। सारा माउंट ल्योनिया, सारा कोलंबो, सारी दुनिया उजाड़ थी। उजाड-उजाड़-उजाड़।

चंद मिनट रेलिंग के सहारे खड़े रहने के बाद उसने तय किया कि दोपहर तक शहर का चक्कर लगाती रहे और पैकिंग करने के बाद वक़्त से बहुत पहले ही एयरपोर्ट चली जाए। उसी वक़्त हाल पोर्टर ने आकर उससे

---

1. दुख; 2. लज्जित; 3. शून्य, अंतरिक्ष; 4. वात्सल्यपूर्ण; 5. चिंतित; 6. स्पष्ट।

कहा कि रिसेप्शन पर उसके लिए फ़ोन रखा है।

… हवाई जहाज़ के दफ़्तर ने उसे इत्तला दी थी कि मुख़्तलिफ़[1] कांफ़्रेंसों में आए हुए मंदूबीन[2] वापस जा रहे हैं, इसलिए तीन दिन तक जगह मिलना बड़ा मुश्किल है।

उसने बैग खोलकर ट्रेवेलर्स चेक के किताबचे पर नज़र डाली। चेक ख़त्म होनेवाले थे।

"मैडम, आपने कैलानिया मंदिर देख लिया ?" रिसेप्शन क्लर्क ने उससे पूछा।

"नहीं, अब जाकर देखूँगी … " उसने चौंककर जवाब दिया और बाहर चली गई।

ड्राइव पर आकर उसने एक टैक्सीवाले को इशारे से बुलाया।

"कैलानिया टेंपल !"

"सॉरी मैडम," उसने सर हिलाकर कहा।

"क्यों ?"

"शायद कर्फ़्यू लग जाए। शहर में तामिल-सिंहाली झगड़े का अंदेशा है।"

"ओ माई गॉड !" वह एक दरख़्त से टिक गई … यहाँ भी … … अब क्या करूँ ?

यकायक उसे रतन जयसूर्य का ख़याल आया। इस अजनबी मुल्क में वह इरफ़ान और लेज़ली मार्श के अलावा सिर्फ़ तीसरे आदमी जयसूर्य से मिली थी। शायद वह कोशिश करके हवाई जहाज़ में जगह दिलवा दे।

अंदर लौटकर उसने जयसूर्य को फ़ोन किया। उस वक़्त जयसूर्य के अख़बार के दफ़्तर में एक हगांमी[3] कांफ़्रेंस हो रही थी। ज़ाहिर है कि वह उसकी आवाज़ सुनकर काफ़ी मुताज्जिब[4] हुआ।

"हलो … हलो … डाक्टर मीरचंदानी ! कैसे याद कर लिया ?"

उसने रिज़र्वेशन के मुतल्लिक़ पूरी बात बताई।

"ओहो … सुनिए … इस वक़्त मैं बेहद मसरूफ़ हूँ … आपने सुबह का अख़बार पढ़ लिया होगा ?"

---

1. विभिन्न; 2. प्रतिनिधिगण; 3. आपातकालीन; 4. आश्चर्यचकित।

उसने सुबह का अख़बार नहीं पढ़ा था।

"मगर आप ही ज़हमत करके यहाँ चली आएँ ··· मिस्टर इरफ़ान कब वापस जा रहे हैं ?"

"पता नहीं।"

"ओह ··· अच्छा आ जाइए ··· मैं आपका मुंतज़िर[1] हूँ !"

अख़बार के दफ़्तर में हर शख़्स अपने-अपने काम में मुनहमिक[2] था। टेलीप्रिंटर्स और टाइपराइटरों की लगातार खटखट, सब-एडीटरों और रिपोर्टरों की भनभनाहट और टेलिफ़ोन एक्सचेंज पर बैठी हुई काली लड़की की बेइंतहा मसनूई शीरीं आवाज़ में यकसाँ "लंका दीप ··· गुड मार्निंग" की तकरार ने उसके दिल की वीरानी में और इज़ाफ़ा कर दिया। चंद मिनट के इंतज़ार के बाद चीफ़ एडीटर ने उसे अंदर बुलवा भेजा। वह हाल से गुज़रती हुई जयसूर्य के केबिन में दाख़िल हुई।

वह एक लंबे-चौड़े डेस्क पर बैठा दो टेलीफ़ोनों पर बयक-वक़्त[3] बात कर रहा था और बीच-बीच में इंटरकाम पर कुछ बोलता भी जाता था। वह कोने में रखी हुई कुर्सी पर टिक गई। जयसूर्य ने एक तरफ़ का टेलीफ़ोन बंद करते हुए घूमनेवाली कुर्सी उसकी तरफ़ ज़रा-सी फेरकर उसे ऐसी अजीब नज़रों से देखा कि वह पसीना-पसीना हो गई ··· डर्टी ओल्ड मैन ··· उसने शदीद कराहत[4] के साथ ज़ेरे-लब[5] कहा। जयसूर्य ने दूसरा रिसीवर भी हाथ से रखकर उसे मुख़ातिब किया :

"गुड मॉर्निंग डा. मीरचंदानी ··· इजाज़त दो तो तुम्हें सीता कहकर पुकारूँ ··· आराम से बैठ जाओ ··· कल रात इरफ़ान ने सारी बात बताई।"

दूसरे फ़ोन की घंटी बजी और उसने फ़ौरन उस पर सिंहाली में गुफ़्तगू शुरू कर दी। सीता को चक्कर आ गया ··· उसने मज़बूती से कुर्सी का हत्था पकड़ लिया और चंद लहज़ों[6] के लिए सर झुकाकर आँखें बंद कर लीं ··· क्यों नहीं ज़मीन फटती कि मैं उसमें समा जाऊँ ··· मगर चूँकि यह सीता और

---

1. प्रतीक्षारत; 2. मगन; 3. एक ही साथ; 4. घृणा; 5. होंठों ही होंठों में; 6. क्षणों।

सावित्री की दुनिया न थी, काली युग था, इसलिए न ज़मीन फटी, न सीता उसमें समाई। दूसरे लहज़े उसने पर्स से सिगरेट केस निकालकर एक सिगरेट जलाया।

जयसूर्य फ़ोन पर बात ख़त्म करके उसकी तरफ़ मुड़ा, "ओह, माफ़ करना ... मैंने तुम्हें सिगरेट पेश नहीं किया।" उसने सीता को ज़रा ग़ौर से देखा ... वह बेइंतहा सफ़ेद नज़र आ रही थी। इस बेचारी के आसाब[1] ज़रूरत से ज़्यादा कमज़ोर हैं, उसने दिल में सोचा। फिर उससे कहा, "घबराओ मत ... मैं इरफ़ान का पुराना राज़दार हूँ। शायद तुम्हें मालूम नहीं कि वह और मैं कई साल तक जर्मनी में इकट्ठे रहे हैं ... उस वक़्त तुम बहुत छोटी-सी रही होंगी ... ।" उसने एक बार फिर सीता को उन्हीं लरज़ाख़ेज़[2] नज़रों से देखा, "इरफ़ान की निजी और जज़्बाती ज़िंदगी की कोई बात मुझसे छिपी नहीं ... तुम्हारा राज़ भी मेरे पास महफ़ूज रहेगा ... बाज़ दफ़ा जर्नलिस्टों पर भी भरोसा किया जाता है !! ... अच्छा अब एक खुशख़बरी सुन लो ... आज कर्फ़्यू नहीं लग रहा है ... कॉफ़ी पियोगी ?" उसने घंटी बजाई।

"नहीं ... शुक्रिया।" सीता को अपने सारे वजूद[3] से अथाह नफ़रत महसूस हुई। मैं यहाँ क्यों आई ?

"मैं ... ज़रा ... वह ... हवाई जहाज़ की सीट ... ," उसने शदीद नक़ाहत[4] के साथ कहा।

"श्योर ... श्योर ... माई डियर ... मुझे फ़ौरन कल का एडिटोरियल लिखना है ... अपनी सेक्रेटरी से कहता हूँ।"

वह इंटरकॉम की तरफ़ झुका, "रत्ना ज़रा मार्टिन को भेज दो ... और तुम भी आओ !"

दूसरे लम्हे उसकी सिंहाली सेक्रेटरी और क्लर्क अंदर आए ... उनके पीछे न्यूज़ एडीटर लपका हुआ आया और डेस्क पर झुककर उससे जल्दी-जल्दी कुछ कहने लगा।

एक बार फिर जयसूर्य सीता की मौजूदगी फ़रामोश[5] करके अपने काम में मुनहमिक हो गया। वह चंद लहज़ों तक बैठी छत को देखती रही, फिर उठकर

---

1. स्नायु; 2. कँपा देनेवाली; 3. अस्तित्व; 4. कमज़ोरी; 5. विस्मृत।

साथ वाले कमरे में चली गई। उस कमरे में घुँघरियाले बालों और गहरी साँवली रंगत का एक तामिल जवान खिड़की के पास खड़ा नीचे सड़क पर ट्रैफ़िक देख रहा था ... शायद वह भी जयसूर्य से मुलाकात का मुंतज़िर था। सीता ने ज़ीने की तरफ़ जाने के लिए क़दम बढ़ाए ही थे कि जयसूर्य की सेक्रेटरी उसे बुलाने के लिए दौड़ी आई और उसे दुबारा केबिन में जाना पड़ा। इतने में जयसूर्य ने इंटरकॉम पर कहा, "रत्ना ... मिस्टर रामास्वामी को आने दो !"

पर्दा उठा और वही तामिल नौजवान कमरे में दाख़िल हुआ। उसने मुतबस्सिम[1] नज़रों से सीता को देखा और दीवार से सटकर खड़ा हो गया।

अपने स्टाफ़ से बातें करते-करते कुर्सी सीता की तरफ़ घुमाकर जयसूर्य ने कहा, "सीता, यह मेरा बेहद शरीर[2] नौजवान दोस्त रामास्वामी है। हमारे मुल्क का शोलाबयान कालम-निगार है। हमारे मुख़ालिफ़ अख़बारों के लिए लिखता है लेकिन मुझ ऐसे फ़िरक़ा-परस्तों से कभी-कभार मिल लिया करता है। बैठो ... राम ! हमारी हिंदुस्तानी मेहमान डा. मीरचंदानी से मिलो ... हिंदुस्तानी होने के नाते मुमकिन है, यह तुम्हारी हमख़याल निकलें।" इस तआरुफ़ के बाद जयसूर्य फिर अपनी गुफ़्तगू में मुनहमिक हो गया।

रामास्वामी ने सीता को नमस्ते किया और बड़ी शाइस्ता[3] बेतकल्लुफ़ी से उससे बातें करने लगा। क्या वह बंबई से आई है ? अच्छा ! देहली से ... वह भी देहली में नामानिगार[4] की हैसियत से कई साल रह चुका है ... देहली में वह फ़लाँ-फ़लाँ सहाफ़ियों[5] को जानता है। वग़ैरह-वग़ैरह। उसने यह भी बताया कि उसका आधा ख़ानदान मद्रास में रहता है मगर वह खुद 'ओवरसीज़ इंडियन' है।

और उस वक़्त दफ़अतन एक बड़ी अनोखी बात हुई–अजनबी सिंहालियों के मजमे में घिरे हुए सीता ने अपने हमउम्र उस तामिल नौजवान के लिए एक अजीब-सी यगानगत[6] महसूस की ... जिस तरह सदियों पुराने अबदियतपरस्त[7] पोलोंरवा के सुनसान खंड़रों के दरमियान उसने जदीद इनसान– लेज़ली

---

1. मुस्कुराती हुई; 2. शरारती; 3. सभ्यतापूर्ण; 4. संवाददाता; 5. पत्रकारों; 6. अपनापन; 7. शाश्वत की पूजा करनेवाले।

मार्श–के लिए इस जज़्बे को महसूस किया था ... क्योंकि वह उसकी मानूस[1] बीसवीं सदी की, मग़रिबी माद्दापरस्त[2] दुनिया का एक फ़र्द[3] था ... पोलोंरवा अबदियत[4] थी, डाक्टर लेज़ली विंसेंट मार्श तारीख़ी वक़्त ... जिस तरह उस लेज़ली मार्श के मुक़ाबले में पहाड़ी रास्तों में से गुज़रते हुए बालों के जूड़े बनाए और सेरोंग पहने सिंहाली मर्दों और औरतों के लिए यगानगत महसूस करती थी क्योंकि वो उसकी अपनी तहज़ीब का एक हिस्सा थे। और लेज़ली मार्श ग़ैरमुल्की मसीही मग़रिबी इनसान था ... जिस तरह माउंट ल्योनिया के डाइनिंग हाल में बैठे हुए फ़ैशनेबुल मर्दों और औरतों के मुक़ाबले में पाकिस्तान से आया हुआ इरफ़ान बिलकुल उसका अपना मालूम होता था क्योंकि उसके बर्रे-सग़ीर[5] का रहनेवाला था। उसकी तहज़ीब का एक हिस्सा था ... इनसान अपनी पेचीदा ज़िंदगी में बयक-वक़्त[6] कितनी मुख़्तलिफ़ और मुतज़ाद[7] सतहों पर ज़िंदा रहता है !

अब रामास्वामी भी जयसूर्य के साथ किसी बहस में उलझ चुका था। केबिन में बातों का शोर बढ़ गया। उसके सर में दर्द हो रहा था। अचानक बेइंतहा मुतवहिश होकर वह केबिन से बाहर निकली और तेज़ी से सीढ़ियाँ उतरकर नीचे सड़क पर आ गई।

दुकानों के सामने बरामदे में बिला-मक़सद इधर-उधर घूमने के बाद वह किताबों के स्टाल पर जा खड़ी हुई और स्टाल वाले से आई.ए.सी. के दफ़्तर का पता दरियाफ़्त किया।

"चलिए, मैं आपको वहाँ पहुँचा दूँ।"

उसने पलटकर देखा, रामास्वामी खड़ा मुस्कुरा रहा था।

"शुक्रिया ... मुझे सिर्फ़ पता समझा दो। मैं खुद वहाँ पहुँच जाऊँगी।"

"तुम्हारे चले आने के बाद मिस्टर जयसूर्य बहुत परेशान हुए कि तुम कहाँ ग़ायब हो गईं। मगर इस तामिल-सिंहाली क्राइसिस की वजह से वह इतने चकराए हुए हैं कि उनकी समझ में कुछ नहीं आ रहा है। उस वक़्त जब तुम उठकर चली आईं, वह फ़ोन पर अपने बड़े भाई से बात कर रहे थे जो

---

1. परिचित; 2. भौतिकवादी; 3. व्यक्ति; 4. शाश्वत; 5. उपमहाद्वीप; 6. एक ही साथ; 7. परस्पर-विरोधी।

काबीना[1] में वज़ीर हैं। आज उनकी वज़ारत भी ख़तरे में है।"

वह बरामदे में सीता के साथ चलने लगा।

"यह झगड़ा क्यों हो रहा है ?" सीता ने घड़ी देखते हुए बेख़याली से सवाल किया।

"आओ, दस मिनट बैठकर कहीं कॉफ़ी पी जाए ··· तुम आज ही देहली वापस जाना चाहती हो ?"

वह एक क़हवाख़ाने में दाख़िल हुए जहाँ यूनिवर्सिटी के तालिबे-इल्म[2] और अख़बारनवीस[3] ज़ोर-शोर से बहसों में मसरूफ़ थे। यहाँ भी बड़ा शोर हो रहा था। वो दरवाज़े के क़रीब एक मेज़ पर बैठ गए। सीता आहिस्ता-आहिस्ता उँगलियों से अपनी कनपटियाँ दबाने लगी। कितना शोर था ! सारी दुनिया में कितना रोला मच रहा था !

"ओह ··· माफ़ करना ··· मैं अभी आता हूँ।" इतना कहकर राम तेज़ी से मुर्सिदाबादी रेशम की सारी में मलबूस एक लड़की की तरफ़ गया जो उसी वक़्त क़हवाख़ाने से बाहर जा रही थी। दरवाज़े के नज़दीक ठिठककर वह दोनों चंद मिनट तक जल्दी-जल्दी एक-दूसरे से कुछ कहते रहे। लड़की ने पलटकर क़ह्र भरी निगाहों से सीता को देखा और बाहर चली गई। राम रूमाल से माथे का पसीना पोंछता हुआ वापस आकर बैठ गया।

"यह मेरी मंगेतर थी ··· ," सीता की सवालिया नज़रों से नज़रें मिलाकर उसने ज़रा झेंपते हुए जवाब दिया ··· वह कितना कमउम्र और जोशीला था !

वह उसका हमसिन[4] था। वह उसकी ज़बान, उसका जोश, उसका जज़्बा समझ सकती थी।

"थी ··· क्या मतलब ? अब नहीं है ?" सीता ने तबस्सुम[5] के साथ पूछा।

"इसका इनहसार[6] ताज़ातरीन सियासी सूरते-हाल[7] पर है।"

"अगर तुम कोई हर्ज न समझो तो मुझे समझाओ किस तरह ?"

क़हवे की प्याली को उदासी से देखते हुए उसने बताया–यह लड़की सिंहाली बुद्धिस्ट है ··· वह खुद तामिल हिंदू घराने से ताल्लुक़ रखता है।

---

1. मंत्रिमंडल (कैबिनेट); 2. छात्र; 3. पत्रकार; 4. हमउम्र; 5. मुस्कान; 6. दारोमदार; 7. स्थिति।

इसलिए लड़की के माँ-बाप इस शादी के ख़िलाफ़ हैं। लड़की बिलकुल ग़ैर-सियासी है मगर वह उसे एजुकेट करने की कोशिश करता रहता है। उस लड़की का बाप यू.एन.पी. का लीडर भी है और उसका सारा फ़्यूडल ख़ानदान बेइंतहा दौलतमंद, रिएक्शनरी और अमरीकापरस्त है।

"पिछले हफ़्ते मैं उससे लड़ बैठा ··· मैं मुसिर[1] था कि किसी दूसरे शहर जाकर सिविल मैरेज कर लें और उसके बाद कुछ अरसे के लिए मद्रास चले जाएँ, मगर वह इस चीज़ के लिए तैयार नहीं ··· डरपोक गिलहरी कहीं की ··· न जाने क्यों मैं अपनी दास्तान सुनाकर बोर कर रहा हूँ तुम्हें ··· "

"मुझे अपने मुतल्लिक़ और बताओ," सीता ने उसके लिए क़हवे की एक और प्याली मँगाते हुए कहा।

"तुम यहाँ नेटिव लोगों से मिलीं ?"

"सिवाए जयसूर्य के और तो किसी से नहीं मिली। और एक डचबर्गर लड़की का गाना सुना।"

"यानी मिस्टर जयसूर्य के अलावा मैं पहला ख़ालिस नेटिव हूँ जिससे आपकी मुठभेड़ हुई ? डचबर्गर यहाँ के एंग्लो-इंडियन हैं ··· इतने दिनों और क्या किया ?"

"बस सारा वक़्त निवारा एलिया में गुज़र गया।"

"फिर तो तुम सही मानों में ग़ैर-मुल्की सय्याह[2] हो ! तुम्हें मिस्टर जयसूर्य ने अपने डिनर में मदऊ[3] किया था ?"

"हाँ, तुम्हें कैसे मालूम ?"

"शायद तुमको इसका अंदाज़ा नहीं कि कोलंबो छोटा-सा शहर है और तुमने उसमें काफ़ी खलबली मचा रखी है। मेरी एक रफ़ीक़े-कार[4] ने अपने अख़बार के सोशल कालम में तुम्हारा ज़िक्र भी किया था—माउंट ल्योनिया में ठहरी हुई दिलफ़रेब हिंदुस्तानी ख़ातून जो बेइंतहा खूबसूरत सारियाँ बाँधती हैं। वह तुम्हारा इंटरव्यू भी करना चाहती थी मगर तुम किसी सूरत दस्तयाब[5] न हो सकीं।"

"गुड गॉड !"

---

1. अड़ा हुआ; 2. पर्यटक; 3. आमंत्रित; 4. सहकर्मी; 5. उपलब्ध।

राम ने उसे नज़र भरकर देखा, "तुम मुझे पहले क्यों नहीं मिलीं ?"

खुदाया ... खुदाया ... यह भी ...

"मेरा मतलब है ... मैं महज़ इतना कह रहा हूँ कि चंद रोज़ क़ब्ल तुमसे मुलाक़ात हो जाती तो मैं तुम्हें यहाँ की असली धड़कती हुई ज़िंदगी की झलक दिखलाता। तुम्हें तामिल घरानों में मदऊ करता। अपनी बहनों से मिलवाता।"

"और अपनी मंगेतर से नहीं ?"

"वह मेरे घर कब आती है ?" वह फिर ग़मगीन हो गया।

"और मैं यह तमन्ना कर रहा हूँ कि वह अपना महल छोड़कर मेरे तीन कमरों के फ़्लैट में आ रहेगी !! सीता, तुमने कैंडी के फ़्यूडल तबक़े और यूरोपियन प्लांटर्स की ज़िंदगी नहीं देखी–बर्तानिया की हसीनतरीन क्राउन कालोनी वाक़ई इन लोगों के लिए जन्नत थी, और अब भी है। तुम तो मिडिल क्लास हो ना ?"

"हाँ, बल्कि लोवर मिडिल क्लास," सीता ने जवाब दिया।

"मेरी बेइंतहा एरिस्ट्रोक्रेट वेलमा अभी मुझसे पूछ रही थी कि तुम हिंदुस्तान की किस फ़्लाइंग महारानी को कॉफ़ी पिला रहे हो !!!"

सीता हँस पड़ी।

"आज सुबह की ख़बरें तो बड़ी परेशानकुन हैं। शुमाल[1] में इतना फ़साद हुआ," उसने राम के हाथ से अख़बार लेकर कहा।

मेज़ के बराबर से गुज़रते हुए चंद दोस्तों को देखकर वह मुस्कुराया। इतना बदशक्ल स्याहफ़ाम शख़्स मगर उसके चेहरे में ज़हानत कूट-कूटकर भरी थी। उसके दाँत बेहद खूबसूरत थे और वह हँसता हुआ बड़ा अच्छा लगता था। सीता उसे बेध्यानी से देखा की ... "हैं ... बताओ," उसने सर निहुड़ाकर कनपटी पर उँगली रखते हुए पूछा–"तुम्हारे यहाँ इतना झगड़ा क्यों होता है ? एक मुल्क के बासी होकर आपस में झगड़ते हो ... "

"सब कुछ जानते हुए इस क़दर जहालत का सवाल शायद तुम इसलिए कर रही हो कि वाक़ई अब बहुत बोर हो चुकी हो ... तुम्हारे लिए कॉफ़ी और मँगवाई जाए ... ब्याय," उसने आवाज़ दी। "तुम्हारे यहाँ झगड़ा क्यों होता है ?

---

1. उत्तर।

तुम लोग भी एक मुल्क के बासी थे। तुम और हम, दोनों सरमायादार बुर्जुवा सियासत के शिकार हैं।"

उसके लहजे की तल्ख़ी ने सीता को याद दिलाया – एक बार न्यूयार्क में जमील का तआरुफ़ उनके बड़े भाई के एक हमवतन से जब कराया गया था तो जमील ने इसी तल्ख़ी के साथ जवाब दिया था, "जी नहीं–मैं अब भी उसी मुल्क का आज़ाद शहरी हूँ जिसे आज हज़रात चंद साल उधर 'जन्नत-निशान' कहते थे।

"तुम तामिल लोगों के लिए कहा जाता है कि वे मेनलैंड की तरफ़ देखते हैं ... जिस तरह सारे ओवरसीज चीनी मेनलैंड चाइना की तरफ़ देखते हैं," सीता ने उससे कहा।

"मैंने देहली के अख़बारों में लंका के इंडियन प्राब्लम के मुतल्लिक़ सिलसिलेवार मज़मून लिखे थे। तुमको उनकी कटिंग भेजूँगा ... शाम को मेरे घर खाना खाओ।

"तुम्हें कोलंबो से भागने की इतनी जल्दी क्यों है ? तुम्हारे ऐसे ख़ूबसूरत मेहमान हमारे यहाँ रोज़-रोज़ कब आते हैं !"

"क्यों ? हमारे हिंदुस्तानी फ़िल्म स्टार्ज़ और डांसर्स तो यहाँ अकसर आते रहते हैं।" सीता ने उसकी आवाज़ की बढ़ती हुई जज्बातियत[1] से घबराकर बात मज़ाक़ में टालना चाही।

"तुम्हें पता है ... तुम लंका दीप के उस कमरे में जब दाख़िल हुईं तो मुझे ऐसा लगा जैसे कश्मीर की खुशगवार हवा का झोंका कहीं से आ गया।"

"मैं सिंधी हूँ।"

"हाँ ... लेकिन बिलकुल कश्मीरी मालूम होती हो।"

"सिंधी भी बदसूरत नहीं होते।"

वो हँसने लगे। उस वक़्त ... कोलंबो के एक क़हवाख़ाने में बैठे हुए दो नौजवान ... एक सिलोनी 'ओवरसीज़ इंडियन' तामिल ... एक हिंदुस्तान से आई हुई पाकिस्तान की 'सिंधी शरणार्थी'–बयक-वक़्त कितने मसरूर और कितने उदास मालूम हो रहे थे ... उन्हें मालूम था कि ज़मीन उनकी आज की नौजवान

---

1. भावुकता।

नस्ल के क़दमों के नीचे से सरक चुकी है और सारी दुनिया का मुस्तक़बिल[1] उनकी कितनी बड़ी ज़िम्मेदारी है। क्या उनके बाप यह जानते थे कि उनकी नस्ल के सियासतदानों की बनाई हुई दुनिया में उनके बच्चों को क्या कुछ सहना पड़ेगा ?

"चलो, तुम्हें कोलंबो घुमा दिया जाए," राम ने कुर्सी पर से उठते हुए कहा।

"मगर एयरलाइंस का दफ़्तर ··· "

"जहन्नम में जाए तुम्हारा एयरलाइंस का दफ़्तर ! यह लंच टाइम है। सारे दफ़्तर तीन बजे तक बंद रहेंगे ··· फ़िक्र मत करो। तुम्हें कल हवाई जहाज़ में बिठा दिया जाएगा।

" ··· ग़ालिबन तुम इसका मदावा नहीं कर सकतीं[2] कि लोग तुममें अदबदाके दिलचस्पी लें ··· यह दूसरी बात है कि अपनी हद तक तुम भी उनका दिल नहीं तोड़ना चाहतीं ··· "

"तुमने कौन जगह अब तक नहीं देखी है ?" टैक्सी का दरवाज़ा बंद करके राम पूछ रहा था।

"कैलानिया टेंपल," उसने मरी हुई आवाज़ में जवाब दिया।

मंदिर की चढ़ाई पर पहुँचकर चारों तरफ़ नज़र डालते हुए सीता ने कहा, "तुम्हारे यहाँ की सियासी सूरते-हाल[3] जो कुछ भी हो, मुझे तो पिछले आठ-दस दिन से बराबर ऐसा ही लग रहा है कि मैं जुनूबी हिंद में हूँ। वैसे ही मनाज़िर[4] हैं, उसी तरह की कल्चर ··· " वह थककर सीढ़ियों पर बैठ गई। दुनिया में इतना रोला क्यों मचता है ?

"गाइड ··· लेडी ··· फ़र्स्ट क्लास गाइड ··· ," एक सिंहाली ने अचानक नमूदार[5] होकर पूछा।

वह सीढ़ियों पर से उठी, "तुम्हारे बुद्धिस्ट मंदिरों में इतने हिंदू देवी-देवताओं का ज़ोर क्यों है ?" उसने इमारत की तरफ़ चलते हुए सवाल किया।

राम ख़ामोशी से सर झुकाए साथ-साथ आ रहा था।

"ये हिंदू देवी-देवता लोग लंका में हमारे बुद्ध धर्म के मुहाफ़िज़[6] हैं,"

---

1. भविष्य; 2. बच नहीं सकतीं; 3. स्थिति; 4. दृश्य; 5. प्रकट; 6. रक्षक।

गाइड ने बड़े वसूक़[1] से बताया।

"लो सुन लो भई ··· ," सीता ने राम से कहा और उसे डाक्टर लेज़ली मार्श याद आ गया।

"पुर्तगालियों के आने से पहले तक लंका तहज़ीबी लिहाज़ से बिलकुल एक था और बर्तानवी तसल्लुत[2] से क़ब्ल तामिल-सिंहाली झगड़े का वजूद भी नहीं था।" राम ने कहना शुरू किया मगर फिर उकताकर चुप हो गया। नारंजी कपड़ों में मलबूस बड़े-बड़े ताड़ के पंखे उठाए भिक्षुओं की एक टोली सामने से गुज़री।

"तुम मुझसे कुछ कह रहे थे ?"

"कुछ नहीं। तुम सोशियोलॉजिस्ट हो ना ··· तुम अभी जुनूबी हिंद की बात कर रही थीं। तुम ठीक कहती थीं। सिंहाली तरीक़-ए-ज़िंदगी[3] बुनियादी तौर पर हिंदू तरीक़-ए-ज़िंदगी है। मगर फिर यह सवाल पैदा होता है कि बुद्धिज़्म या कम-अज़-कम लंका की बुद्धिज़्म महज़ हिंदू मत का एक विज़न है या इसे अलाहदा मज़हब और कल्चर समझा जाए ? सिंहाली समाज की बुनियाद कास्ट पर थी हालाँकि कास्ट सिस्टम बुद्धिज़्म में नहीं है। बहुत-से सिंहाली बुद्धिस्ट, हिंदुओं के खुदाओं को पूजते हैं ··· फिर क़ौमी[4] कल्चर क्या है ? ख़ालिस सिंहाली क़ौमी कल्चर ? ख़ालिस हिंदुस्तानी क़ौमी कल्चर ? ख़ालिस पाकिस्तानी क़ौमी कल्चर ?

"मैंने जयसूर्य के डिनर में उस रोज़ मेनलैंड से आए हुए चंद हिंदुस्तानी और पाकिस्तानी मेहमानों से पूछा था कि क्या पाकिस्तानी इस्लाम वही है जो सऊदी अरब और मिस्र में राइज[5] है ? और क्या हिंदुस्तान के हिंदू अवाम का कल्चर वही है जो अशोक के ज़माने में था ? जब मैं जयसूर्य से कहता हूँ कि तुम लोग तारीख़ के इर्तक़ा[6] को किस रुख़ से देख रहे हो, तो वह फ़ौरन हम जलावतनों की नफ़सियात[7] पर एक तक़रीर शुरू कर देता है।"

"यहाँ बर्तानवी दौर की नई मिडिल क्लास ने मुलाज़मतें और सियासी मुराआत[8] हासिल करने के लिए एजिटेशन किया होगा ··· और मिडिल क्लास

---

1. भरोसा; 2. आधिपत्य; 3. जीवनशैली; 4. राष्ट्रीय; 5. प्रचलित; 6. उद्‌विकास; 7. मानसिकता, मनोविज्ञान; 8. विशेषाधिकार।

के मुख़्तलिफ़ नस्ली और मज़हबी फ़िरक़ों के मफ़ाद[1] आपस में टकराते थे ⋯ ” सीता ने पूछा।

“हाँ। अब बुद्धिस्ट कांग्रेस का मुतालबा[2] है कि लंका की तारीख़ अज-सरे-नौ[3] लिखी जाए। एशिया के हर नए मुल्क में लिखी जा रही है ⋯ मगर तारीख़ को किस जाविये[4] से इंटरप्रेट किया जाएगा ?”

मंदिर की पहलू[5] की दीवार पे दूसरे ख़ुदाओं के साथ रावण के छोटे भाई भगवान विभीषण दाँत बाहर निकाले मुस्कुरा रहे थे। भगवान विभीषण ग़रीब चूँकि भगवान होने के बावजूद राक्षस भी थे, इसलिए उनके दो दाँत बाहर निकले हुए थे। “घर के भेदी यही महाशय थे,” सीता ने राम से कहा और फिर उसे इस उर्दू मुहावरे का मतलब समझाया।

अंदर हाल में आर्ट स्कूल का एक तालिब-इल्म[6] फ़्रेस्कोज़ की नक़ल उतारने में मसरूफ़ था। राम को उससे बातें करता छोड़कर वह आगे बढ़ गई।

बराबर के कमरे में गौतम बुद्ध के तवील[7] लेटे हुए मुजस्समे के क़दमों में पुजारनों में से किसी एक का मुन्ना-सा बच्चा मैले-से कपड़े में लिपटा हुआ मीठी नींद सो रहा था और उसकी माँ ठंडे मरमरीं फ़र्श पर सजदे में पड़ी थी।

राहुल ⋯ राहुल ⋯ राहुल ⋯

बहुत आहिस्ता-आहिस्ता और एहतियात से क़दम रखती कि पैरों की आहट से बच्चा जग न जाए, वह दूसरे कमरे में गई जहाँ एक और सुनहरी गौतम बुद्ध हस्बे-मामूल खिले हुए कँवल पर सुकून से बैठे थे। वह ज़रा के ज़रा आँखें बंद करके मूर्ति के सामने मरमरीं सीढ़ियों पर बैठ गई। चंद लहज़ों के बाद उसने आँखें खोलीं। सामने इरफ़ान खड़ा था।

---

1. हित, स्वार्थ; 2. माँग; 3. नये सिरे से; 4. (दृष्टि) कोण; 5. बगल; 6. छात्र; 7. लंबे।

17

उसने ख़ामोशी से चेहरा दूसरी तरफ़ फेर लिया और दीवार की तसवीरों को ग़ौर से देखने लगी। इरफ़ान आगे बढ़ा, "सीता ''' सुनो ''' देखो ''' बात सुनो ''' गौतम बुद्ध अम्न के शहज़ादे थे—मैं उनके सामने झुककर तुमसे माफ़ी माँगता हूँ ''' माफ़ कर दो ''' सीता ''' "

वह फ़्रेस्कोज़ पर नज़रें जमाए रही।

"सीता ''' सुन रही हो ''' ? सीता ''' सीता ''' सीता ''' "

18

"कल तो मैं सुकूने-क़ल्ब[1] हासिल करने महात्मा बुद्ध के मंदिर में गया था मगर आज मेरी मूड इतनी ड्रामाई नहीं है ''' लिहाज़ा आज शाम को चलो, शहर को सुर्ख़ रंग दें ''' " माउंट ल्योनिया की बालकनी पर झुके हुए इरफ़ान ने तजवीज़[2] किया।

"चलिए ''' ," सीता ने बशाशत[3] से जवाब दिया। "लिटिल हट जाकर चीनी कैबरे देखेंगे ''' सारे नाइट क्लबों में जाएँगे।"

"जाएँगे।"

"शान मीशेल जाकर डचबर्गर लौंडिया से अपनी फ़रमाइश के गाने सुनेंगे।"

"सुनेंगे।"

"ज़ू में जाकर हाथी को हार्मोनियम बजाते देखेंगे।"

"देखेंगे।"

"मगर तुम्हें तो अपने जर्नलिस्ट दोस्तों के घर जाकर ओवरसीज और स्टेटलेस हिंदुस्तानियों के मसाइल[4] के तजज़िये[5] के प्रोजेक्ट पर काम करना

---

1. दिल की शांति; 2. प्रस्ताव; 3. प्रसन्नता; 4. समस्याओं; 5. विश्लेषण।

था !"

"ओह इरफ़ान ··· वाक़ई ··· !!" वह क़हक़हा लगाकर हँसी।

"तुम भी कैसे-कैसे भाँत-भाँत के लोगों को कहाँ-कहाँ से पिक्-अप कर लेती हो ! कमाल है !!"

इरफ़ान के लहजे में कोई तंज़, कोई तल्ख़ी नहीं थी। वह एक बेतकल्लुफ़ साथी की तरह बात कर रहा था ··· जो हासिद[1], बदगुमान, शक्की, कमज़र्फ़[2] आशिक़ नहीं था बल्कि महज़ एक पुराना दोस्त था ··· इनसान किस तरह लहज़ा-ब-लहज़ा[3] मुख़्तलिफ़ होता रहता है।

"अरे भई, अपने उस हनुमान को फ़ोन तो कर दो कि नहीं आ सकतीं उसके डिनर पर।"

"हनुमान कौन ?"

"वही तुम्हारा रामास्वामी अप्पास्वामी कौन है।"

यह वाक़िया था कि उस वक़्त तक वह रामास्वामी को बिलकुल भूल चुकी थी। इरफ़ान ने उसे कब का वापस बुला लिया था। रामास्वामी की कमसिनी,[4] हमख़याली, तहज़ीबी यगानगत, हर चीज़ उसके दिमाग़ से कैलानिया के मंदिर ही में महव[5] हो गई थी ··· दुनिया में आदमी सिर्फ़ एक था–इरफ़ान ··· इरफ़ान ··· अव्वलो-आख़िर[6] इरफ़ान ··· परसों शाम जब इरफ़ान ने उसकी तौहीन की थी तो वह फूट-फूटकर रोती रही थी ··· वह ख़ौफ़नाक सुबह जब उसे जयसूर्य के दफ़्तर में ··· बैठना पड़ा था ··· वह उजाड़ दोपहर जब उसने रामास्वामी के साथ सिगरेटों के धुँए से भरे क़हवाख़ाने में सिलोन की सियासत पर बातें की थीं ··· वह सब यकसर[7] उसके ज़ेहन से महव हो गया। लहज़ा ··· हाल[8] ··· लहज़ा मौजूद है ··· जो तुम्हारे हाथ में है ··· उसे थामे रखो ··· मज़बूती से थामे रखो ··· क्योंकि दिन और रात तेज़ी से सरकते जा रहे हैं ···

---

1. ईर्ष्यालु; 2. छिछोरा; 3. पल-पल; 4. कमउम्री; 5. विस्मृत; 6. आरंभ से अंत तक; 7. एक सिरे से; 8. वर्तमान; 9. जल्द ही।

19

उस रात इरफ़ान ने लिटिल हट से लौटते हुए पहली मर्तबा जमील का ज़िक्र किया। उसने कहा कि लड़ाई वाली रात उसने बारह बजे यह बताने के लिए फ़ोन किया था कि जमील से मुलाक़ात तो हुई थी मगर उनके हाँ कुछ और लोग आ गए, इसलिए कोई बात न हो सकी। लेकिन कल शाम को तो वह ज़रूर-बिल-ज़रूर जमील से मिल रहा है।

"मैं आपकी इन मुलाक़ात की कोशिशों और मुलाक़ातों से इतनी बोर हो चुकी हूँ अब मुझे क़त्तई कोई परवाह नहीं," सीता ने बेध्यानी से जवाब दिया। "मैं जाती हूँ दिल्ली वापस !"

लेकिन उसके दूसरे रोज़ सुबह ही सुबह उसके दरवाज़े पर दस्तक हुई।

"क्या है ?" वह हड़बड़ाकर उठ बैठी ... और जाकर दरवाज़ा खोला।

"आ-छीं" ... इरफ़ान छींकता हुआ अंदर दाख़िल हुआ।

"अरे ... आप कैसे हैं ?" सीता ने परेशान होकर पूछा।

"बिलकुल ठीक हूँ ... फ़िक्र न करो ... क़मरवाला हश्र मेरा नहीं हुआ ... दरअस्ल कल रात बहुत देर तक समंदर के किनारे टहलने की वजह से ज़ुकाम हो गया ... हवा बहुत तेज़ थी।"

"अच्छा तो आप समंदर के किनारे टहले !! किसके के साथ ?"

"हलो ... ," इरफ़ान ने उसे ग़ौर से देखा। सोफ़े पर बैठकर वह खुशदिली से हँसा। "तुम्हारे शौहरे-नामदार के साथ ... " वह बेइंतहा अच्छी मूड में था। "भई, बहुत लुत्फ़ आया ... तुम्हारे मियाँ से बहुत दोस्ती हो गई हमारी ... खूब चीज़ हैं।" वह सिगरेट जलाने के बाद खूब हँसा।

"बात तो बताइए," सीता ने तकिए के सहारे औंधे लेटकर सवाल किया।

इरफ़ान उसी बशाशत[1] से हँसता रहा। "अरे भई, तुम्हारे प्राणनाथ का जवाब नहीं ... वल्लाह ... कल शाम जब मैं गालफ़ेस पहुँचा तो उन्होंने मुझे ऊपर कमरे में बुला लिया। भाई, हस्बे-मामूल[2] सख़्त ड्रंक थे। न सलाम न

---

1. प्रसन्नता; 2. हमेशा की तरह।

दुआ, छूटते ही उन्होंने मुझे *पद्मावत* का 'सिंघलद्वीप खंड' सुनाना शुरू कर दिया। ऐसा लग रहा था कि मलिक मुहम्मद जायसी की रूह आप ही में हलूल कर गई[1] है। दोहे पढ़ते जाते थे और तुमको याद कर-करके ज़ार-ज़ार रोते थे ... जब 'सिंघलद्वीप खंड' पढ़ चुके तो अपनी मौजूदा बीवी की तसवीर दिखाई और अल्लामा इक़बाल के स्पेनवाले अशआर पढ़ने लगे।"

मौजूदा बीवी के ज़िक्र पर इरफ़ान ने महसूस किया कि सीता के चेहरे पर एक हलका-सा बादल गुज़र गया और उसने बेचैनी से करवट बदली। इरफ़ान ने ज़रा गड़बड़ाकर कहा, "सीता ... तुम नाश्ता किस वक़्त करती हो ?"

"नाश्ते की फ़िक्र मत कीजिए ... बात बताइए ... "

"अच्छा साहब," उसने हलक़ साफ़ किया। "उसके बाद जमीलसाहब जो थे, उनके अंदर तुलसीदासजी की रूह हलूल कर गई और उन्होंने *रामायण* की चौपाइयाँ दे दनादन पढ़ना शुरू कर दीं ... उस शख़्स को अनगिनत चौपाइयाँ अज़बर[2] हैं ... वाक़ई तुमने किस क्रैक से शादी कर ली थी।"

सीता को यह बात बहुत नागवार गुज़री। "वह बिलकुल क्रैक नहीं हैं; लिटरेरी आदमी हैं ... आप जैसे ठस लोग *पद्मावत* और *रामायण* क्या जानें ?"

"ओहो ... ख़फ़ा हो गईं ! अरे भई, तुम हुक्म दो तो मैं सारी *महाभारत*, सारा कालीदास, सारा *दीवाने-हाफ़िज़*, सारा शेक्सपियर, सारा इलियट, जो चाहो सुना दूँ ... मगर इस फ़्राड में यक़ीन ही नहीं रखता ... तुम औरतें इन्ही चीज़ों के चक्कर में आकर तो बेवकूफ़ बनती हो ... क्या तुम्हें मालूम नहीं कि ये ज़बरदस्त शायर और अफ़सानानिगार लोग जो मुहब्बत और ज़िंदगी के हुस्न की तारीफ़ में हज़ारों सफ़हे स्याह करते हैं और जाने क्या-क्या ज़मीन-आसमान के कुलाबे मिलाते हैं, घरों के अंदर अपनी बीवियों से उनका सलूक कैसा होता है ? चलो ... ख़ैर ... अच्छा तो भई, *रामायण* के बाद वह फिर 'सिंघलद्वीप खंड' पर लौट आए ... और अबकी दफ़ा साथ-साथ मुझे भी डाँटते गए कि मैं भी उतनी ही ज्यादा शराब क्यों नहीं पी रहा ... फिर एक-एक दोहा दस-दस बार मुझसे भी पढ़वाए ... क्या कमाल का आदमी है वल्लाह ... ग्रेट मैन ... बहुत भला आदमी है बेचारा।"

---

1. समा गई; 2. कंठस्थ।

इरफ़ान अपने एक्साइटमेंट में उठकर दरीचे के क़रीब चला गया। वह बेहद खुश था।

"एक-दो दोहे तुम भी सुनोगी ?" उसने पलटकर सीता से पूछा।

"नहीं।"

"नहीं कैसे ··· सुनना पड़ेंगे ··· तुमको शिकायत है कि मैं लिटरेरी आदमी नहीं ··· "

उसने टहल-टहलकर हलक़ साफ़ किया। "कहता है उस्ताद कि–

सिंघलद्वीप कथा अब गावौं।
औ सो पदमिनि बरन सुनाऔं।।

"सुनाऊँ ··· ?"

"नहीं।"

"अजी, तुम्हारे तो अच्छे भी सुनेंगे। जैसा तुम्हारे मियाँ ने मेरा कुंडा शरीफ़ किया है, मैं तुम्हारा कुंडा शरीफ़ क्यों न करूँ ··· लो सुनो। बेचारे जमील ने किस क़दर रो-रोकर सुनाया ···

राघव जो सीता संग लाई। रावन हरी, कवन सुध पाई।।
यह संसार सपन कर लेखा। बिछुरि गए जानौं नहिं देखा।।

हाय हाय ··· और सुनो–

सिंघलदीप जो नाहिं निबाहू। एही ठाँव साँकर सब काहू।।

हा ··· इसका कुछ अंदाज़ा तो मुझे भी है।"

सीता को बेसाख़्ता हँसी आ गई। वह अपने जोश में टहलता-टहलता फिर दरीचे के पास चला गया और उसके निचले पट पर कुहनियाँ टेक दोहे पर दोहा सुनाता रहा। वह वाक़ई इस क़दर खुश था कि जैसे कोई बड़ा मार्का सर करके[1] आया हो ··· सीता ने उसे आज तक इतना खुश नहीं देखा था।

"और सुनो, क्या कह गया है जालिम –

मुहमद जीवन जल भरन, रहँट घरी कै रीति

---

1. युद्ध जीतकर।

घरी जो आई ज्यौं भरी, ढरी, जनम गा बीति।[1]

"आ–छीं ... "

"आप पर भी मेरे पति की क़ैफ़ियत का असर हो गया है," उसने आजिज़ आकर कहा। "अब अस्ल बात की तरफ़ आइए ...।"

"और सुन लो ... सुन लो ... फिर न कहना, हमें ख़बर न हुई ... अरे हाय हाय ... " वह उसकी सुनी-अनसुनी करके कहता रहा–

हिय कै जोत दीप वह सूझा यह जो दीप अँधियारा बूझा।
जो पै नाहीं अहथिर दसा जग उजार का कीजिय बसा।

"क्या मतलब ?" सीता ने दरियाफ़्त किया।

"कहता है मलिक मुहम्मद कि दिल की रौशनी में सिंघलद्वीप नज़र आया–और इस तारीक दुनिया में बिलकुल अँधेरा था। ज़ब महबूब ही बस में नहीं तो दुनिया आबाद हो या वीरान ... और सुनो," वह उचककर लिखने की मेज़ पर बैठ गया।

मुहमद चिनगी पेम कै, सुनि महि गगन डेराइ
धनि बिरही औ धनि हिया जहँ अस अगनि समाइ।[2]

फिर उसने सीता को इस दोहे का मतलब समझाने की ज़रूरत नहीं समझी और मुँह लटकाकर ख़ामोश हो गया।

"आप भी बड़े गुनवान निकले ...," सीता ने कहा।

उसने झुककर तसलीम की। "अरे तुमको क्या पता ! मैं बड़ा ज़बरदस्त छिपा रुस्तम हूँ। क्या समझती हो ? ख़ाली तुम्हारे जमील ख़ाँ ही उस्ताद हैं ?"

"आप दीवाने हैं बिलकुल।" वह खिलखिलाकर हँसी।

"सीता।"

"जी।"

---

1. ऐ मुहम्मद, यह ज़िंदगी घड़ी रहट की मानिंद है जिसमें पनी भरता है और ढलता रहता है। घड़ी का पानी भरना गोया ज़िंदगी है और पानी का ढलना मौत। 2. ऐ मुहम्मद ! मुहब्बत की चिंगारी से तो ज़मीन और आसमान तक डरते हैं। आफ़रीं हैं मुहब्बत करनेवाला और उसका दिल जिसमें यह आग समाई है।

अब वह यकबारगी बेहद संजीदा होकर ग़ौर से अपने जूतों को देख रहा था। फिर उसने अपना इज़्तराब[1] छिपाने के लिए क़लमदान में रखी हुई पेंसिलों से खेलना शुरू कर दिया। "सीता," उसने दोबारा कहा।

"जी ··· ? जमील ने ··· जमील ने क्या कहा ··· ," सीता ने साँस रोककर पूछा।

"जमील को मैंने सारी बात समझाई। आधी रात को जब मैंने उनको समंदर की ठंडी हवा खिलाई तो वह सोबर हो चुके थे ··· मैंने उनसे कहा कि तुम्हें तलाक़ दे दें ··· क्योंकि ··· क्योंकि मैं तुमसे शादी करना चाहता हूँ ··· सिचुएशन बेहद घिसी-घिसाई, पिटी-पिटाई है ना ··· ? मगर तुम पाकिस्तान नहीं आओगी ··· या आ जाओगी ?"

घड़ी की टिक-टिक तेज़ हो गई। बाहर समंदर का शोर यकलख़्त बढ़ गया। चंद लम्हों के कामिल सुकूत[2] के बाद सीता ने कहा :

"आपने यह कैसे फ़र्ज़ कर लिया कि मैं ··· "

"मेरा फ़र्ज़ करना न करना क़तअन[3] मेरा फ़ेल[4] है और मैं, जहाँ तक मेरा ख़याल है, अपने फ़ेल का मुख़्तार हूँ। आप मेरे सवाल का जवाब दीजिए।"

"आप यहाँ से तशरीफ़ ले जाएँ।"

"कहाँ ? कमरे से बाहर ··· ? चला जाऊँगा। एक दफ़ा तुम पहले ही निकाल चुकी हो ··· वैसे यह समझ लो कि मैं आदमी हूँ काफ़ी ढीठ ··· सुनो, अगले महीने मैं पेरिस पहुँच रहा हूँ ··· तुम एक काम करो ··· ," उसने नर्वस होकर फिर पेंसिलों से खेलना शुरू कर दिया। "तुम यह करो कि वहाँ आ जाओ।"

वह पलंग पर से उठ खड़ी हुई। "जो होगा, देखा जाएगा ··· अब जाइए।"

"अच्छा, एक दोहा और सुन रखो और उस पर ग़ौर करना–दरवाज़े में जाकर उसने कहा :

मुहमद मद जो पेम कर गए दीप तेहि साध
सीस न देइ पतंग होइ तौं लगि लहै न खाध।[5]

---

1. बेचैनी; 2. पूर्ण निस्तब्धता; 3. पूरी तरह; 4. कार्य, क्रिया; 5. ऐ मुहम्मद ! मुहब्बत की शराब से दिल का चिराग़ रौशन कर। परवाने की मानिंद जब तक सर न दे दिया जाए, तब तक उसके पास कैसे पहुँचा जा सकता है !

20

" ··· और जब कामदेव शंभू की तसख़ीर[1] के लिए चला तो सारे मुक़द्दस सहीफ़े[2] बेकार हो गए। तज़किय-ए-नफ़्स,[3] सब्र, संन्यास, फ़र्ज़, मुआरफ़त,[4] इल्म, बेनियाज़ी[5] सब मैदान छोड़कर भाग खड़े हुए। ख़िरद[6] किताबों में जा छिपी ··· रति का पति अपना तीर-कमान सँभाले इस क़दर ग़ैज़[7] में किसको अपना शिकार बनाने जा रहा है ? सारी कायनात मुहब्बत में गिरफ़्तार हो गई। दरख़्त झुककर बेलों पर छा गए ··· नदियाँ समंदर से जा मिलीं ··· जल-थल एक हुए ··· चरिंद और परिंद, देवता और इफ़रीत,[8] इनसान और नाग, लतीफ़ अरवाह[9] और ग़ौले-बयाबानी,[10] मरघट के भूत और साधू-संत सभी उसके तिलिस्म में मुतला[11] हुए।

"ख़िरदमंद[12] जो अब तक दुनिया को ब्रह्मा का साया समझते थे, सारी दुनिया अब उनको औरत के रूप में नज़र आने लगी ··· इस आलम में कामदेव शंभू के क़रीब पहुँचा।*

"उस समय मदन के बान[13] पर जो आम की कलियों से सजा था, बहार ने शहद की स्याह मक्खियाँ इस तरह बिठा दी थीं गोया वह ख़याल से पैदा हुए ख़ुदा के नाम के हुरूफ़ थे। हिलाल[14] के ऐसे फूल नाखुनों के निशान की मानिंद थे जो बसंत रुत के लिपटने से जंगल के बदन पर पड़ गए थे ··· बहार तलक का फूल लगाकर भौंरों के स्याह काजल से मुज़य्यन[15] हो अपने होंठों को (जो आम के बौर थे) सुबह के आफ़ताब[16] की सुर्ख़ी से सजाया ··· पयाल के दरख़्तों से गिरते ज़र-गुल[17] से हिरनों की आँखें धुँधला गईं और वो जंगल के पत्तों पर कुलेलें भरते फिरे – कोकिल की आवाज़ ख़ुद मुहब्बत की आवाज़ बन गई ··· कोकिल की आवाज़ जो मग़रूर औरतों की सर्द-मेह्री तोड़ने में बड़ी माहिर है ··· मदन के हुक्म से दरख़्त साकित, भौंरे ख़ामोश, चिड़ियाँ चुपचाप,

---

1. विजय; 2. पावन मंत्र; 3. इंद्रिय-दमन; 4. अंतर्ज्ञान; 5. उदासीनता; 6. बुद्धि; 7. क्रोध; 8. प्रेत; 9. नर्मदिल रूहें; 10. भयानक पिशाच; 11. ग्रस्त; 12. बुद्धिमानजन; 13. बाण; 14. चाँद; 15. सुसज्जित; 16. सूरज; 17. पराग।

* रामायण अज़ तुलसीदास।

हिरन सुकूत में खो गए ··· सारा जंगल ऐसे दिखाई देने लगा जैसे एक बड़ी तसवीर हो।"*

21

पेरिस में सीता और इरफ़ान कई महीने रहे। इरफ़ान के पास बुलेवार सूशे में एक बड़ा ख़ूबसूरत फ़्लैट था जिसे सीता ने और ज़्यादा नफ़ासत से सजाया। इरफ़ान सुबह को दफ़्तर चला जाता। सीता बाज़ार से सौदा ख़रीदकर लाती, खाना तैयार करती–इरफ़ान के कपड़ों पर इस्तरी करती, घर की सफ़ाई, झाड़ू-बहारू करती, शाम को वह काम से लौटता तो जल्दी से उसके गर्म स्लीपर उसके सोफ़े के नीचे आतिशदान के पास रखती। सोने के वक़्त से बहुत पहले उसके स्लीपिंग सूट को गर्म पानी की बोतल पर लपेटकर उसके बिस्तर पर रख देती। वह ऐसी मुकम्मल और सुकूनबख़्श और आरामदेह हाउसवाइफ़ थी कि इरफ़ान मुताज्जिब[1] होता था।

वह रोज़ाना सुबह को डाकिये का बड़ी शिद्दत से इंतज़ार करती थी। शायद आज न्यूयार्क से उसका तलाक़नामा आ जाए ··· शायद ··· मगर दिन गुज़रते गए और तलाक़नामा न आया। वह कोलंबो से दिल्ली वापस जाकर किसी से नहीं मिली थी। उसने अपने माँ-बाप से कहा था कि उसे पेरिस में मुलाज़मत मिल गई है और वह जा रही है। वो लोग अब उससे कुछ नहीं कहते थे। न किसी क़िस्म के सवालात करते थे। इस तरह की बातों का वक़्त कब का निकल चुका था। पेरिस जाने से एक रोज़ क़ब्ल उसने कनाट प्लेस से बिलक़ीस और हिमा को फ़ोन पर ख़ुदा हाफ़िज़ कहा था।

"अब कब तक आओगी ?" बिलक़ीस ने पूछा था।

"पता नहीं ··· बात यह है कि यहाँ मेरा दिल नहीं लगता और अगर एक दफ़ा यूरोप पहुँच गई तो वहाँ से न्यूयार्क जाने में आसानी रहेगी ··· राहुल को

---

1. आश्चर्यचकित।

* कालीदास।

देखने।"

"ठीक कहती हो ···," बिलक़ीस ने जवाब दिया था। "मगर कभी-कभार ख़त तो लिख दिया करना।"

"बराबर लिखूँगी।"

बिलक़ीस ने उससे यह नहीं पूछा था कि वह पेरिस क्यों जा रही है। उसे मालूम था।

छुट्टी के दिन वो सीन के किनारे टहलने जाते, कार्तर लातीन में आवारागर्दी करते। किसी क़हवाख़ाने में स्याह कॉफ़ी पीते हुए वह सोच में डूब जाती तो वह उससे पूछता, "क्या सोच रही हो ?"

"मैं अब सोचना ख़त्म कर चुकी हूँ। सिर्फ़ महसूस करती हूँ," वह सर उठाकर जवाब देती।

किसी पुल की मुँडेर पर झुककर बातें करते-करते वह यकलख़्त ख़ामोश हो जाती तो वह उसे सिगरेट जलाकर देता। "लो सिगरेट पियो ··· लगे दम मिटे गम ··· "

एक दफ़ा इरफ़ान ने उससे कहा, "तुमसे मावरा[1] एक और तुम हो ··· जब तुम दफ़अतन चुप हो जाती हो मैं फिर अकेला रह जाता हूँ ··· तुम मुझसे हज़ारों मील दूर चली जाती हो ··· तुम बहुत बुलंदी पर होती हो। मैं तुम्हारी बातें समझना चाहता हूँ। मगर डर लगता है ··· "

कभी-कभी वह अपनी इन तवील ख़ामोशियों से झुँझलाकर खुद कहती, "इरफ़ान, बातें करो।"

"बातें करते हुए डर लगता है," वह जवाब देता।

ख़िज़ाँ के मौसम में वो दोनों स्पेन गए। वहाँ मस्जिदे-क़र्तबा[2] की सीढ़ियों पर चाँदनी रात में उन्हें एक पाकिस्तानी तालिबे-इल्म[3] मिला जिसने बेहद प्यारी आवाज़ में गिटार पर इक़बाल की नज़्म सुनाई :

सिलसिल-ए-रोज़ो-शब,[4] नक़्शगरे-हादिसात,[5]
सिलसिल-ए-रोज़ो-शब, अस्ले-हयातो-ममात।[6]

---

1. परे; 2. स्पेन का नगर कार्दोवा जो कभी इस्लामी सभ्यता का गढ़ था; 3. छात्र; 4. सयमचक्र (रात-दिन का सिलसिला); 5. घटनाओं का निर्माता; 6. जीवन-मृत्यु का परम तत्व।

"अब मुझे इसका मतलब समझाओ," सीता ने इरफ़ान से कहा।

बहुत देर तक अशआर की तशरीह[1] करने के बाद इरफ़ान ने झुँझलाकर उससे कहा, "तुम अपना कालीदास, तुलसीदास करती रहो ··· इक़बाल तुम्हारे बस की बात नहीं।"

एक रोज़ अमरीका से एक ख़त आया। उसने खोलकर पढ़ा और फिर ख़ामोशी से कपड़ों पर इस्तरी करने में मसरूफ़ हो गई।

"सीता ··· ," इरफ़ान ने कमरे में दाख़िल होकर उसे पुकारा।

"क्या है," उसने चिढ़कर कहा और इस्तरी का स्विच बंद करके दरीचे में चली गई।

"आप आहू-चश्म[2] हैं, आहू[3] नहीं; हमसे वहशत की न लीजे, आइए," इरफ़ान ने आतिशदान के क़रीब सोफ़े पर बैठते हुए उसकी तरफ़ बाँहें फैलाकर कहा।

वह उसी तरह दरीचे से बाहर देखती रही।

"सीता, क्या बात है ? मुझे बताओ।"

"कुछ नहीं इरफ़ान," उसने मुड़कर जवाब दिया, "मामी का ख़त न्यूयार्क से आया है ··· वह लिखती हैं कि अब वह किस-किसके नामों के नुक़्ते तब्दील करेंगी ?"

वह ख़ामोश रहा।

"इरफ़ान, मेरा ख़याल है, हमने बहुत सख़्त गलती की है। मैं कब तक इस तरह तुम्हारे साथ रहती रहूँगी ?"

"क्यों ?" वह खोखली हँसी हँसा, "चंद ही महीनों में घबरा गई—गिरिनंदिनी उमा ने तो शंभू से ब्याह करने के लिए एक हज़ार बरस तक तपस्या की थी ··· *कुमारसंभव* पढ़ो।"

"मुझे नहीं चाहिए तुम्हारा *कुमारसंभव*-वंभव ··· " उसने झुँझलाकर कहा।

"हा हा ··· अब आया तुम्हारी अक़्ल में ? मैं न कहता था कि तुम्हारा सारा कालीदास-वालीदास, शायरी, अदब, फ़लसफ़ा, सब फ़्राड है। ज़िंदगी की तल्ख़

---

1. व्याख्या; 2. हिरन जैसी आँखों वाली; 3. हिरनी।

हक़ीक़तों के सामने सब खुराफ़ात मालूम होता है कि नहीं ?"

आख़िर एक दिन उसने डरते-डरते बिलक़ीस को ख़त लिखा ... पेरिस के मौसम का ज़िक्र किया। फ़रख़ंदा बाजी और छोटी ख़ाला की ख़ैरियत दरियाफ़्त की मगर यह पूछने की फिर भी हिम्मत न पड़ी कि जमील ने उन लोगों को उसके मुतल्लिक़ कुछ लिखा है या नहीं।

बिलक़ीस का फ़ौरन निहायत मुफ़स्सल[1] जवाब आ गया। बड़ा नार्मल और बश्शाश और ग़ैर-शख़्सी[2] सा ख़त था जो किसी निजी तज़किरे[3] के बजाय महज़ थिएटर की ताज़ातरीन ख़बरों से पुर था।

इप्टा की आठवीं सालाना कांफ़्रेंस का इस साल डा. राधाकृष्णन ने इफ़्तताह[4] किया। बहुत सारे रूसी डेलिगेट भी आए थे। गोपीनाथ भी नाचा।

इस मर्तबा नटराज नगरी में तुम बहुत याद आईं।

'नई नौटंकी' वाले नौटंकी की तर्ज़ पर 'मिट्टी की गाड़ी' प्रोड्यूस कर रहे हैं। ख़ासा दिलचस्प तजरबा रहेगा ... ललिता कल तुम्हें बहुत याद कर रही थी।

बंबई का लिटिल बैले ग्रुप 'मेघदूत' स्टेज करनेवाला है ... 'शकुंतला' ... 'आगरा बाज़ार' ... 'मिट्टी की गाड़ी' ... हिमाचलप्रदेश के फ़ोक आर्टिस्ट ...

ख़त बेदिली से एक तरफ़ फेंककर वह बावर्चीख़ाने में चली गई।

इरफ़ान के साथ रहते हुए उसे ये बातें किसी दूसरे कुर्रे[5] की ख़बरें मालूम हो रही थीं।

एक महीना और गुज़र गया।

"इरफ़ान बताओ, अब मैं क्या करूँ ?" उसने आजिज़ आकर सवाल किया।

"फिर बिलक़ीस की ख़ुशामद करो और क्या ?" उसने ज़रा बेपरवाही से जवाब दिया और कोट पहनकर दफ़्तर चला गया।

चुनांचे दरीचे के सामने बैठकर सीता ने बिलक़ीस को लिखना शुरू किया :

---

1. विस्तृत; 2. अवैयक्तिक; 3. ज़िक्र; 4. उद्घाटन; 5. ग्रह।

मैं जमील से कोलंबो में बात नहीं कर सकी। बात करना तो दरकिनार, उनकी एक झलक भी न देख पाई। तुम ठीक कहती थीं। यह जंगली बतख़ का तआरुफ़ था। ख़ुदा के लिए उन्हें लिखो कि मुझे जल्द-अज़-जल्द आज़ाद कर दें। वह मुझे काफ़ी सज़ा दे चुके हैं।

यकबारगी उसके आँसू टप-टप काग़ज़ पर गिरने लगे। वह सफ़हे के सफ़हे लिखती चली गई और एक लंबा साँस लेकर लिफ़ाफ़ा बंद कर दिया।

उस ख़त के जवाब में बिलक़ीस ने लिखा : "तुमको यह मालूम करके ख़ुशी होगी कि बलवंत गार्गी का 'सोहनी महिवाल' मास्को में छः महीने से चल रहा है ... पटने के इप्टावालों ने तालकटोरा ड्रामा फेस्टिवल में अबके से अपना ड्रामा 'पीर अली' दिखलाया। उसका एक एक्टर तुम्हारा पुराना क्लासफ़ेलो निकला। तुमको उसने सलाम कहलवाया है।

– मृणालिनी साराभाई गुजराती में नौ तमसीलें प्रोड्यूस कर रही हैं।

– यूनिटी थिएटर वाले फ़िरोज़शाह कोटला के ओपेन एयर थिएटर में 'औरंगज़ेब' स्टेज करनेवाले हैं।

– और आग़ा हश्र की तजदीद[1] के सिलसिले में तुम यह जानकर खुश होंगी कि देहली प्ले हाऊस वाले 'रुस्तम-सोहराब' पेश कर रहे हैं।"

एक शाम सिनेमा से वापस आकर वो अपने फ़्लैट में दाख़िल होने लगे तो कोंसीअर्ज़* ने एक केबिल सीता के हाथ में थमा दिया। इरफ़ान ताला खोलकर अंदर जा चुका था। सीता ने दहलीज़ पे खड़े-खड़े लिफ़ाफ़ा चाक किया। उसके भाई की तरफ़ से इत्तला आई थी, "डैडी गुज़र गए।"

जब इरफ़ान कपड़े तब्दील करके सिटिंग रूम में आया उस वक़्त वह आतिशदान के सामने दोहरी हुई बैठी थी।

"क्या बात है लिटिल वुमन ?" इरफ़ान ने झुककर उसके सर पर हाथ फेरा।

---

1. नवीनीकरण, पुनरुत्थान।

* Concierge

"कुछ नहीं," उसने चेहरा ऊपर उठाकर इरफ़ान को देखा। उसकी आँखें बिलकुल खुश्क थीं। उसने केबिल इरफ़ान के हाथ में थमा दिया।

"ओह ... आई ऐम सॉरी," काग़ज पर नज़र डालते ही इरफ़ान ने आहिस्ता से कहा।

"मैं दिल्ली जा रही हूँ।"

"अच्छा ..."

"मैं मम्मी के साथ कुछ अरसे रहूँगी।"

"हाँ हाँ, ठीक है ... ज़रूर जाओ," इरफ़ान ने रसान से[1] जवाब दिया।

रहमत मंज़िल, क़रोलबाग़ पहुँचकर वह कई हफ़्ते घर से बाहर नहीं निकली। बिलक़ीस के 'मॉडर्न थिएटर ग्रुप' ने ताज़ियत के लिए[2] उसके पास आना चाहा मगर उसने बिलक़ीस और शहज़ाद के ज़रिये सबको मना करवा दिया। एक महीने में वह पीली पड़ चुकी थी।

एक रोज़ उसकी माँ ने कहा, "यह तूने अपनी क्या दशा बना रखी है! जा बाहर घूम आ ... क्या बीमार पड़ेगी?"

उसकी माँ ने अब तक उससे पेरिस या इरफ़ान के मुतल्लिक एक लफ़्ज़ बात नहीं की थी। अब वह स्टेज आ चुकी थी कि उनकी लड़की की निजी ज़िंदगी बिलकुल ख़ालिस्तन[3] उसका ज़ाती मामला था।

आख़िर वह एक रोज़ तीसरे पहर को तैयार होकर चाणक्यपुरी गई। बिलक़ीस के हाँ सबने बड़ी मुहब्बत से उसका इस्तक़बाल[4] किया। फ़रख़ंदा बाजी देर तक उससे बातें करती रहीं। उसी वक़्त नई तमसील का स्क्रिप्ट लेकर कैलाश आन पहुँचा।

थोड़ी देर के बाद बातों-बातों में उसने सीता को मुख़ातिब किया :

"सीताजी ... आपको प्रोजेश बाबू बहुत पूछते थे। दिल्ली आकर जब भी हम लोगों से मिलते हैं, बराबर आपका ज़िक्र करते हैं ... मगर आपने हम सबसे रूठकर विलायत ही को अपना देस बना लिया है।"

---

1. आहिस्ता से, धीमी आवाज़ में; 2. शोक व्यक्त करने के लिए; 3. शुद्ध रूप से; 4. स्वागत।

वह बड़े इख़लाक़ से मुस्कुराई, "आजकल प्रोजेश बाबू कहाँ हैं ?"

"उनकी नुमाइश हो रही है। उसके लिए आए हुए हैं।"

"कहाँ ठहरे हैं ?"

"वहीं ··· अपनी पुरानी जगह ··· बिलक़ीस ··· भई, यह ललिता का पार्ट देख लो ··· ," सीता उठकर लांज में चली आई।

"अभी कहाँ जा रही हो ? रात को स्क्रैबिल खेलेंगे ··· ," उसे जाते देखकर बिलक़ीस ने ड्राइंगरूम से आवाज़ दी।

"नहीं बिली, अब मैं चलूँगी। मम्मी घर पे बिलकुल अकेली हैं।"

"थोड़ा और ठहर जाओ, रात को तुम्हारे दूल्हा भाई पहुँचा आएँगे," छोटी ख़ाला ने कहा।

"आज हम लोग फ्रेंच लफ़्ज़ बनाएँगे। तुम तो बहुत ज़्यादा फ्रेंच जान गई होंगी," बिलक़ीस ने कैलाश से गुफ़्तगू करते-करते फिर कहा। मगर अब उसकी आवाज़ में मसरूफ़ियत थी। सीता बाहर आ गई।

वक़्त बहुत तेज़ी से गुज़रता चला गया। शुरू-शुरू में इरफ़ान उसे पाबंदी से हर हफ़्ते ख़त लिखता था। पिछले चंद माह से वह बिलकुल ख़ामोश था। सीता अब तक उसे अनगिनत ख़त भेज चुकी थी मगर किसी का जवाब नहीं मिला था। इरफ़ान ने उसे आख़िरी ख़त में लिखा था कि वह दफ़्तर के काम से जर्मनी जा रहा है, मगर इस बात को भी अरसा हो चुका था।

अब वह उसी शिद्दत से इरफ़ान के ख़त का इंतज़ार करती जिस तरह वह अब तक जमील के तलाक़नामे का इंतज़ार करती थी। उसकी माँ को क्लेम के मुआवज़े के थोड़े रुपये मिल गए थे और उसका भाई दुर्गापुर से अपनी आधी तनख्वाह भेज देता था। इस उम्मीद पर कि वह बहुत जल्द इरफ़ान के पास वापस चली जाएगी, उसने मुलाज़मत की तलाश भी नहीं की। सारा दिन वह माँ के पास बैठी रहती। छोटी बहनें शाम को कालिज से लौटतीं तो उनसे बातें करती।

ज़िंदगी तारीक़तर[1] होती गई।

उस रात कड़ाके का जाड़ा पड़ रहा था। खाना खाने के बाद आँगन के

---

1. अधिकांधिक अँधेरी।

नलके पर हाथ धोते हुए अचानक उसे ख़याल आया कि कोई उसका दोस्त नहीं। इतनी बड़ी दुनिया में, इतने बड़े अज़ीमुश्शान जगमगाते हुए दारुल-सल्तनत[1] में, शनासाओं[2] के इतने बड़े हुजूम में कोई उसका हमदर्द नहीं ··· क्यों नहीं ··· उसने किसी का क्या बिगाड़ा था ? प्रोजेश ने एक दफ़ा उससे कहा था, "सीतादेवी ! तुम ऐसी अजीबो-ग़रीब लड़की हो कि तुमको इस दुनिया में मुसर्रत[3] ज़रा मुश्किल ही से मिलेगी ··· "

"जिस तरह की मुसर्रत की तुम्हें तलाश है प्रोजेश !"

"मम्मी ! मैं ज़रा बाहर जा रही हूँ," हाथ पोंछने के बाद ओवरकोट पहनकर उसने गली में उतरते हुए कहा। उसकी माँ ने आँगन में आकर ड्योढ़ी का दरवाज़ा अंदर से बंद कर लिया।

नई दिल्ली जानेवाली बस तक़रीबन ख़ाली थी। वह एक खिड़की के शीशे से सर टिकाकर बैठ गई और आँखें बंद कर लीं। अब मुझे ऐसा लग रहा है, उसने अपने दिल में कहा, जैसे रात के अँधेरे में बहुत-सी कश्तियाँ घाट से लग जाएँ और मुझे मालूम न हो कि उनमें से मेरी कश्ती कौन-सी है।

प्रोजेश की जा-ए-क़याम[4] पर पहुँचकर उसनें क्लर्क से पूछा, "मिस्टर चौधरी हैं ?"

"कौन-से मिस्टर चौधरी ?"

"जो कलकत्ते से आए हैं। "

"वह जो एक्टर हैं ?"

"नहीं ··· जो आर्टिस्ट हैं।"

"ओह ··· जी हाँ, इधर से आइए।"

जब वह अंदर चली गई तो क्लर्क ने सर खुजाकर दिल में कहा, ख़ूब ··· साल-डेढ़ साल हुआ मुझे याद पड़ता है, यह इसी तरह रात को आई थीं तब कलकत्ते वाले एक्टर मिस्टर चौधरी को पूछती थीं। यह सब क्या घपला है !

प्रोजेश कुमार चौधरी कमरे में आरामकुर्सी पर बैठा कुछ लिख रहा था। उसे दरवाज़े पर खड़ा देखकर हक्का-बक्का रह गया। "सीतादेबी," उसने

---

1. राजधानी; 2. परिचितों; 3. प्रसन्नता; 4. ठहरने की जगह।

मुसाफ़हे[1] के लिए हाथ बढ़ाकर बड़े ड्रामाई अंदाज़ में कहा। "मुझे मालूम था कि एक रोज़ तुम ज़रूर वापस आओगी।"

गोरी-कामिनी सीता, साँवली रगंत के प्रोजेश कुमार चौधरी के बाजुओं में इस तरह जा गिरी जिस तरह गंगा का शफ़्फ़ाफ़[2] पानी, जमुना के तारीक, ग़ज़बनाक पानियों से जा मिलता है।

बहुत जल्द देहली के फ़नकारों के हलक़े में यह ख़बर फैल गई कि श्री प्रोजेश कुमार चौधरी का 'सिंधी पीरियड' शुरू हो चुका है।

छः महीने और निकल गए ··· सीता प्रोजेश के साथ 'स्प्रिंग फ़ेस्टिवल' के लिए श्रीनगर गई हुई थी। वहाँ से लौटके उसके हमराह कलकत्ते चली गई। आख़िर दिसंबर में प्रोजेश के जापान जाने के बाद वह देहली वापस आई। आते के साथ ही उसकी माँ ने उसे दो लिफ़ाफ़े दिए। एक पर रोम की मुहर थी। बहुत मुख़्तसर[3] ख़त था :

ताज़ातरीन ख़बरें जो तुम्हारे मुतल्लिक़ सुनी हैं, सही हैं ?

– इरफ़ान

दूसरा लंबा लिफ़ाफ़ा न्यूयार्क से आया था। उसका दिल तेज़ी से धड़कने लगा। जमील का ख़त ··· जमील के हाथ से लिखा हुआ उसका नाम ··· उसके हाथ लरज़ने[4] लगे ··· शाम हो रही थी। खिड़की में जाकर उसने पढ़ना शुरू किया ··· यह ख़त भी बहुत मुख़्तसर था :

राहुल अच्छी तरह है। मैं तुमको तलाक़ दे रहा हूँ। तुम अब आज़ाद हो और जिससे चाहो, शादी कर सकती हो। राहुल को मैं अगले साल दिल्ली, जामिया मिल्लिया भेज रहा हूँ ताकि अपने मुल्क में रहे और हिंदुस्तानी बने। यहाँ वह एकदम अमरीकन हो गया है। वह दिल्ली आ जाए तो तुम फ़रख़ंदा बजिया के हाँ जाकर उससे मिल भी सकती हो। मुझे कोई एतराज़ नहीं।

फ़क़त

– जमील

---

1. हाथ मिलाना; 2. साफ़-सुथरा; 3. संक्षिप्त; 4. काँपने।

उसे बेहद कमज़ोरी महसूस हो रही थी। वह वहीं खिड़की के पास दरी पर बैठ गई और दीवार के सहारे टिककर हनुमान की तसवीर देखने लगी जो हथेली पर पहाड़ उठाए उड़े चले जा रहे थे।

दूसरे रोज़ उसने इरफ़ान को उतना ही मुख़्तसर जवाब लिखा–मैं भाई का इंतज़ार कर रही हूँ। वह यहाँ आ जाए तो मम्मी और लीला-मोहिनी को उसके साथ दुर्गापुर भेजकर फ़ौरन तुम्हारे पास पहुँचूँगी। मेरा इंतज़ार करो ... मैं तुम्हें ... और सिर्फ़ तुम्हें चाहती हूँ और अंत समय तक इसी तरह चाहूँगी ...

वक़्त निकला जा रहा है। वक़्त सरपट भागा जा रहा है। अब मुझे ज़्यादा देर नहीं लगाना चाहिए। उसने लिफ़ाफ़ा बंद करते हुए अपने-आपसे कहा।

लेकिन अब वक़्त की क्या परवाह है ! उसने दोबारा खुद को याद दिलाया। अब वह बहुत जल्द मिसेज़ इरफ़ान बन जाएगी। वह अब क़ानूनी तौर पर आज़ाद है। वह इरफ़ान से शादी करेगी जो इंटेलेक्चुअल या बोहीमियन या "बर-अफ़रोख़्ता नौजवान"[1] नहीं है, समझदार, सीधा-सादा, **solid** आदमी है ... फिर वह पाकिस्तान चली जाएगी और पाकिस्तानी शहरी[2] की हैसियत से अपने शहर कराची वापस जाएगी जो अब उसका नहीं लेकिन फिर उसका हो जाएगा ... शायद ... फिर वह उन जगहों पर दोबारा जाएगी ... हैदराबाद, ... साधबेला ... सक्खर ... मुल्तान ... पंचनद का वह डाकबँगला जहाँ रात की रानी महकती थी।

जमील, क़मर दोनों ने उसकी रूह को मालामाल करने के बजाय उलटा उसकी रूह को घायल किया। प्रोजेश अपनी अज़्मत[3] में इतना खोया हुआ था कि उसकी रूह के क़रीब फटका ही नहीं ... लेकिन इरफ़ान ... इरफ़ान ...

सीता मीरचंदानी ... सीता जमील ... सीता इरफ़ान ... और अब बहुत जल्द उसके पुराने दोस्त बिलक़ीस, हिमा, ललिता उसके लिए ग़ैर-मुल्की होंगे।

---

1. एंग्री यंगमैन; 2. नागरिक; 3. महानता।

उसके पुराने दोस्त बिलक़ीस, हिमा, ललिता उसके लिए ग़ैर-मुल्की होंगे। उसकी माँ, उसके भाई-बहन, सारे हिंदुस्तान में उसके बिखरे हुए लोग ... सिंध महासागर अब जिनका नहीं है ... लेकिन सीता मीरचंदानी सिंधुदेश वापस जा रही है। उसे बिल-आख़िर[1] अपना घर मिल गया है ... इरफ़ान का ख़याल उसके लिए अब ऐसा था जैसे अमावस की रात में दफ़अतन चाँद निकल आए।

दो हफ़्ते इस सफ़र की तैयारियों में लग गए। जिस रोज़ वह जल्दी-जल्दी अपनी सारियाँ इस्तरी करके सूटकेस में रख रही थी, उसकी माँ ने उसके कमरे में आके पूछा :

" ... अब कहाँ चलीं ?"

"मम्मी ... मैं इरफ़ान से शादी करने जा रही हूँ।" उसने सूटकेस बंद करके सुकून से जवाब दिया।

दोपहर के वक़्त कनाट प्लेस में एयरलाइंस के दफ़्तर से बाहर निकलकर उसने सोचा कि सब दोस्तों को आख़िरी बार ख़ुदा हाफ़िज़ कहे। कॉफ़ीहाउस अभी ख़ाली पड़ा था वर्ना ललिता औरं कैलाश का ग्रुप अमूमन शाम के वक़्त या इतवार की सुबह को वहीं मिल जाता था।

आटो-रिक्शा में बैठकर वह सबसे पहले निज़ामुद्दीन वेस्ट गई। यहाँ चारों तरफ़ दूर-दूर तक नई कोठियों में ज़्यादातर मुतवस्सित तबक़े[2] के पंजाबी आबाद थे। वह पहली मर्तबा ललिता के यहाँ जा रही थी। बड़ी दिक़्क़त से उसे ललिता का छोटा-सा घर मिला। वह अंदर आँगन में स्लीपिंग सूट पर शाल ओढ़े धूप में बैठी थी। उसका बच्चा स्कूल से लौटकर आँगन में ट्राइसिकिल चलाता फिर रहा था। उसका मियाँ अभी दफ़्तर से वापस नहीं आया था। रसोइया बावर्चीख़ाने में खाना बना रहा था। सीता जाकर ललिता के पास खुर्री चारपाई पर बैठ गई।

"आज जमादारनी अभी तक नहीं आई। सारे घर में इतना कूड़ा पड़ा है, ... " ललिता ने मुतमइन[3] आवाज़ में उससे कहा। उसे जुकाम हो रहा था। "इस तरफ़ आ जाओ। अभी धूप वहाँ से सरक जाएगी।"

नई हिंदुस्तानी स्टेज की यह बुलंद-पाया[4] अदाकारा[5] अपने घर की

---

1. अंततः ; 2. मध्यवर्ग; 3. संतुष्ट; 4. ऊँचे दर्जे की; 5. अभिनेत्री।

चारदीवारी में महफ़ूज़,[1] कितने सुकून से बैठी थी !

वह घंटे-भर तक सीता से इधर-उधर की बातें करती रही। उसने भी सीता से ज़्यादा सवालात नहीं किए। जब धूप आँगन पर से उतर गई तो उसने कहा–आओ, सामने चलकर बैठें। वह चुपचाप उठकर बाहर आ गई जहाँ मुन्ने-से दो मोंढ़े डालकर ललिता ने उससे बैठने को कहा।

"अब चलूँ," कुछ देर बाद सीता ने कहा।

"वाह ! खाना खाकर जाना।"

"नहीं, देर हो जाएगी।"

"अच्छा, मोहन का तो इंतज़ार कर लो ··· अभी आते होंगे।"

"अच्छा।"

सामने चंद क़दम के फ़ासले पर निज़ामुद्दीन औलियां के मक़बरे की दीवार पर धूप लहरें मार रही थी। फ़िज़ा में बड़ी बेचैनी और उदासी थी। सीता ने सरासीमा होकर[2] पहलू बदला। ललिता चुपचाप बैठी सड़क को देखती रही।

निज़ामुद्दीन औलिया की मस्जिद से अज़ान की आवाज़ बुलंद हुई। फ़िज़ा का सन्नाटा गहरा हो गया।

"ललिता, अब मैं चल ही दूँ। कैलाश, प्रदीप, कामरान, सबको मेरा सलाम कहना और कॉफ़ीहाउस वाले सारे क्राउड को ··· "

"अच्छा।"

नौकर आटो-रिक्शा ले आया।

सड़क पर बगूले उड़ रहे थे। वह ललिता को खुदा हाफ़िज़ कहकर आटो-रिक्शा में आ बैठी। आटो-रिक्शावाले सरदारजी की लंबी सफ़ेद दाढ़ी जाड़े की सर्द हवा में लहरा रही थी।

ललिता अपने छोटे-से फाटक पर झुकी देर तक सड़क को देखा की।

अमलतास के ज़र्द पत्ते बगूले में चक्कर काट रहे थे। धूप अब बहुत हलकी पड़ गई थी।

"कहाँ चलूँ बीबीजी ?" सरदारजी ने बाहर की सड़क पर आकर पूछा।

---

1. सुरक्षित; 2. घबड़ाकर।

बिलक़ीस के घर में उस वक़्त धोबी की आमद-आमद[1] थी। छोटी ख़ाला पिछले बरामदे में सब्ज़ीवाले से आलू तुलवा रही थीं। फ़रख़ंदा बाजी के बच्चे स्कूल से लौटकर हस्बे-मामूल पड़ोस के बच्चों के साथ पिछले लॉन पर क्रिकेट खेल रहे थे। बिलक़ीस लॉन में बेद की कुर्सियों के ग़िलाफ़ उतारने में मसरूफ़ थी।

"इस कमरे में आ जाओ ··· मैं ज़रा ये चादरें-वादरें उतार लूँ," सीता को देखकर उसने सुकून के साथ कहा।

तमाम उम्र रहा ग़मज़-ओ-अदा का शिकार।

ड्राइंगरूम के मेज़पोश समेटकर वह फ़रख़ंदा बाजी के बेडरूम में आ गई।

"उधर वाला दरवाज़ा बंद कर दो; बड़ा सख़्त झक्कड़ चल रहा है," उसने सीता से कहा। फिर वह जल्दी-जल्दी सिंगारमेज़ की चीज़ें हटा-हटाकर फ़र्श पर रखने लगी। सीता झाड़पोंछ में उसकी मदद करती गई। बिलक़ीस ने फ़रख़ंदा बाजी और दूल्हाभाई की मसहरियों के पलंगपोश उतारे। राखदानियाँ साफ़ कीं। नीले पर्दे के पीछे छिपे हुए *हिंदुस्तान टाइम्ज़* के अंबार पर से धूल झाड़ी। दूल्हाभाई के कपड़े सारे कमरे में बिखरे पड़े थे। उनको समेटा।

तमाम उम्र रहा ग़मज़-ओ-अदा का शिकार।

बराबर के कमरे में छोटी ख़ाला ने हीटर जलाया और शाल में सर से पाँव तक लिपटकर उकड़ूँ बैठ गईं और डली काटने लगीं। बाहर से बच्चों के हँसने और झगड़ने की आवाज़ें आ रही थीं। सर्दी अब ज़्यादा हो गई थी। चाणक्यपुरी के डिप्लोमैटिक एनक्लेब में आला अफ़सरों के सरकारी फ़्लैट और सिफ़ारतख़ानों[2] की इमारात दूर-दूर तक बेनियाज़ी से बिखरी हुई थीं। मसरूर और मुतमइन इनसान इन इमारतों में रहते थे। दूर अशोका होटल गर्दो-गुबार के धुँधलके में लिपटा अपनी अज़्मत में सरबुलंद और मुंजमिद[3] संगे-सुर्ख़ के ऊँचे पहाड़ की तरह एस्तादा[4] था। बाग़ों में मौसमे-सर्मा[5] के फूल खिल चुके थे।

तमाम उम्र रहा ग़मज़-ओ-अदा का शिकार।

लांज के दरवाज़े पर दस्तक हुई। कैलाश आया था। प्रदीप का फ़ोन

---

1. शुभागमन; 2. दूतावासों; 3. जड़, स्थिर; 4. खड़ा हुआ; 5. शीत ऋतु।

आया। किसी बच्चे ने डाइनिंग रूम में छन से ग्लास तोड़ा। बतूल बाजी ने बरामदे में नमाज़ के बाद वज़ीफ़ा पढ़ते हुए हुंकारा भरा।

चाणक्यपुरी से रवाना होकर सीता कमिश्नर लेन पहुँची। पीली कोठी के बरामदे में खड़ी हुई दो-तीन लड़कियों ने उसे नमस्ते किया।

गार्डन हाउस में हिमा अपने बच्चे को लेकर बेडरूम में जा चुकी थी। उसका मियाँ लंदन से वापस आ गया था और वह तीन-चार दिन बाद उसके साथ अपनी ससुराल जानेवाली थी।

गार्डन हाउस के बाहर घास पर दो नन्हे-मुन्ने तिब्बती कुत्ते खेल रहे थे–"चंग और चाओ।" शहज़ाद ने उनको गोदी में उठाकर सीता से उनका तआरुफ़ कराया, "ये दोनों दलाई लामा के साथ यहाँ आए हैं।"

"अच्छा।"

"इक़बाल लेकर आया है। सरहद से वह दलाई लामा के क़ाफ़िले के साथ ड्यूटी पर था ना! पता है, इक़बाल अब लेफ़्टिनेंट-कर्नल बननेवाला है।"

"हाउ वंडरफुल ··· "

अम्माँ बाहर निकल आईं।

"अरी सीता, बहुत दिनों बाद दिखी। कैसी है ?"

"अच्छी हूँ, अम्माँ।"

"शाम हो गई है, सर्दी में मत खड़ी रह।"

"अच्छा अम्माँ।"

उस समय जब दोनों वक़्त मिलते हैं तब महादेवजी और पार्वतीजी कैलाश से उतरकर सारे में उड़े-उड़े फिरते हैं, ऐसी ही एक सर्द शाम को अम्माँ ने उसे बताया था।

हिमा और शहज़ाद से रुख़सत होकर वह रात गए क़रोलबाग़ लौटी। सुबह-सवेरे वह पेरिस के लिए परवाज़[1] करनेवाली थी।

---

1. उड़ान।

22

जनवरी 1961 की उस तारीक सहपहर[1] को मूसलाधार बारिश हो रही थी जब टैक्सी बुलेवार सूशे की एक मानूस[2] इमारत के नीचे जाकर रुकी। सीता को ऐसा लगा जैसे वह सदियों बाद अपने घर वापिस आई है क्योंकि जहाँ इरफ़ान है वहाँ घर है। जमील उसकी नौउम्री का रूमान[3] था जो चंद माह बाद ही ख़त्म हो गया। क़मर के लाउबालीपन[4] ने उसे अपनी तरफ़ से खींचा था। प्रोजेश चौधरी से उसे हमदर्दी महसूस हुई थी। शोहरत और इज़्ज़त और दौलत और मक़बूलियत[5] इन चारों चीज़ों की उसके पास फ़रावानी[6] थी। औरतें उस पर जान देती थीं, मर्द उस पर रश्क करते थे, मगर इन सब बातों के बावजूद वह ऐसा बेकस-सा मालूम होता था। सीता को पहली मर्तबा यह महसूस करके शदीद तमानियत[7] हुई थी कि अब तक उसको क़ाबिले-रहम समझा जाता था मगर अब वह ख़ुद भी किसी पर रहम खा सकती थी। उस रात प्रोजेश ने कांस्टीट्यूशन हॉल में सीता से कहा था, "सीतादेबी ! मैं सारी उम्र बेइंतहा तनहा रहा हूँ। दुनिया मेरी तसवीरों को समझ लेती है मगर मुझे नहीं समझ पाती। मेरे दोस्त, मेरे नक़्क़ाद,[8] मेरे मद्दाह,[9] कोई भी असल प्रोजेश कुमार चौधरी को नहीं जानता ··· कोई उस प्रोजेश चौधरी को नहीं जानता, जो एक ज़माने में आधी रात को कलकत्ते की सुनसान गलियों में अपनी रूह की तलाश में मारा-मारा फिरा करता था, और अब शोहरत और अज़्मत[10] के सबसे ऊँचे सिंहासन पर बैठा है, लेकिन फिर भी ख़ुश नहीं। अनगिनत हसीन लड़कियाँ मेरी ज़िंदगी में आईं, सीतादेबी ! ··· लेकिन मेरी रूह की गहराई तक कोई भी नहीं पहुँच सकी ··· " सीता को मालूम था कि प्रोजेश कुमार चौधरी ज़बरदस्त गप हाँक रहा है मगर प्रोजेश के उसी फ़्राड पर तो उसे तरस आ गया ··· जब वह बच्चों की तरह उससे कहता, मुझे तुम्हारी ज़रूरत है सीतादेबी, तो उसके अंदर छिपी हुई माँ जाग उठती। मगर इरफ़ान ··· इरफ़ान ···

अब तक वह क़ानूनी तौर पर मिसेज़ जमील थी मगर अब कि यह काग़ज़

---

1. तीसरा पहर; 2. परिचित; 3. रोमांस; 4. चित्त की अस्थिरता; 5. लोकप्रियता; 6. बहुतायत; 7. भारी संतुष्टि; 8. आलोचक; 9. प्रशंसक; 10. महानता।

अमरीका से आ चुका है, खुद को मिसेज़ इरफ़ान कहलाने का हक़ अब कोई उससे नहीं छीन सकता। वो जल्द-अज़-जल्द शादी कर लेंगे। इरफ़ान अब उसका 'आशिक़' नहीं होगा ... उसका 'शौहर' होगा। मजाज़ी[1] खुदा ..., देवता ... सब रिश्तों से उत्तम, मुक़द्दस[2], खूबसूरत, प्यारा रिश्ता ... उसका क़ानूनी शौहर ...

वह तेज़ी से ज़ीना तय करके ऊपर आई और अपने फ़्लैट के दरवाज़े पर जाकर ज़ोर-ज़ोर से घंटी बजाने लगी।

दरवाज़ा खुला, अंदर से एक अजनबी सूरत ने सर निकाला।

"कौन ?"

"मैं ... मादाम इरफ़ान हूँ ... "

"जी ... ? मादाम इरफ़ान ... ?" अजनबी ने जो एक अधेड़ उम्र का फ़्रांसीसी था, किवाड़ से आधे बाहर निकलकर उसे ग़ौर से देखा। "आपको यक़ीन है कि आप मादाम इरफ़ान हैं ?"

"जी हाँ ... क्यों ? क्या मतलब ?" गुस्से और शर्म और ख़िफ़्फ़त[3] से उसकी टाँगे काँपने लगीं।

"मगर मोशियो इरफ़ान तो कल ही सुबह मादाम इरफ़ान के साथ दो महीने की रुख़सत पर कराशी गए हैं ... इतने अर्से के लिए अपना फ़्लैट मुझे दे गए हैं ... आइए ... मादाम ... अंदर आ जाइए।"

"मादाम इरफ़ान ... ?" सीता ने डूबती हुई आवाज़ में इस तरह कहा जैसे कुएँ के अंदर से बोल रही हो।

"वही मादाम ... जो पहले मादमोज़ील मारसेल दोबियर थीं ... वह मोशियो इरफ़ान के दफ़्तर में काम करती थीं ... शादी पिछले इतवार को हुई थी मादाम ... साबिक़[4] मादमोज़ील[5] दोबियर नार्मंडी की मलिक-ए-हुस्न[6] रह चुकी हैं। बहुत कम-उम्र हैं। कोई उन्नीस साल की होंगी ... " रूमाल से हाथ पोंछते हुए बालकनी में जाकर उसने आसमान को देखा।

"कई दिन से सूरज नहीं निकला। आज बड़ी सर्दी है। जाने अबके साल बहार कितनी देर में आएगी ... आइए अंदर, आ जाइए ... यहाँ हवा बहुत तेज़

---

1. इहलौकिक; 2. पवित्र; 3. लज्जा; 4. भूतपूर्व; 5. कुमारी; 6. नार्मंडी-सुंदरी।

है।"

तमाम उम्र रहा ग़मज़-ओ-अदा का शिकार।

अभी दिन बाक़ी है। फिर रात होगी। फिर सुबह होगी। एक और दिन ··· एक और रात।

सिलसिल-ए-रोज़ो-शब नक़्शगरे-हादिसात।

दिन और रात का हिसाब रखने की ग़लती कभी न करना। वक़्त का हिसाब कोई नहीं लगा सका है।

तुझको परखता है ये, मुझको परखता है ये
सिलसिल-ए-रोज़ो-शब सैरिफ़-ए-कायनात[1]

दिन और रात का हिसाब ··· ज़िंदगी कोई तुम्हारी डॉक्यूमेंटरी फ़िल्म है कि लेके सारी ज़िंदगी लांग मिडक्लोज़ में समेट दो–बिलक़ीस ने एक मर्तबा सौलत से[2] कहा था।

सिलसिल-ए-रोज़ो-शब, तारे-हरीरे-दोरंग।[3]

हवा के झोंके ने दरवाज़ा ज़ोर से बंद कर दिया।

●●●

---

1. सृष्टि का जौहरी; 2. दबदबे के ढंग से; 3. दोरंगे रेशम का धागा।